Stefania Carpiceci

LE OMBRE CANTANO E PARLANO

Il passaggio dal muto al sonoro
nel cinema italiano
attraverso i periodici d'epoca
(1927-1932)
vol. II Apparati

I0479889

artdigiland.com

artdigiland
.com

Artdigiland.com Ltd
direttore editoriale: Silvia Tarquini
23, Griffith Downs - The Crescent
Drumcondra
Dublin D9
Rep. of Ireland
www.artdigiland.com
info@artdigiland.com

Stefania Carpiceci
LE OMBRE CANTANO E PARLANO
Il passaggio dal muto al sonoro nel cinema italiano
attraverso i periodici d'epoca (1927-1932) vol. II Apparati

Sul sito artdigiland.com sono disponibili
lezioni video di Stefania Carpiceci sui temi del volume,
in versione HD e in solo audio

in copertina:
copertina dello spartito delle canzoni *Sogno di Vienna* e *Che bella
cosa...!* scritte per il film *Der Kongress tanzt* (*Il congresso si diverte*)
di Erík Charell (1931); musica di Werner R. Heymann; (particolare)

editing e redazione: Francesco Carini, Letizia Rossi
impaginazione ed elaborazione immagini: Michela Tranquilli

crediti fotografici (voll. I e II):
Le foto dei film *La canzone dell'amore*, *La scala*, e *La segretaria
privata* provengono dalla Collezione Lorenzo Pellizzari, Milano. Le
locandine, le copertine degli spartiti musicali, dei periodici e delle
riviste d'epoca provengono dalla Biblioteca "Luigi Chiarini" del
Centro Sperimentale di Cinematografia di Roma. Si ringraziano
entrambi gli archivi per il loro contributo. A p. 8 di questo volume
pubblicità illustrata di *Serenata Tzigana*, melodramma cinefonico
in due atti realizzato dall'ENAC-Ente Nazionale per la Cinematografia, «Kines», n.8, 4 maggio 1930. A p. 182 un'immagine da *Rotaie*
di Mario Camerini (1930)

ringraziamenti:
L'autrice ringrazia per il loro aiuto: Emanuele Cavola, Giancarlo Concetti, Alessandra Costa, Debora Demontis, Alberto Guerri e Laura
Pompei. Ringrazia, inoltre, per la particolare partecipazione a questo
progetto: Daniela Brogi, Massimiliano Gresele, Eleonora Saracino,
Silvia Tarquini, e Vittoria, Giuseppe e Francesca Carpiceci.

a Lino Miccichè

VOL. I

Ente Nazionale per la Cinematografia - Roma

Un film italiano
sonoro e cantato **SERENATA**
TZIGANA Melodramma cinefonico in due atti

Protagonisti: Grazia Del Rio - Franz Sala - Evaristo Signorini

Direzione Artistica: Baldassarre Negroni

La sonorizzazione è stata eseguita in Italia
da tecnici italiani

PRODUZIONE ED EDIZIONE
ENTE NAZIONALE
PER LA CINEMA-
TOGRAFIA

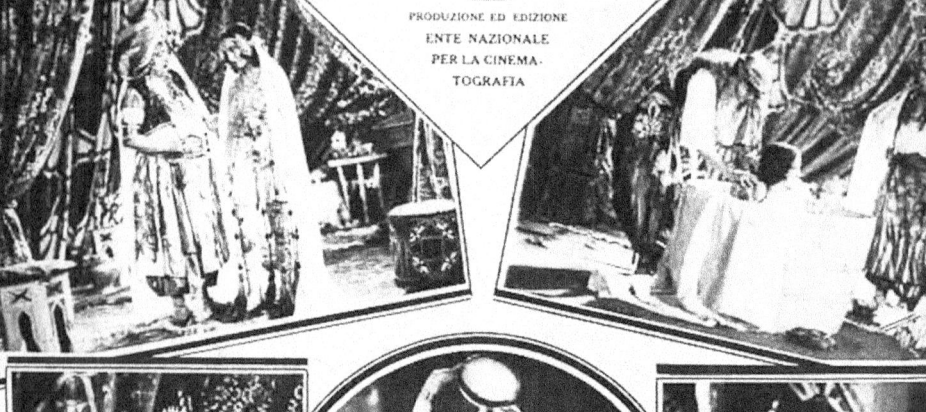

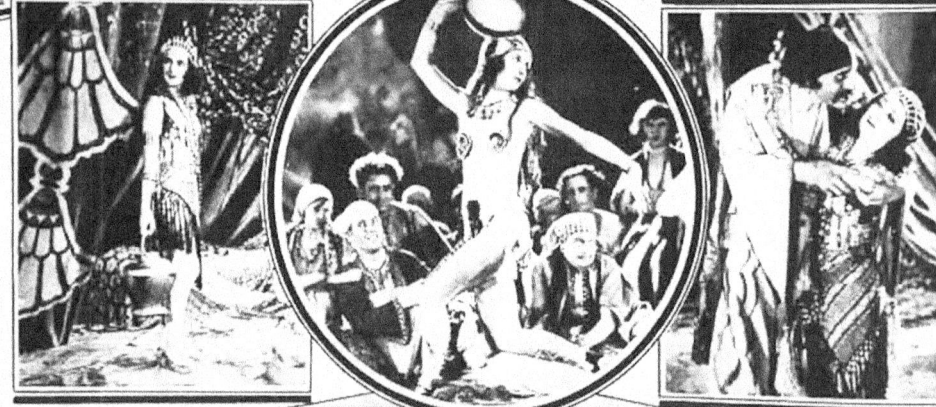

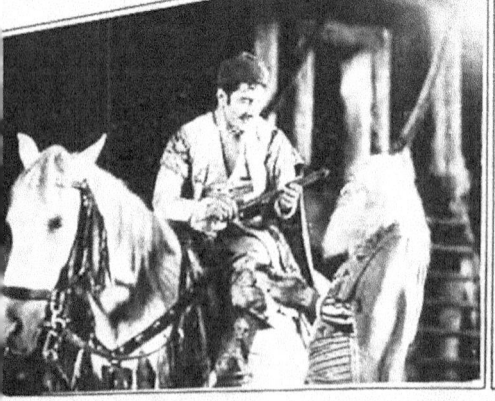

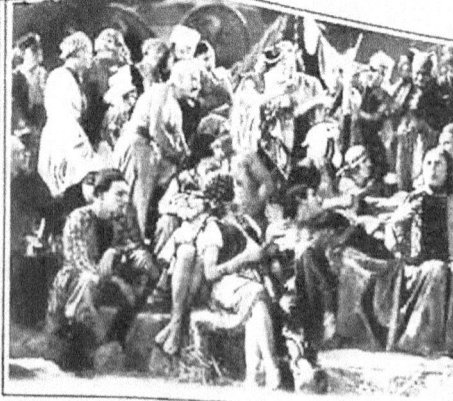

Bibliografia dei periodici e delle riviste (1927–1932)

a) Periodici e riviste cinematografiche

L'Argante
Bollettino Mensile della Federazione Nazionale dei Sindacati Fascisti degli Addetti all'Industria del Teatro e del Cinematografo

1929
(a. xxvii, nn 1-8, maggio-dicembre; inizio pubblicazioni il 31 maggio)
Anonimo, *[Senza titolo]*, 1, 31 maggio, p. 1
Anonimo, *Film sonoro e bel canto*, 2, giugno, p. 9
Giorgio C. Simonelli, *I progressi del film sonoro e l'opera dei tecnici italiani*, 5, settembre, p. 5

1930
(a. xxviii, nn 1-11, gennaio-dicembre)
Achille De Riso, *Made in America*, 3, marzo, pp. 13-14

1931
(a. xxix, nn 3-6, 10 e 12, marzo-giugno, ottobre e dicembre)
Anonimo, *Noi e gli altri. In difesa del film sonoro. Esito di concorso*, 3, marzo, p. 79
Anonimo, *Problemi del momento. Radio e film sonoro. La scuola di musica*, 10, ottobre, pp. 306-307
Anonimo, *Contratti e vertenze. Contratto orchestrali cinema sonori Palermo...*, 12, dicembre, p. 390 e p. 393.

1932
(a. xxix)

Cine-Gazzettino

*Rassegna Settimanale Emiliana
edita a cura dell'Anonima Pittaluga*

1927
(a. II, nn 1-53, gennaio-dicembre)

1928
(a. III, nn 1-52, gennaio-dicembre)
Anonimo, *Un "film" telefonato da Chicago a New York*, 23, 9 giugno, p. 2
Anonimo, *Hollywood babelica*, 28, 14 luglio, p. 2

1929
(a. IV, nn 1-52, gennaio-dicembre)
L. Di S. C., *Cinematografia parlante*, 10, 9 marzo, p. 5
Erreci, *Battaglia di parole sul film "parlante". Il cinema alla svolta della sua storia?*, 13, 30 marzo, p. 3
Anonimo, *Le iniziative dell'Anonima Pittaluga nel campo dei films parlanti. L'arte muta trovò la "sua" voce*, 17, 27 aprile, p. 3
Anonimo., *"Il cantante di jazz". Il primo film parlante presentato in Italia dall'Anonima Pittaluga*, 17, 27 aprile, p. 3
Anonimo, *"Il cantante di jazz" rappresentato per 300 volte di seguito a Parigi*, 17, 27 aprile, p. 3
Anonimo, *La Warner rinuncia al sistema dei Dischi?*, 17, 27 aprile, p. 3
Anonimo, *L'Arte italiana e il Cinema parlante nel parere di un competente. (Intervista del "Corriere della Sera" col Comm. Stefano Pittaluga)*, 18, 4 maggio, p. 3
Domenico Lopreiato, *Perché piace il film parlante e perché è destinato ad imporsi al pubblico*, 22, 1° giugno, p. 3
Anonimo, *Come si presenta l'Anonima Pittaluga nel campo della produzione e della programmazione. Per la stagione cinematografica 1929-1930*, 28, 13 luglio, p. 2
Lo spectator, *Films e interpreti dall'Anonima Pittaluga nell'im-*

minente stagione 1929-1930, 29, 20 luglio, p. 3

Anonimo, *L'ebbrezza del film sonoro. Un giudizio di Conrad Veidt su "Il cantante di jazz"*, 30, 27 luglio, p. 3

Anonimo, *L'entusiasmo di Emil Jannings per il film parlato*, 30, 27 luglio, p. 3

Anonimo, *L'efficacia artistica e rappresentativa dei films sonori*, 33, 17 agosto, p. 2

Anonimo, *Giudizi sul film parlante e sull'arte di Al Jolson*, 33, 17 agosto, p. 2

Anonimo, *Una visita ai grandiosi impianti "Western Eletric" al Cinema Savoia di Bologna*, 37, 12 settembre, p. 8

1930
(a. v, nn 1-52, gennaio-dicembre)

Anonimo, *I grandiosi teatri della "Cines-Pittaluga"*, 23, 7 giugno, p. 3

Anonimo, *Il vasto programma della "Cines-Pittaluga"*, 24, 14 giugno, p. 3

U. P. [Umberto Paradisi], *Mentre si attende "Resurrectio". Il primo film sonoro, cantato e parlato della "Cines"*, 27, 5 luglio, p. 3

Anonimo, *"Resurrectio". Il primo film sonoro, parlato e cantato ultimato alla "Cines"*, 29, 19 luglio, p. 3

Anonimo, *Fervore d'opere alla "Cines"*, 29, 19 luglio, p. 3

Anonimo, *La "Cines" nell'autorevole giudizio di Jean Cassagne*, 29, 19 luglio, p. 3

Anonimo, *"Napoli che canta" è pronto*, 29, 19 luglio, p. 3

Anonimo, *Nei grandi stabilimenti della "Cines"*, 31, 2 agosto, p. 3

Anonimo, *Un'attrice bolognese alla "Cines": Isa Pola*, 31, 2 agosto, p. 3

Ugo Ugoletti, *Petrolini alla "Cines"*, 32, 9 agosto, p. 3

A. [Alberto] Albertazzi, *Una visita ai Teatri della "Cines" durante la lavorazione di "Silenzio"*, 33, 16 agosto, p. 3

Umberto Paradisi, *"Cines": filmopoli italiana*, 34, 23 agosto, p. 3

Anonimo, *Una novella di Pirandello in film. Alla ricerca di un titolo*, 34, 23 agosto, p. 3

Anonimo, *Visite e opere alla "Cines"*, 36, 6 settembre, p. 3

Anonimo, *Il Convegno dei Direttori e degli Ispettori della S.A.S.P. in visita alla "Cines"*, 36, 6 settembre, p. 3

Anonimo, *"La canzone dell'amore". Il primo film della "Cines"*, 39, 27 settembre, p. 3

Anonimo, *Notiziario della "Cines"*, 39, 27 ottobre, p. 3

Anonimo, *Realizzazione e possibilità della Cinematografia Italiana*, 40, 4 ottobre, p. 2

Anonimo, *Notiziario della "Cines"*, 40, 4 ottobre, p. 2

Api, *Le visioni de "La canzone dell'amore" si sono iniziate ieri al Savoia in un'atmosfera di fervido entusiasmo*, 41, 11-12 ottobre, p. 3

Anonimo, *Ettore Petrolini in "Nerone"*, 41, 11-12 ottobre, p. 3

Anonimo, *Gli esercenti italiani visitano la "Cines"*, 41, 11-12 ottobre, p. 3

Anonimo, *Il Comm. Pittaluga a Berlino*, 41, 11-12 ottobre, p. 3

Ettore Petrolini, *Io e il film sonoro*, 42, 18 ottobre, p. 3

Anonimo, *Il trionfo de "La canzone dell'amore"*, 43, 25 ottobre, p. 3

Luigi Pirandello, *Il giudizio di Luigi Pirandello su "La canzone dell'amore"*, 43, 25 ottobre, p. 3

Anonimo, *Il Duce visiona "La canzone dell'amore"*, 43, 25 ottobre, p. 3

Alfredo Testoni, *Il giudizio di Alfredo Testoni su "La canzone dell'amore"*, 43, 25 ottobre, p. 3

Anonimo, *Alla "Cines" si gira "Corte d'Assise"*, 44, 1° novembre, p. 3

Umberto Paradisi, *Petrolini, muto e parlante*, 45, 8 novembre, p. 3

Anonimo, *L'entusiastico successo di "Nerone" con Ettore Petrolini al Cinema Teatro Medica. Un altro trionfo della cinematografia italiana*, 46, 15 novembre, p. 3

[Ugo] Ugoletti, *"Corte d'Assise" in una intervista con Guido Brignone*, 48, 29 novembre, p. 3

Anonimo, *Notiziario "Cines"*, 49, 6 dicembre, p. 3

Anonimo, *Notiziario "Cines"*, 50, 13 dicembre, p. 3
Anonimo, *Il canto nel fonofilm e l'arte di Grazia Del Rio*, 50, 13 dicembre, p. 6
Umberto Paradisi, *Intervista con Mario Almirante. Direttore di "Napoli che canta"*, 51, 20 dicembre, p. 2
Anonimo, *La ripresa di "Nerone" al Cinema Imperiale*, 51, 20 dicembre 1930, p. 2
Anonimo, *"Napoli che canta"*, 51, 20 dicembre, p. 3
Gipi, *Armando Falconi decisamente convertito al sonoro. Confidenze d'artisti*, 51, 20 dicembre, p. 5
Anonimo, *Grandi spettacoli di films sonori al Cinema Imperiale*, 52, 27 dicembre, p. 2
Anonimo, *Fervore d'opere e visite di personalità agli Stabilimenti della "Cines"*, 52, 27 dicembre, p. 3
Anonimo, *"Corte d'Assise". Il terzo film della "Cines" interamente dialogato in italiano*, 52, 27 dicembre, p. 7

1931
(a. VI, n 1-52, gennaio-dicembre)
Anonimo, *Il successo di "Corte d'Assise". Una nuova tappa gloriosa della cinematografia italiana*, 1, 3 gennaio, p. 3
Anonimo, *"Corte d'Assise" visionata dal Capo del Governo*, 1, 3 gennaio, p. 3
Anonimo, *I canterini di Lugo alla "Cines" per il film sonoro "Terra Madre"*, 2, 10 gennaio, p. 4
Anonimo, *Notiziario "Cines"*, 2, 10 gennaio, p. 4
Anton Remo Fusilli, *Sei giornalisti sotto al microfono ovvero: il debutto cinematografico di Armando Falconi. Escursione in Cinelandia*, 3, 17 gennaio, p. 4
Anonimo, *Maria Jacobini alla "Cines" per l'interpretazione de "La Scala"*, 4, 24 gennaio, p. 2
Anonimo, *Due nuove creazioni di Petrolini per la "Cines": "Il medico per forza" - "Cortile"*, 4, 24 gennaio, p. 4
Anonimo, *"Terra Madre". Il nuovo film di produzione "Cines" diretto da Alessandro Blasetti*, 7, 14 febbraio, p. 4
Anonimo, *Notiziario "Cines"*, 7, 14 febbraio, p. 4

13

Anonimo, *Notiziario "Cines"*, 8, 21 febbraio, p. 3
Anonimo, *"Terra Madre"*, 8, 21 febbraio, p. 4
Anonimo, *Notiziario "Cines"*, 8, 21 febbraio, p. 5
Anonimo, *"Terra Madre". Poema drammatico sociale in una smagliante cornice di bellezze naturali e folkloristiche*, 9, 28 febbraio, pp. 4-5
U. [Umberto Paradisi], *Che cos'è "Terra Madre". Intervista col Direttore Artistico Alessandro Blasetti*, 9, 28 febbraio, p. 6
Anonimo, *Notiziario "Cines"*, 9, 28 febbraio, p. 6
Anonimo, *Il vibrante successo di "Terra Madre". Un nuovo trionfo della "Cines"*, 10, 7 marzo, p. 2
Anonimo, *"Rubacuori" con Armando Falconi è finito. Come si lavora alla "Cines"*, 11, 14 marzo, p. 5
Anonimo, *Notiziario "Cines"*, 11, 14 marzo, p. 6
O. Doneri, *In attesa di "Rubacuori". Intervista con Armando Falconi*, 12, 21 marzo, p. 5
Anonimo, *Che cos'è "Rubacuori". Un nuovo lavoro della "Cines" d'imminente programmazione*, 13, 28 marzo, p. 3
Anonimo, *Notiziario "Cines"*, 13, 28 marzo, p. 3
Anonimo, *Un nuovo film della "Cines": "Rubacuori" in programma da oggi al Savoia. Le tappe della Cinematografia italiana*, 14, 4 aprile, p. 2
Anonimo, *Il rinnovato trionfo di "Terra madre" all'Imperiale*, 14, 4 aprile, p. 2
Anonimo, *Notiziario "Cines"*, 14, 4 aprile, p. 7
Anonimo, *La morte di Stefano Pittaluga. Un grave lutto della cinematografia italiana*, 15, 11 aprile, p. 2
Anonimo, *Anche "La Scala" con Maria Jacobini è già opera compiuta! Le tappe gloriose della "Cines"*, 15, 11 aprile, p.4
Anonimo, *Notiziario "Cines"*, 15, 11 aprile, p.4
Anonimo, *Anche "Rubacuori" ha trionfato al Savoia! Un'altra gloriosa vittoria della "Cines"*, 15, 11 aprile, p.5
Umberto Paradisi, *Dopo la morte di Stefano Pittaluga*, 16, 18 aprile, p. 3
U. P. [Umberto Paradisi], *Come è stato realizzato il nuovo lavoro della "Cines" con l'interpretazione di Maria Jacobini. (Nostra*

intervista con Gennaro Righelli), 16, 18 aprile, p. 4
Anonimo, *Notiziario "Cines"*, 16, 18 aprile, p. 4
Anonimo, *Un grande lavoro della "Cines" interpretato da Maria Jacobini: "La scala"*, 17, 25 aprile, p. 5
Anonimo, *Il trionfo della "Scala" al Savoia. Le gloriose tappe della cinematografia sonora italiana*, 18, 2 maggio, p. 2
Anonimo, *Crescente fervore d'opere negli Stabilimenti della "Cines"*, 18, 2 maggio, p. 3
Anonimo, *Il successo di "Rubacuori"*, 18, 2 maggio, p.3
Anonimo, *"Resurrectio". Imminente programmazione in tutta Italia*, 20, 16 maggio, p. 5
Anonimo, *Gli artefici di "Resurrectio". In attesa del nuovo lavoro della "Cines"*, 21, 23 maggio, p. 5
Anonimo, *Notiziario "Cines"*, 21, 23 maggio, p. 5
Leandro Forno, *Stefano Pittaluga. Il "re" del cinema italiano*, 21, 23 maggio, p. 6
Anonimo, *Ottavo programma "Cines": 1 "Resurrectio", 2 "Rivista Cines 9", 3 "Voci di Fontane"*, suppl. 21, 26 maggio, p. 2
Anonimo, *"Resurrectio" della Cines-Pittaluga. Dramma di squisita e poetica umanità*, 22, 29 maggio, pp. 4-5
Anonimo, *La ripresa della "Scala" con Maria Jacobini al Cinema Imperiale*, 23, 6 giugno, p. 2
Anonimo, *L'arbusto "Cines"*, 23, 6 giugno, p. 3
Anonimo, *"La stella del cinema"*, 24, 13 giugno, p. 1
Anonimo, *Grazia del Rio si confessa. (Nostra intervista con la protagonista de "La stella del cinema")*, 24, 13 giiugno, p. 3
Anonimo, *I grandi films sonori al Savoia. Il trionfo de "La stella del cinema". Una nuova affermazione della "Cines"*, 25, 20 giugno, p. 1
Anonimo, *Incessante ritmo di lavoro negli Stabilimenti "Cines"*, 25, 20 giugno, p. 3
Anonimo, *"Vele ammainate". (Intervista col realizzatore Anton Giulio Bragaglia)*, 26, 27 giugno, p. 3
Anonimo, *Nei gloriosi cantieri della "Cines" si preparano nuovi lavori per la stagione cinematografica 1931-32*, 28, 11 luglio, p. 3

Anonimo, *Films e interpreti della "Cines" per la stagione cinematografica 1931-1932*, 29, 18 luglio, p. 3

Anonimo, *Come si lavora alla "Cines"*, 30, 25 luglio, p. 3

Anonimo, *I sordi e il film parlato*, 30, 25 luglio, p. 3

Anonimo, *Insonne attività alla "Cines"*, 31, 1° agosto, p. 3

Anonimo, *1931-1932 si prepara alla "Cines"*, 32, 8 agosto, p. 3

Anonimo, *La gloriosa "Cines" prepara l'emancipazione del film italiano*, 33, 15 agosto, p. 2

Anonimo, *Attendendo. L'eccezionale lotta di films che la "Cines" prepara per la nuova annata cinematografica 1931-1932*, 34, 22 agosto, p. 3

Anonimo, *Fervore di attività*, 35, 29 agosto, p. 3

Anonimo, *La produzione "Cines" sarà la dominatrice della Stagione Cinematografica 1931-32*, 36, 5 settembre, pp. 4-5

Anonimo, *Dove nasce il film italiano*, 37, 12 settembre, p. 3

Anonimo, *La gloriosa marca della "Cines"*, 38, 19 settembre, p. 2

Anonimo, *"Il solitario della montagna" ha trionfato in tutta Italia*, 38, 19 settembra, p. 2

Anonimo, *Il "Medica" ha inaugurato trionfalmente il nuovo ciclo dei grandi spettacoli*, 38, 19 settembre, p. 3

Anonimo, *"La lanterna del diavolo" della Cines*, 39, 26 settembre, p. 3

Anonimo, *Il trionfo de "La lanterna del diavolo" al Savoia*, 40, 3 ottobre, p. 4

Anonimo, *"Patatrac". Un nuovo lavoro della "Cines"*, 41, 10 ottobre

Anonimo, *Il trionfo di "Patatrac" al Cine-Teatro Medica*, 42, 17 ottobre

Anonimo, *"La lanterna del diavolo" in ripresa al Cinema Imperiale*, 43, 24 ottobre

Anonimo, *Gianfranco Giachetti in un film "Cines" di prossima programmazione a Bologna*, 45, 7 novembre, p. 3

Anonimo, *Notiziario "Cines"*, 45, 7 novembre, p. 7

Anonimo, *"Figaro e la sua gran giornata"*, 46, 14 novembre, pp. 4-5

Anonimo, *Notiziario "Cines"*, 46, 14 novembre, p. 7
Anonimo, *"Patatrac" con Armando Falconi. Le grandi riprese all'Imperiale*, 46, 14 novembre, p. 7
Anonimo, *"Figaro e la sua gran giornata" in programma da oggi al Medica*, 47, 21 novembre, p. 2
Anonimo, *Indiscrezioni su "Vele ammainate". Film "Cines" realizzato da A. G. Bragaglia*, 47, 21 novembre, p. 3
Anonimo, *Alla "Cines" si lavora*, 47, 21 novembre, p. 7
Anonimo, *"Vele ammainate"*, 48, 28 novembre, p. 5
Anonimo, *"La segretaria privata". Nuovo film "Cines" diretto da Goffredo Alessandrini*, 49, 5 dicembre, p. 3
Anonimo, *Il trionfo di "Vele ammainate" della "Cines". Grandiosi spettacoli al Cinema Savoia*, 49, 5 dicembre, p. 4
Anonimo, *"Voci di Fontane". Vibrante esaltazione francese di uno "short" della Cines*, 49, 5 dicembre, p. 7
Anonimo, *In attesa di "La segretaria privata". Il nuovo fonofilm della "Cines" giudicato dalla protagonista Elsa Merlini*, 50, 12 dicembre, p. 3
Anonimo, *I nuovi film della "Cines"*, 50, 12 dicembre, p. 7
Anonimo, *La gaia vicenda di "La segretaria privata"*, 51, 19 dicembre, p. 5
Anonimo, *Notiziario "Cines"*, 51, 19 dicembre, p. 7
Anonimo, *"La segretaria privata" in visione al Savoia*, 52, 23 dicembre, p. 2
Anonimo, *La divertentissima trama de "La segretaria privata"*, 52, 23 dicembre, 3

1932
(a. VII, n 1-22, gennaio-maggio)
Anonimo, *Notiziario "Cines"*, 1, 2 gennaio, p. 7
Anonimo, *"La Wally". Il massimo capolavoro della "Cines"*, 2, 9 gennaio, p. 3
Anonimo, *I direttori della "Cines"*, 2, 9 gennaio, p. 7
Anonimo, *"La Wally". La più grande realizzazione della "Cines"*, 3, 16 gennaio, p. 2
Anonimo, *I principali interpreti di "La Wally"*, 3, 16 gennaio, p. 3

Anonimo, *La romantica, suggestiva e drammatica vicenda di "La Wally"*, 3, 16 gennaio, pp. 4-5
Anonimo, *"La Wally" al Savoia. L'insuperato e insuperabile trionfo del grande capolavoro della "Cines"*, 4, 23 gennaio, p. 2
Anonimo, *"La Wally" al Savoia. La magnifica opera della "Cines" esaltata dalla stampa italiana*, 4, 23 gennaio, p. 3
Anonimo, *S. M. il Re visita gli Stabilimenti "Cines". L'interessamento e il compiacimento del Sovrano*, 4, 23 gennaio, p. 7
Anonimo, *Le trionfali repliche di "La Wally" al Savoia. Tutta la stampa e il pubblico sono unanimi nella vibrante esaltazione del superbo capolavoro della "Cines"*, 5, 30 gennaio, p. 2
Anonimo, *Notiziario "Cines"*, 5, 30 gennaio, p. 7
Anonimo, *Armando Falconi e Diomira Jacobini nel nuovo film "Cines": "L'ultima avventura"*, 6, 6 febbraio, p. 7
Anonimo, *La ripresa di "La Wally" all'Imperiale. Proseguono frattanto le repliche di "La segretaria privata"*, 6, 6 febbraio, p. 8
Anonimo, *"L'ultima avventura"*, 7, 13 frebbraio, pp. 4-5
Anonimo, *La stampa estera e il film italiano*, 7, 13 frebbraio, p. 7
Anonimo, *Armando Falconi e Diomira Jacobini nel trionfale film della "Cines": "L'ultima avventura"*, 8, 20 febbraio, p. 2
Anonimo, *"Palio". Il glorioso cammino della "Cines" non ha soste*, 8, 20 febbraio, p. 3
Anonimo, *Il trionfo di "La Wally" all'Imperiale*, 8, 20 febbraio, p. 3
Anonimo, *In attesa di "Palio". Nuova realizzazione di Blasetti per la "Cines"*, 9, 28 febbraio, p. 3
Anonimo, *Notiziario "Cines"*, 9, 28 febbraio, p. 6
Anonimo, *Le prime scene del film su "Pergolesi"*, 10, 5 marzo, p. 6
Anonimo, *Blasetti parla di "Palio"*, 11, 12 marzo, p. 6
Anonimo, *Un'altra meravigliosa gemma della "Cines": "Palio"*, 12, 19 marzo, pp. 4-5
Anonimo, *"Palio" della "Cines". Grandi programmazioni al Savoia*, 13, 24 marzo, p. 2

Anonimo, *Notiziario "Cines"*, 13, 24 marzo, p. 6

Anonimo, *"L'ultima avventura" al Cinema Imperiale*, 13, 24 marzo, p. 6

Anonimo, *"La cantante dell'opera". L'inesausta e gloriosa ascesa della "Cines"*, 14, 2 aprile, p. 6

Anonimo, *Vita settecentesca alla "Cines"*, 15, 9 aprile, p. 6

Anonimo, *"La cantante dell'opera". Un altro capolavoro della "Cines-Pittaluga"*, 16, 16 aprile, pp. 4-5

Anonimo, *Notiziario "Cines"*, 16, 16 aprile, p. 6

Anonimo, *Il trionfo de "La cantante dell'opera" al Cinema Savoia*, 17, 23 aprile, p. 2

Anonimo, *Un grandioso film italiano: "Rotaie"*, 17, 23 aprile, p. 3

Anonimo, *Il film dell'Aviazione Italiana. Un articolo della "Gazzetta del Popolo"*, 17, 23 aprile, p. 6

Anonimo, *"Rotaie" prossimamente al Savoia*, 18, 30 aprile, p. 3

Anonimo, *Notiziario "Cines"*, 18, 30 aprile, p. 6

Anonimo, *Una rievocazione settecentesca e un inno all'Aviazione*, 19, 7 maggio, p. 6

Anonimo, *Notiziario "Cines"*, 20, 14 maggio, p. 6

Anonimo, *Notiziario "Cines"*, 21, 21 maggio, p. 6

Anonimo, *Notiziario "Cines"*, 22, 28 maggio, p. 6

Cinema Illustrazione
Settimanale Illustrato

1930

(a. v, n 41-53, ottobre-dicembre; inizio pubblicazione 8 ottobre)

Ficcanaso, *Cinema multilingue*, "Chiacchiere di studio", 41, 8 ottobre, p. 4

Ficcanaso, *Bixiophone cos'è?*, "Chiacchiere di studio", 41, 8 ottobre, p. 4

Anonimo, *L'imminente futuro*, 41, 8 ottobre, p. 5

A. J. Fischer, *Se aspirate al film parlato*, 41, 8 ottobre, pp. 6-7

Anonimo, *"La canzone dell'amore"*, 41, 8 ottobre, p. 8

[Cesare Zavattini], *Detronizzati*, 41, 8 ottobre, (ora in Zavattini, *Cronache da Hollywood*, a cura di Giovanni Negri, Lucarini, Roma, 1991, pp. 5-6).

Ficcanaso, *Il film sonoro e l'esperanto*, "Chiacchiere di studio", 42, 15 ottobre, p. 4

Anonimo, *Canzone che è anche ammonimento*, 42, 15 ottobre, p. 5

Quello di Hollywood [Cesare Zavattini], *Arte muta... mah?*, 42, 15 ottobre, p. 6, (ora in Zavattini, *Cronache da Hollywood*, cit., pp. 7-9)

Enrico Roma, *"La canzone dell'amore"*, "Le prime a Milano", 42, 15 ottobre, p. 12

Anonimo, *Novità nuove... e vecchie*, "Chiacchiere di studio", 43, 22 ottobre, p. 4

Anonimo, *Il vero 100%*, 43, 22 ottobre, p. 5

Enrico Roma, *"Atlantic" e "Il fantasma della felicità"*, "Le prime a Milano", 43, 22 ottobre, p. 6

Quello di Hollywood [Cesare Zavattini], *Tutto per un pacco di chiodi!*, 43, 22 ottobre, p. 10, (ora in Zavattini, *Cronache di Hollywood*, cit., pp. 13-14)

Anonimo, *Un soggetto di Petrolini. Prese... colle molle*, 43, 22 ottobre, p. 15

Quello di Hollywood [Cesare Zavattini], *Parabole d'astri*, 46, 5 novembre, p. 7

Anonimo, *"Paramount Revue"*, 46, 5 novembre, p. 6-7

Anonimo, *"Nerone", imperatore della risata*, 46, 5 novembre, pp. 8-9

Frisco Kid, *L'opera lirica in cinematografia*, 47, 19 novembre, p. 11

Enrico Roma, *"Nerone"*, "Le prime a Milano", 47, 19 novembre, p. 12

T. Emme, *"Nerone"*, "Le prime a Roma", 47, 19 novembre, p. 12

Oreste Biancoli, *"Il richiamo del cuore"*, 48, 26 novembre, p. 11

Enrico Roma, *"La straniera"*, "Le prime a Milano", 48, 26 novembre, p. 12

Anonimo, *Gli americani a Londra*, "Chiacchiere di studio", 49, 3 dicembre, p. 4

Anonimo, *Il cinema come industria*, 49, 3 dicembre, p. 7
Ficcanaso, *Films in varie lingue*, "Chiacchiere di studio", 50, 7 dicembre, p. 4
Anonimo, *Il cinema come industria. Disorientamento*, 51, 17 dicembre, p. 10
Enrico Roma, *La città canora"*, "Le prime a Milano", 51, 17 dicembre, p. 12
Luigi A. Garrone, *Quello che ci dicono: colloquio con Oreste Biancoli*, 52, 24 dicembre, p. 3
Anonimo, *Antonio di Padova. Il Santo dei miracoli*, 52, 24 dicembre, pp. 8-9
Anonimo, *Una Hollywood che muore... una Hollywood che nasce*, 53, 31 dicembre, p. 2
Anonimo, *Perché il cinema ritorni cinema*, 53, 31 dicembre, p. 5

1931
(a. VI, nn 1-52, gennaio-dicembre)
Anonimo, *Il cinema come industria. Contingentamento*, 1, 7 gennaio, p. 10
Enrico Roma, *"Napoli che canta"*, "Le prime a Milano", 1, 7 gennaio, p. 12
Anonimo, *La voce del mare*, "Chiacchiere di studio", 2, 14 gennaio, p. 2
Anonimo, *I sonori negli Stati Uniti*, "Chiacchiere di studio", 2, 14 gennaio, p. 3
T. Emme, *"Corte d'Assise"*, "Le prime a Roma", 2, 14 gennaio, p. 12
Anonimo, *Il cinema come industria. L'America nel 1930*, 3, 21 gennaio, p. 4
Enrico Roma, *"Cortile" e "Il medico per forza"*, "Le prime a Milano", 5, 4 febbraio, p. 12
Anonimo, *Il cinema come industria. L'attività europea nel 1930*, 6, 11 febbraio, p. 14
Anonimo, *Il momento cinematografico italiano. Ora o mai più*, 7, 18 febbraio, p. 6
Enrico Roma, *"La donna bianca"*, "Le prime a Milano", 7, 18 febbraio, p. 12

L. M., *Il momento cinematografico italiano*, 9, 4 marzo, p. 4

Anonimo, *Formule e realtà*, 10, 11 marzo, p. 5

Giuseppe Marotta, *Del "sonoro"*, 10, 11 marzo, p. 7

Anonimo, *Cinema Strapaesano*, 11, 18 marzo, p. 3

Anonimo, *Interrogativi*, 13, 1° aprile, p. 3

Enrico Roma, *Esperienze del sonoro e del parlato. Il secondo tempo*, 15, 15 aprile, p. 14

E. R. [Enrico Roma], *Cognizioni tecniche. I vari sistemi di fonofilm*, 16, 22 aprile, p. 14

Enrico Roma, *"Resurrectio"*, "I nuovi films", 22, 3 giugno, p. 12

Anonimo, *Polemica*, 24, 17 giugno, p. 3

Anonimo, *Morte dei films muti*, "Scampoli", 29, 22 luglio, p. 2

Enrico Roma, *"La riva dei bruti"*, "I nuovi films", 29, 22 luglio, p. 12

Enrico Roma, *"La vacanza del diavolo"*, "I nuovi films", 33, 19 agosto, p. 12

Enrico Roma, *"Televisione"*, "I nuovi films", 36, 9 settembre, p. 12

Anonimo, *Un'altra editrice italiana*, 42, 21 ottobre, p. 3

Enrico Roma, *"Patatrac"*, "I nuovi films", 43, 28 ottobre, p. 12

Anonimo, *Un'ora con voi*, "Scampoli", 44, 4 novembre, p. 2

Anonimo, *L'"United Artists" in Italia*, "Scampoli", 44, 4 novembre, p. 2

Anonimo, *Giù le mani!*, 44, 4 novembre, p. 3

1932

(a. VII, nn 1-31, 33-47, 49 e 51-52, gennaio-dicembre)

Al Shirt, *Il "convoglio" Paramount in Italia*, "Scampoli", 4, 27 gennaio, p. 14

E. R. [Enrico Roma], *Caro lettore, ecco... i retroscena del "doublage"*, 10, 9 marzo, p. 7

[Cesare Zavattini], *Gli scherzi del "doublage"*, 11, 16 marzo, (ora in Cesare Zavattini, *Cronache da Hollywood*, cit., p. 81).

E. Norris, *Quando può servire. Quando parlano le stelle straniere*, 13, 30 marzo, p. 12

Enrico Roma, *"La vecchia signora"*, "I nuovi films", 16, 20 aprile, p. 12

G. V. [Giuseppe Vittorio] Sampieri, *Novità alla Cines*, 19, 11 maggio, p. 12

Anonimo, *La situazione della Paramount*, "Recentissime", 21, 25 maggio, p. 2

Anonimo, *Attori del teatro italiano scritturati dall'"E.I.A.R."*, "Scampoli", 21, 25 maggio, p. 12

E. R. [Enrico Roma], *Il Congresso e la Mostra del Cinematografo a Firenze*, "In Marcia", 25, 22 giugno, p. 2

G. V. [Giuseppe Vittorio] Sampieri, *Corriere di Roma*, 27, 6 luglio, p. 14

C. [Jacopo Comin], *Come si fa un giornale di attualità sonoro*, 28, 13 luglio, p. 11

G. V. [Giuseppe Vittorio] Sampieri, *"Cinque a zero"*, "Corriere di Roma", 29, 20 luglio, p. 10

Jeves, *Marcella Rovena. La "voce" di Barbara Stanwick*, 35, 31 agosto, p. 10

G. V. S. [Giuseppe Vittorio Sampieri], *Corriere romano*, 37, 14 settembre, p. 2

Anonimo, *La stucchevole mimica*, 39, 28 settembre, p. 3

Enrico Roma, *I nuovi films*, 41, 12 ottobre, p. 14

Il Cinema Italiano
Giornale dei Cinematografisti Indipendenti

1927
(a. IV, nn 1-10, gennaio-maggio)

Anonimo, *Contributo italiano al sincronismo*, 4, 15 febbraio, p. 2

Anonimo, *Films parlanti. Fatti e misfatti*, 5, 1° marzo, p. 2

Anonimo, *Le previsioni americane pel Cinematografo*, 9, 1° maggio, p. 2

1928
(a. V, nn 1-13 e 15-36, gennaio-dicembre)

Anonimo, *Fatica del riduttore*, "Paragrafi", 10, 1° aprile, p. 3

Jacopo Comin, *Nascita del cinematografo*, 17, 10 giugno, p. 5
Mario Magic, *La parola e le cose*, "Paragrafi", 19, 1° luglio, p. 1
[Mario] Magic, *Il film parlante*, "Paragrafi", 24, 1° settembre, p. 1
Anonimo, *Il cinematografo parlante a Londra*, 26, 10 settembre, p. 1
[Mario] Magic, *Del film parlante (n. 2)*, "Paragrafi", 27, 20 settembre, p. 1
Mario Magic, *Le idee... di Pirandello*, 29, 10 ottobre, p. 1
Anonimo, *Lo schermo parlerà*, 30, 20 ottobre, p. 1
Anonimo, *Gli esercenti tedeschi a Londra*, 30, 20 ottobre, p. 1
Anonimo, *E tale film si chiamerà "parlante"...*, 31, 1° novembre, p. 1
Anonimo, *La "Marcia su Roma" sincronizzata*, 31, 1° novembre, p. 1
Anonimo, *Una nostra buona iniziativa pel film parlante*, 32, 10 novembre, p. 1
Anonimo, *Non si dice "films parlato" si dice "film parlante"*, 34, 1° dicembre, p. 1
H. [Hector], *Gli orchestrali francesi contro i "parlanti"*, 35, 10 dicembre, p. 2
Anonimo, *Hollywood tramonta...*, 36, 20 dicembre, [s. p.]

1929
(a. VI, nn 1-21 e 23-39 gennaio-luglio e agosto-novembre)
Mario Magic, *Il cinematografo in rivoluzione*, 1, 1° gennaio, p. 1
Fabrizi, *La città del film parlante. Impianti per 170 milioni di lire*, 1, 1° gennaio, p. 1
Anonimo, *Nuova tecnica per la produzione dei films parlanti*, 1, 1° gennaio, p. 1
Anonimo, *La Western Eletric ribassa!*, 4, 3 febbraio, p. 1
Anonimo, *Nuova tecnica per il film sonoro*, 4, 3 febbraio, p. 1
Anonimo, *L'avvenire del film sonoro*, 6, 20 febbraio, p. 1
Mario Magic, *Non teatro contro cinema ma...*, 7, 1° marzo, p. 1
Anonimo, *L'avvenire del film sonoro (vedi numero precedente)*, 7, 1° marzo, p. 2
Frà Cicuta, *Scusi, lei parla Yiddish? Il grottesco quotidiano*, 7, 1° marzo, p. 2
Anonimo, *Film sonoro: eccessive preoccupazioni*, 8, 10 marzo, p. 1
Loris Catrizzi, Ezio Cristofari, Mario Magic, *Polemica sul "film*

parlante", 8, 10 marzo, pp. 1-2

Anonimo, *Il film sonoro in Italia*, 8, 10 marzo, p. 2

Mario Magic, *Polemica sul "film parlante"*, 9, 20 marzo, p. 1

M. L., *Il film parlante a Londra*, "Cronache del film parlante", 9, 20 marzo, p. 2

F. [Fabrizi], *"Il canto della Broadway" a Los Angeles*, "Cronache del film parlante", 9, 20 marzo, p. 2

F. [Fabrizi], *Il film sonoro a New York*, "Cronache del film parlante", 9, 20 marzo, p. 2

Anonimo, *I Thalberg ed il film parlante*, "Cronache del film parlante", 9, 20 marzo, p. 2

Anonimo, *Come si scrivono i suoni sul film*, "Cronache del film parlante", 9, 20 marzo, p. 2

Anonimo, *Le difficoltà del film sonoro*, "Cronache del film parlante", 9, 20 marzo, p. 2

Anonimo, *Il film sonoro a Roma*, "Note della settimana", 10, 1° aprile, p. 1

Guglielmo Giannini, *Le prime positive sonorità*, 10, 1° aprile, p. 2

Anonimo, *Verso la radiocinematografia*, 10, 1° aprile, p. 2

Mario Serandrei, Mario Magic, *Polemica sul film parlante*, 10, 1° aprile, p. 3

Fabrizi, *Il cinema alla svolta della sua storia*, 10, 1° aprile, p. 3

Anonimo, *Il primo impianto portatile per il film sonoro*, 11, 10 aprile, p. 1

Anonimo, *L'Ente per i film sonori. Una Società italo-inglese con 15 milioni di capitale*, 11, 10 aprile, p. 1

Anonimo, *Le opere liriche in films sonori*, 11, 10 aprile p. 1

[Mario] Magic, *Esperimenti sonori*, "Paragrafi", 11, 10 aprile, p. 1

F. [Fabrizi], *Intercambiabilità e libertà d'azione nei films sonori*, 11, 10 aprile, p. 2

Anonimo, *Installazioni portatili per i film sonori*, 11, 10 aprile, p. 2

Anonimo, *La mostruosa pretesa*, 12, 20 aprile, p. 1

Anonimo, *L'Anonima Pittaluga produrrà films parlanti negli stabilimenti "Cines" di Roma*, 12, 20 aprile, p. 1

Mario Magic, *Per far parlare le ombre. (Nostra intervista con tre ingegneri della "Western")*, 12, 20 aprile, p. 1

Anonimo, *Il trionfale successo de "Il cantante di jazz". Il primo film parlante presentato in Italia*, 12, 20 aprile, p. 2

Anonimo, *Film sonori e silenziosi*, 12, 20 aprile, p. 2

M. [Mario Magic], *L'UFA e il film sonoro*, "Notiziario del film sonoro", 12, 20 aprile, p. 3

Anonimo, *Il cinema parlante per la propaganda elettorale*, "Notiziario del film sonoro", 12, 20 aprile, p. 3

Anonimo, *Sistema e impiego pratico del film sonoro "Tobis"*, "Notiziario del film sonoro", 12, 20 aprile, p. 3

Anonimo, *Un nuovo apparecchio per la presentazione dei films sonori*, "Notiziario del film sonoro", 12, 20 aprile, p. 3

Anonimo, *Il Duce assiste alla proiezione del film parlante*, 12, 20 aprile, p. 3

Anonimo, *Un altro accordo italo-tedesco*, 13, 1° maggio, p. 1

M. [Mario Magic], *L'UFA inizia la produzione dei films parlanti*, 13, 1° maggio, p. 1

Anonimo, *Un nuovo passo per l'intercambiabilità*, 13, 1° maggio, p. 1

Anonimo, *Stoll e la Western Eletric*, 13, 1° maggio, p. 1

Morabito, *Gli esercenti tedeschi discutono il film sonoro*, 13, 1° maggio, p. 1

M. [Mario Magic], *Warner contro Tobis-Klangfilm*, 13, 1° maggio, p. 3

F. [Fabrizi], *Una nuova società per la fabbricazione di apparecchi per films sonori*, 13, 1° maggio, p. 3

Anonimo, *La Paramount e il film sonoro*, 14, 11 maggio, p. 1

H. [Hector], *Il film parlante e la Società degli Autori francese*, 15, 20 maggio, p. 1

Anonimo, *Il primo film sonoro*, 15, 20 maggio, p. 1

Anonimo, *La "Cines" pel film sonoro*, 15, 20 maggio, p. 1

Anonimo, *Autori teatrali contro il "parlato"*, 15, 20 maggio, p. 1

Frà Cicutà, *E l'orchestra? Il grottesco quotidiano*, 15, 20 maggio, p. 1

M. [Mario Magic], *Il primo grande film sonoro tedesco diretto da Carmine Gallone*, 16, 1° giugno, p. 1

Mario Magic, *Mario Bonnard parla del film che parla. (Nostra intervista particolare)*, 16, 1° giugno, p. 1

Anonimo, *Gli Esercenti romani per un apparecchio sonoro italiano*, 16, 1° giugno, p. 1

Anonimo, *La M.G.M. produrrà ancora i films silenziosi*, 16, 1° giugno, p. 1

M. [Mario Magic], *Processo Tobis-Klangfilm contro Western Eletric*, 16, 1° giugno, p. 2

Anonimo, *Una nuova società per la produzione di film sonori*, 16, 1° giugno, p. 2

Anonimo, *"Fotofone" attraverso apparecchi Tobis*, 17, 10 giugno, p. 1

M. [Mario Magic], *Gli Esercenti tedeschi chiedono films muti*, 17, 10 giugno, p. 3

Anonimo, *Quanto costano gli apparecchi della "Klangfilm"*, 17, 10 giugno, p. 4

F. [Fabrizi], *L'industria rimette un milione di sterline. Le ripercussioni del "parlante" in Inghilterra*, 17, 10 giugno, p. 4

Anonimo, *Il Messico contro i films parlanti... inglesi*, 17, 10 giugno, p. 5

Anonimo, *Una editrice italiana costituita in America*, 18, 20 giugno, p. 1

Anonimo, *Per l'apparecchio sonoro nazionale*, 18, 20 giugno, p. 1

Anonimo, *La "intercambiabilità" concessa dall'America*, 19, 1° luglio, p. 1

Ernest Hugo Correll, *L'essenza e l'interesse del film sonoro. I tecnici e il "sonoro"*, 19, 1° luglio, p. 2

Anonimo, *820 apparecchi sonori installati dalla sola Western in quattro mesi*, 19, 1° luglio, p. 2

M. [Mario Magic], *La Warner First National Vitaphone non aprirà Agenzie in Italia*, 20, 10 luglio, p. 1

Lo spectator, *L'imponente Programma dell'Anonima Pittaluga per la stagione 1929-30*, 20, 10 luglio, p. 2

M. [Mario Magic], *Tobis vince il processo contro Western*, 20, 10 luglio, p. 2

Anonimo, *L. Nalpas fonda una società sonora francese*, 20, 10 luglio, p. 2

Anonimo, *Il "selenofono"*, 20, 10 luglio, p. 2

Anonimo, *I guai del film sonoro*, 20, 10 luglio, p. 2

Anonima Pittaluga, *Telegramma circolare della S.A.S.P. alla clientela italiana*, 20, 10 luglio, p. 3

Anonimo, *Fonofilm italico*, 20, 10 luglio, p. 3

Mario Magic, *Fondamento estetico del fonofilm*, "Paragrafi", 21, 20 luglio, p. 1

M. [Mario Magic], *Il "parlante" e la chirurgia*, 21, 20 luglio 1929, p. 2

Anonimo, *L'Anonima Pittaluga e il suo programma per l'anno 1929-1930*, 21, 20 luglio, p. 2

Anonimo, *La Metro Goldwyn-Mayer apre una scuola sonora*, 21, 20 luglio, p. 3

I. S., *Menjou contro il film sonoro: "...detronizzerà l'America"*, 23, 10 agosto, p. 1

Anonimo, *Pirandello, il suo teatro, il suo cinema*, 23, 10 agosto, p. 1

M. [Mario Magic], *La lotta per il ribasso del prezzo degli apparecchi sonori*, 23, 10 agosto, p. 2

M. [Mario Magic], *Il contingentamento tedesco per i films sonori*, 23, 10 agosto, p. 2

Anonimo, *I films sonori che prepara la "Pittaluga"*, 24, 22 agosto, p. 3

Anonimo, *La Compagnia Italiana Films Sonori*, 25, 1° settembre, p. 4

Anonimo, *Il "sonoro" in Francia*, 25, 1° settembre, p. 4

Anonimo, *Come si risolve il problema linguistico dei films parlanti*, 25, 1° settembre, p. 4

Anonimo, *La proprietà letteraria e i films sonori*, 25, 1° settembre, p. 5

Anonimo, *Il mercato italiano tranquillizzato*, 26, 10 settembre, p. 1

Anonimo, *Un film sonoro per il Papa*, 26, 10 settembre, p. 1

Anonimo, *Il Far West è per il film muto*, 26, 10 settembre, p. 1

Anonimo, *Una Hollywood francese?*, 26, 10 settembre, p. 2

Anonimo, *Due importanti riunioni presso la Sede Generale dell'Anonima Pittaluga*, 26, 10 settembre, p. 2

Anonimo, *La polizia "sonora"*, 26, 10 settembre, p. 2

F. [Fabrizi], *Il grandioso sviluppo del sonoro negli Stati Uniti*, 26, 10 settembre, p. 2

Lucie Derain, *Negli "studi" francesi*, 26, 10 settembre, p. 2

Anonimo, *La cinematografia europea secondo Augusto Genina*, 26, 10 settembre, p. 3

M. [Mario Magic], *La Germania contro il sonoro americano*, 26, 10 settembre, p. 4

Anonimo, *Le attualità parlanti*, 26, 10 settembre, p. 4

F. [Fabrizi], *Il film parlante al 100 per 100*, 26, 10 settembre, p. 4

M. [Mario Magic], *Come i tedeschi impongono l'intercambiabilità*, 27, 20 settembre, p. 1

F. [Fabrizi], *Il mercato internazionale chiede films muti*, 27, 20 settembre, p. 1

Anonimo, *Il prezzo del Western è diminuito*, 27, 20 settembre, p. 1

Anonimo, *6037 cinema sonori negli Stati Uniti*, 27, 20 settembre, p. 1

Anonimo, *La Western Eletric si organizza in Europa*, 27, 20 settembre, p. 1

M. [Mario Magic], *Il radiocinema a Berlino*, 27, 20 settembre, p. 1

Anonimo, *Il trionfale successo del "Cantante di jazz" a Trieste, Genova, Venezia*, 27, 20 settembre, p. 2

Anonimo, *Colpo d'ariete contro il fonofilm*, "Paragrafi", 27, 20 settembre, p. 3

Anonimo, *Il "sonoro" in Russia*, 27, 20 settembre, p. 4

Anonimo, *Colman contro il "parlante"*, 27, 20 settembre, p. 4

M. [Mario Magic], *Percentuali di noleggio del 45% per i nuovi "sonori" americani in Germania*, 28, 1° ottobre, p. 1

Anonimo, *I cinema sonori in Francia*, 28, 1° ottobre, p. 1

Anonimo, *Francesi e Americani si accordano sul mantenimento dello "status quo"*, 28, 1° ottobre, p. 3

Anonimo, *Il brevetto del "Kinofono" assicurato in Italia*, 28, 1° ottobre, p. 3

F. [Fabrizi], *La Metro girerà ancora films muti*, 28, 1° ottobre, p. 3

M. [Mario Magic], *Klangfilm e Western sempre in guerra per i brevetti*, 28, 1° ottobre, p. 3

Anonimo, *Come Shaw giudica i "talkies"*, 28, 1° ottobre, p. 4

M. [Mario Magic], *I film silenziosi della M.G.M.*, 28, 1° ottobre, p. 4

F. [Fabrizi], *La M.G.M. non produrrà in Europa*, 28, 1° ottobre, p. 4

F. [Fabrizi], *Fox e American Telephone & Telegraph Company*, 28, 1° ottobre, p. 5

Al Jolson, *Al Jolson vuol convertire C. Chaplin*, 29, 10 ottobre, p. 3

Anonimo, *I carcerati di Sing-Sing non vogliono saperne di film sonori*, 29, 10 ottobre, p. 3

Anonimo, *Un apparecchio Western offerto all'Istituto del Cinema Educativo*, 29, 10 ottobre, p. 5

Anonimo, *Controversie per il "sonoro" a Vienna*, 29, 10 ottobre, p. 3

Anonimo, *Nuova macchina per il "sonoro"*, 29, 10 ottobre, p. 5

Anonimo, *Il prezzo dei Western è ancora diminuito*, 30, 20 ottobre, p. 1

Anonimo, *I processi della Western*, 30, 20 ottobre, p. 1

Anonimo, *Un nuovo apparecchio sonoro francese*, 30, 20 ottobre, p. 1

M. [Mario Magic], *Il pubblico inglese contro il "sonoro"*, 30, 20 ottobre, p. 1

F. [Fabrizi], *Gli specialisti del film sonoro*, 30, 20 ottobre 1929, p. 1

Anonimo, *Le difficoltà del sonoro*, 30, 20 ottobre, p. 1

Anonimo, *Una sfida alla Western*, 30, 20 ottobre, p. 3

H. [Hector], *La "Tobis" francese*, 30, 20 ottobre, p. 3

Anonimo, *I due primi lavori sonori della S.A.S.P.*, 31, 1° novembre, p. 1

Anonimo, *L'attesa riapertura del "Capranica"*, 31, 1° novembre, p. 3

Anonimo, *Gli apparecchi da ripresa Radio alla Cines*, 31, 1° novembre, p. 3

Anonimo, *L'ing. Bloomberg della Radio in Italia*, 31, 1° novembre, p. 3

M. [Mario Magic], *I tedeschi e il sonoro*, 31, 1° novembre, p. 3

Anonimo, *Tre films silenziosi della M.G.M. a Los Angeles*, 31, 1° novembre 1929, p. 3

Anonimo, *I "talkies" agenti elettorali*, 31, 1° novembre, p. 3

Anonimo, *Le fatiche del sonoro*, 31, 1° novembre, p. 3

M. [Mario Magic], *L'accompagnamento con dischi non può essere chiamato "film sonoro"*, 31, 1° novembre, p. 3

L. F. [Leandro Forno], *La Warner Bros monopolizza la musica popolare*, 32, 10 novembre, p. 1

Anonimo, *Bottai in visita alla "Cines"*, 32, 10 novembre, p. 2

L. [Leandro] Forno, *La Italotone inizia la lavorazione*, 32, 10 novembre, p. 2

A. M., *Nuovo accordo anglo-tedesco*, 32, 10 novembre, p. 2

Anonimo, *La Western Eletric in Turchia e in Grecia*, 32, 10 novembre, p. 2

Anonimo, *L'"Odeon" di Milano ha installato il Western Eletric*, 32, 10 novembre, p. 2

Anonimo, *Non buttate quattrini in deficienti apparecchi sonori*, 32, 10 novembre, p. 2

L. F. [Leandro Forno], *Il nostro repertorio lirico allo schermo*, 33, 20 novembre, p. 1

F. [Fabrizi], *Il primo "sonoro" scolastico*, 33, 20 novembre, p. 2

Anonimo, *Un impianto sonoro a Terni*, 33, 20 novembre, p. 2

Anonimo, *Come si "girano" i "talkies"*, "Quel che bolle in pentola", 33, 20 novembre, p. 2

Anonimo, *Ministri, autorità, personalità in visita agli stabilimenti della "Cines"*, 33, 20 novembre, p. 3

Anonimo, *L'Inghilterra alla riscossa. 100 milioni per film parlanti*, 34, 24 novembre, p. 1

Anonimo, *La comicità della voce*, 34, 24 novembre, p. 2

L. F. [Leandro Forno], *Attenti alla parola Vitaphone*, 35, 1° dicembre, p. 1

Anonimo, *La Western apre una scuola*, 35, 1° dicembre, p. 1

L. F. [Leandro Forno], *"Rose rosse" della Italotone*, 35, 1° dicembre, p. 1

Anonimo, *Si gira, silenzio!*, "Quel che bolle in pentola", 35, 1° dicembre, p. 2

Anonimo, *Attenti al filo*, 35, 1° dicembre, p. 2

Anonimo, *Romanzieri impegnati per il film sonoro*, 35, 1° dicembre, p. 2

Anonimo, *Il brevetto Triergon 387059 nullo*, 35, 1° dicembre, p. 2

A. Camisa, *L'inaugurazione dell'Odeon di Milano*, 35, 1° dicembre, p. 3

H. [Hector], *"Prix de beauté" di Genina in quattro lingue*, 35, 1° dicembre, p. 3

Leandro Forno, *Gli impianti sonori negli Stati Uniti*. "Notiziario finanziario", 36, 8 dicembre, p. 1

F. [Fabrizi], *Il pubblico inglese preferisce il "muto"*, 36, 8 dicembre, p. 1

Mario Magic, *Il cinema artistico e il cinema "commerciale"*, 36, 8 dicembre, p. 1

Anonimo, *Il nuovo Cinema Teatro Andrea Doria di Genova*, 36, 8 dicembre, p. 2

H. [Hector], *Il costo dell'apparecchio "Gaumont"*, 36, 8 dicembre, p. 3

M. [Mario Magic], *Tobis-British Talking*, 36, 8 dicembre, p. 3

Frà Cicuta, *Gli animali parlanti a Hollywood*, 36, 8 dicembre, p. 4

L. F. [Leandro Forno], *Il programma di produzione 1930. Lettere da New York*, 37, 15 dicembre, p. 1

L. F. [Leandro Forno]., *Lo sviluppo del cinema sonoro*, 37, 15 dicembre, p. 1

Frà Cicuta, *Così parlò Charlot. Il grottesco quotidiano*, 37, 15 dicembre, p. 1

P., *William Hays all'attacco della cinematografia tedesca*, 37, 15 dicembre, p. 2

P., *Probabile intesa fra Germania e Giappone pel film sonoro*, 37, 15 dicembre, p. 2

H. [Hector], *Un gruppo franco-americano impiegherà 250 milioni per il film sonoro*, 38, 22 dicembre, p. 1

P., *La Warner se ne infischia di William Hays?*, 38, 22 dicembre, p. 1

J. V. Cremonin, *Walt Disney e i suoi cartoni sonori*, 38, 22 dicembre, p. 2

M. [Mario Magic], *Fusione Tobis-British Talking*, 38, 22 dicembre, p. 2

L. F. [Leandro Forno], *Le direttive per la produzione M.G.M.*, 38, 22 dicembre, p. 3

I. M. B. [Boni], *Sss! Parla Greta Garbo*, 38, 22 dicembre, p. 3

M. [Mario Magic], *Fusione Tobis-British Talking*, 38, 22 dicembre, p. 3

Pietro Mascagni, *Pietro Mascagni difende il cinema*, 39, 29 dicembre, p. 1

1930

(a. VII, nn 1-34, gennaio-dicembre)

M. [Mario Magic], *I films sonori e la censura*, 1, 1° gennaio, p. 2
Anonimo, *Il mistero del cinema*, 1, 1° gennaio, p. 2
H. [Hector], *È la Paramount che produrrà in Francia films sonori*, 1, 1° gennaio, p. 2
Vice, *Penuria di films muti in Germania*, 1, 1° gennaio, p. 2
Vice, *Gli Svedesi contro il film sonoro*, 1, 1° gennaio, p. 2
Anonimo, *Il film sonoro e l'educazione musicale*, 2, 12 gennaio, p. 1
Anonimo, *I films sonori non sono banditi dall'Italia*, 2, 12 gennaio, p. 2
K., *L'Austria difetta di pellicole*, 3, 19 gennaio, p. 1
M. [Mario Magic], *Gluskmann produrrà sonori in Argentina*, 3, 19 gennaio, p. 1
L. F. [Leandro Forno], *La ripresa dei suoni dopo quella della visione*, 3, 19 gennaio, p. 1
F. [Fabrizi], *Fusione Powers-Talking Pictures*, 3, 19 gennaio, p. 1
Pietro Solari, *L'organizzazione produttiva tedesca*, 3, 19 gennaio, p. 2
L. F. [Leandro Forno], *La M.G.M. prepara due films in tedesco*, 3, 19 gennaio, p. 2
H., *Il primo "sonoro" a Montecarlo*, 3, 19 gennaio, p. 2
L. F. [Leandro Forno], *Un disco di mezz'ora della Western*, 3, 19 gennaio, p. 2
L. F. [Leandro Forno], *Il film sonoro in ferrovia*, 3, 19 gennaio, p. 2
Eugenio Giovannetti, *I favolisti. Ombre parlanti*, 3, 19 gennaio, p. 3
Anonimo, *Hollywood resiste*, 3, 19 gennaio, p. 3
F. [Fabrizi], *La "radio" mette le mani sull'industria inglese*, 4, 26 gennaio, p. 1
Anonimo, *Commedie della M.G.M. in quattro lingue*, 4, 26 gennaio, p. 1
F. [Fabrizi], *I noleggiatori controllano gli apparecchi di riproduzione dei cinema inglesi*, 4, 26 gennaio, p. 2
Leandro Forno, *Il Programma delle Editrici americane per il 1930*, 4, 26 gennaio, p. 3
Anonimo, *Per l'industria italiana. Una concreta possibilità*, 5, 2 febbraio, p. 1
Barlow Brown, *Cecil B. De Mille e la situazione mondiale cinematografica*, 5, 2 febbraio, p. 1

[Mario] Magic, *L'altoparlante*, 5, 2 febbraio, p. 1

Anonimo, *L'Ideal di Torino adotta l'apparecchio sonoro della Cinemeccanica*, 5, 2 febbraio, p. 3

L. F. [Leandro Forno], *La malattia degli attori del "parlante"*, 5, 2 febbraio, p. 3

Sansa, *Le vittime del film "sonoro" in Austria*, 5, 2 febbraio, p. 3

K., *Le conquiste del film sonoro*, 6, 9 febbraio, p. 1

L. F. [Leandro Forno], *La produzione della Paramount*, 6, 9 febbraio, p. 1

[Mario] Magic, *Previsioni*, 6, 9 febbraio, p. 1

C. S., *Notevole espansione dell'Aafa-Film*, 6, 9 febbraio, p. 2

L. F. [Leandro Forno], *Il "sonoro" e i musicisti americani*, 6, 9 febbraio, p. 2

L. F. [Leandro Forno], *Charlie Chaplin si decide pel parlante*, 6, 9 febbraio, p. 4

H. [Hector], *Il Prefetto di Parigi proibirà i films parlanti esteri*, 7, 16 febbraio, p. 1

Anonimo, *Sincronizzatore Cinefonico "Italica Vox" (Brevetti Magnifico)*, 7, 16 febbraio, p. 1

David Blum, *Il sonoro sussidia l'arte della musica*, 7, 16 febbraio, p. 1

L. F. [Leandro Forno], *William Hays sentenzia pel sonoro*, 7, 16 febbraio, p. 1

Anonimo, *Western Eletric e RCA-Photophone*, 7, 16 febbraio, p. 2

H. [Hector], *Il film sonoro raggiunge maggiori incassi*, 8, 23 febbraio, p. 1

H. [Hector], *"La fine del mondo" di Abel Gance*, 8, 23 febbraio, p. 1

F. [Fabrizi], *Collaborazione anglo-americana*, 8, 23 febbraio, p. 1

Vice, *Accordo Warner Bros- Küchenmeister,* 8, 23 febbraio, p. 1

Anonimo, *L'audizione dell'"Italica Vox" al Cinema Palestrina di Roma*, 8, 23 febbraio, p. 2

Anonimo, *Il sonoro dei Cinesi di 2000 anni fa!*, 8, 23 febbraio, p. 2

David Blum, *Il melodramma allo schermo*, 9, 2 marzo, p. 1

L. F. [Leandro Forno], *Charlie Chaplin abbandona lo schermo*, 9, 2 marzo, p. 1

Anonimo, *Un imbroglione del film sonoro*, 9, 2 marzo, p. 2

Anonimo, *Un film parlante in treno*, 9, 2 marzo, p. 2

Vice, *Il successo del film Aafa "Amor mio"*, 9, 2 marzo, p. 3

Walter Plugge, *Il diritto d'autore pel film sonoro*, 10, 9 marzo, p. 1

Anonimo, *I nuovi sviluppi del cinematografo. (Nostra intervista con Bruno Fux di ritorno da New York)*, 10, 9 marzo, p. 1

Lilian Harvey, *La moda femminile e il "sonoro"*, 10, 9 marzo, p. 3

L. F. [Leandro Forno], *"Montana" film parlante di J. Crawford*, 10, 9 marzo, p. 3

Anonimo, *La discesa degli americani*, 11, 16 marzo, p. 1

H. [Hector], *Il programma europeo della Paramount*, 11, 16 marzo, p. 1

Anonimo, *Films parlanti in lingua straniera*, 11, 16 marzo, p. 3

H. [Hector], *Il processo della Melovox contro Gerardot*, 11, 16 marzo, p. 4

[Mario] Magic, *Il preoccupante "sonoro"*, "Paragrafi", 12, 23 marzo, p. 1

Anonimo, *Un referendum... ammaestrato*, 12, 23 marzo, p. 3

F. [Fabrizi], *Il "sonoro" in Inghilterra*, 12, 23 marzo, p. 3

H. [Hector], *La Pathè-Natan scrittura compositori di musica*, 12, 23 marzo, p. 3

L. F. [Leandro Forno], *Marlene Dietrich scritturata dalla Paramount*, 12, 23 marzo, p. 3

F. [Fabrizi], *"Quartiere Latino" di Genina sonorizzato*, 12, 23 marzo, p. 3

H. [Hector], *La Paramount inizia a Parigi la produzione parlante*, 12, 23 marzo, p. 3

Vice, *Mülleneisen e gli impianti della "Cines"*, 12, 23 marzo, p. 4

Erich Pommer, *Il "sonoro" e la sua tecnica*, 12, 23 marzo, p. 5

L. F. [Leandro Forno], *Verso il radiocinema*, 12, 23 marzo, p. 5

Anonimo, *L'Ente per la Cinematografia, riformato, coordinerà le iniziative della produzione*, 13, 30 marzo, p. 1

[Mario] Magic, *L'arte del silenzio*, "Paragrafi", 13, 30 marzo, p. 1

Vice, *Nuovi impianti tedeschi*, 13, 30 marzo, p. 3

Vice, *Diplomatici a Neubabelsberg*, 13, 30 marzo, p. 3

Vice, *Il programma di produzione dell'"Aafa"*, 13, 30 marzo, p. 3

Erich Pommer, *Il sonoro e la sua tecnica*, 13, 30 marzo, p. 5
Anonimo, *"Sketches", melope e consimil malanni*, 14, 6 aprile, p. 1
Anonimo, *Il vice presidente della Metro Goldwyn-Mayer Mr. Arthur Loew ospite a Roma*, 14, 6 aprile, p. 1
Anonimo, *"Il cantante pazzo" (Supercinema)*, "Le presentazioni nei cinema romani", 17, 10 maggio, p. 3
Mario Magic, *Note al programma de "Il Cinema Italiano"*, 18, 20 maggio, p. 1
Anonimo, *"Hollywood Revue" della Metro e la produzione della "Cines". Una serata di "sonoro" a Villa Torlonia*, 18, 20 maggio, p. 3
Anonimo, *La Paramount prepara films italiani con direttori e artisti italiani*, 18, 20 maggio, p. 3
Anonimo, *Il "sonoro" giudicato da Mascagni... da G. Bernard Shaw... e da Imre Kalmann*, 18, 20 maggio, p. 7
Anonimo, *La solenne inaugurazione dei teatri "Cines-Pittaluga"*, 19, 1° giugno, pp. 1-3
Anonimo, *Dati sulla lavorazione dei teatri "Cines-Pittaluga"*, 19, 1° giugno, p. 3
Anonimo, *"La parata d'amore" presentato a Villa Torlonia*, 19, 1° giugno, p. 4
L. F. [Leandro Forno], *La prospettiva del suono*, 19, 1° giugno, p. 4
H. [Hector], *Le idee di Eisenstein sul "sonoro"*, 19, 1° giugno, p. 4
Anonimo, *Jean Cassagne entusiasta della "Cines" e della collaborazione franco-italiana*, 19, 1° giugno, p. 5
M. [Mario Magic], *Gli esercenti inglesi protestano per il noleggio dei dischi*, 19, 1° giugno, p. 7
Anonimo, *Il Terzo Congresso Internazionale degli Esercenti a Bruxelles*, 20, 10 giugno, pp.1-2
Anonimo, *La importante discussione per il film sonoro*, 20, 10 giugno, p. 2
[Mario] Magic, *Maschera e volto di Petrolini. (Nostra intervista con l'attore)*, 20, 10 giugno, p. 3
H. [Hector], *Il primo film italiano della Paramount*, 20, 10 giugno, p. 5
Anonimo, *Gli autori richiedono una percentuale dall'Esercizio per i films sonori*, 21, 20 giugno, p. 1

Anonimo, *Un movimento di reazione artistica contro il sonoro*, 21, 20 giugno, p. 1

David Blum, *La prospettiva dei suoni*, 21, 20 giugno, p. 1

Anonimo, *Il film sonoro in Russia*, 21, 20 giugno, p. 2

L. F. [Leandro Forno], *L'opera nel film sonoro*, 21, 20 giugno, p. 2

H. [Hector], *Un laboratorio sperimentale americano a Parigi*, 21, 20 giugno, p. 3

M. [Mario Magic], *Accordo Tobis-Svenska*, 21, 20 giugno, p. 3

L. F. [Leandro Forno], *Scuole di lingue riunite dalla Warner Bros*, 21, 20 giugno, p. 3

Anonimo, *Notiziario Metro Goldwyn-Mayer*, 21, 20 giugno, p. 3

L. F. [Leandro], *6 milioni di dollari per film in lingue straniere*, 21, 20 giugno, p. 3

Anonimo, *L'attività della Cines-Pittaluga*, 21, 20 giugno, p. 3

Anonimo, *Notiziario Metro Goldwyn-Mayer*, 21, 20 giugno, p. 7

[Mario] Magic, *"Solo in Eisenstin, Douglas ha fiducia"*, 22, 1° luglio, p. 1

Anonimo, *Pirandello lavorerà per la Paramount. Un milione e mezzo di onorari*, 22, 1° luglio, p. 3

Anonimo, *Il primo film italiano girato a Hollywood*, 22, 1° luglio, p. 3

Anonimo, *I pionieri del "sonoro" europeo*, 22, 1° luglio, p. 4

Hector, *Il film parlante italiano pel mondo. Intervista con Americo Aboaf*, 23, 10 luglio, p. 3

H. [Hector], *Soltanto 1029 cinema di 3058 francesi possono attrezzarsi pel sonoro*, 23, 10 luglio, p. 3

H. [Hector], *Ancora pellicole mute*, 23, 10 luglio, p. 3

M. G., *Ruggeri in Germania per un film parlante*, 23, 10 luglio, p. 3

L. F. [Leandro Forno], *"Paramount on Parade" in giapponese*, 23, 10 luglio, p. 3

L. F. [Leandro Forno], *Echi americani dell'inaugurazione della Cines*, 23, 10 luglio 1930, p. 4

Anonimo, *Notiziario Paramount*, 23, 10 luglio, p. 4

L. F. [Leandro Forno], *Accordo Fox-Paramount*, 24, 20 luglio, p. 3

H. [Hector], *Il parlante sostituirà il teatro? Louis Verneuil dice di sì... Renato Rocher è di parere contrario*, 24, 20 luglio, p. 3

Anonimo, *Notiziario Cines-Pittaluga*, 24, 20 luglio, p.4

M. [Mario Magic], *La registrazione sonora sul nastro d'acciaio*, 24, 20 luglio, p. 4

Umberto Paradisi, *Dria Paola. Confessioni di attrici*, 24, 20 luglio, p. 5

Anonimo, *L'avvenire del film parlante. Un'altra conferma delle nostre previsioni*, 25, 1° agosto, p. 1

Anonimo, *Notiziario Cines-Pittaluga*, 25, 1° agosto, p. 2

L. F. [Leandro Forno], *Il 17mo anniversario del film sonoro*, 25, 1° agosto, p. 3

E. C. [Ernesto Cauda], *Il "movietone" della Cinemeccanica al Supercinema Ideal di Torino*, 25, 1° agosto, p. 3

Frà Cicuta, *Pirandelliana. Il grottesco quotidiano*, 25, 1° agosto, p. 5

H. [Hector], *Il Teatro non teme il "parlante". L'opinione di Rip... e quella di E. Fabre*, 25, 1° agosto, p. 5

Barnet G. Kiesling, *Il "parlante" affinerà il gusto del pubblico*, 25, 1° agosto, p. 7

[Mario] Magic, *Si ricomincia*, 26, 10 agosto, p. 1

Anonimo, *Il programma della Paramount italiana*, 26, 10 agosto, p. 4

L. F. [Leandro Forno], *I rapidi progressi della tecnica sonora. Il microfono radiatore*, 26, 10 agosto, p. 5

Giuseppe Lega, *Mentre si gira "Antonio di Padova." (Colloquio col conte Giulio Antamoro)*, 26, 10 agosto, p. 7

Anonimo, *Un errore da evitare. La "nazionalizzazione" dei films*, 27, 20 agosto, p. 2

L. F. [Leandro Forno], *Accordo Paramount-Warner*, 27, 20 agosto, p. 2

Anonimo, *Mario Camerini alla Paramount*, 27, 20 agosto, p. 2

Anonimo, *Corriere berlinese*, 27, 20 agosto, p. 4

Ferruccio Biancini, *Un'organizzazione italiana che si afferma. Il successo berlinese de "I cavalieri della montagna"*, 27, 20 agosto, p. 5

F. [Fabrizi], *Noleggiatori contro esercenti in Inghilterra*, 27, 20 agosto, p. 5

Anonimo, *Notiziario Paramount*, 27, 20 agosto, p. 5

Anonimo, *Gli interpreti della "Canzone dell'amore"*, "Notiziario Cines Pittaluga", 27, 20 agosto, p. 6

F. [Fabrizi], *Shaw fa filmare il suo teatro*, 27, 20 agosto, p. 6

King Vidor, *Film muto e parlante*, 27, 20 agosto, p. 6

F. B. [Ferruccio Biancini], *La "Ufa" cessa la produzione dei films muti*, 27, 20 agosto, p. 9

H. [Hector], *L'America all'assalto dell'esercizio francese*, 27, 20 agosto, p. 9

K., *Il cinema russo in crisi*, 27, 20 agosto, p. 9

H. [Hector], *Buster Keaton a Joinville*, 28, 1°settembre, p. 2

L. F. [Leandro Forno], *Un importante accordo Paramount-Fox-R.K.O.-Warner*, 28, 1° settembre, p. 2

Anonimo, *Notiziario Cines-Pittaluga*, 28, 1° settembre, p. 4

Anonimo, *Da Joinville*, "Notizie della Paramount", 28, 1° settembre,p. 4

F. [Fabrizi], *921 Western impiantati in Inghilterra*, 28, 1° settembre, p. 7

H. [Hector], *Il mercato del parlante francese in Canada*, 28, 1° settembre, p. 7

F. [Fabrizi], *Paramount Publix acquista sale inglesi*, 28, 1° settembre, p. 7

H. [Hector], *Un film di L. Mercaton*, 28, 1° settembre, p. 7

L. F. [Leandro Forno], *La Radio Corp. lancia un apparecchio sonoro per i piccoli esercizi*, 28, 1° settembre, p. 7

F. B. [Ferruccio Biancini], *Warner-Tobis-Nero Film realizzano un'operetta a Berlino*, 28, 1° settembre, p. 7

Anonimo, *Il "Western" a 116 mila lire*, 28, 1° settembre, p. 9

L. F. [Leandro Forno], *La Royal Amplitone apre un'Agenzia in Italia*, 28, 1° settembre, p. 9

L. F. [Leandro Forno], *Parlanti in diverse lingue realizzati da Warner-First*, 28, 1° settembre, p. 9

Anonimo, *Originale invenzione per i film sonori*, 28, 1° settembre, p. 9

V., *Il grammofono senza dischi*, 28, 1° settembre, p. 10

Gino Olivetti, *"Il nostro posto al sole"*, 29, 10 settembre, pp. 1-2

L. F. [Leandro Forno], *La Fox produrrà in Francia?*, 29, 10 settembre, p. 2

F. [Fabrizi], *Le installazioni "Western Eletric" nelle isole britanniche*, 29, 10 settembre, p. 2

Carlo Chistié, *L'America latina domanda pochi films a Hollywood*, 29, 10 settembre, p. 2

E. C. [Ernesto Cauda], *Piero Paradisi a Torino pel film "Tu m'appartiens"*, 29, 10 settembre, p. 2

L. F. [Leandro Forno], *Un tecnico italiano negli Stati Uniti*, 29, 10 settembre, p. 2

Anonimo, *Da Joinville*, "Notizie della Paramount", 29, 10 settembre, p. 3

Anonimo, *Notiziario Cines-Pittaluga*, 29, 10 settembre, p. 3

Donald Henderson Clarke, *La fonogenica voce di Greta*, 29, 10 settembre, p. 5

R. [Enrico Roma], *Il sonoro in Russia*, 29, 10 settembre, p. 7

H. [Hector], *Da Pathé-Natan, a Joinville*, 29, 10 settembre, p. 7

Barrett C. Kiessling, *Il dialogo dei parlanti sarà "sottolineato" dalla musica. Macchina indietro!*, 30, 20 settembre, p. 1

[Mario] Magic, *Teatro*, "Paragrafi", 30, 20 settembre, p. 1

F. B. [Ferruccio Biancini], *Stefano Pittaluga a Berlino*, 30, 20 settembre, p. 3

Anonimo, *Notiziario Cines-Pittaluga*, 30, 20 settembre, p. 5

Anonimo, *Notiziario "Paramount"*, 30, 20 settembre, p. 5

L. F. [Leandro Forno], *Per gli italiani a Hollywoood*, 30, 20 settembre, p. 5

L. F. [Leandro Forno], *Il sonoro negli Stati Uniti. 10.234 cinema attrezzati*, 30, 20 settembre, p. 6

L. F. [Leandro Forno], *I progressi tecnici. Una nuova invenzione*, 30, 20 settembre, p. 6

F. [Fabrizi], *Gaumont-British e Tiffany*, 30, 20 settembre, p. 6

Frà Cicuta, *Una geniale trovata. Il grottesco quotidiano*, 30, 20 settembre, p. 6

H. [Hector], *La Fox si prepara a produrre in Francia?*, 30, 20 settembre, p. 7

Anonimo, *L'Europa e il "parlante"*, 31, 1° ottobre, p. 1

L. F. [Leandro Forno], *Nuovo uso dei fonofilms*, 31, 1° ottobre, p. 1

H. [Hector], *Il Western sostituisce gli altri impianti sonori*, 31, 1° ottobre, p. 2

A. Camisa, *Un'editrice italiana a Hollywood*, 31, 1° ottobre, p. 7

F. [Fabrizi], *La Paramount produce in Inghilterra*, 31, 1° ottobre, p. 7

[Mario] Magic, *Un "sonoro" dannunziano*, "Paragrafi", 32, 10 ottobre, p. 2

H. [Hector], *La sbalorditiva affermazione del "Western"*, 32, 10 ottobre, p. 2

F. B. [Ferruccio Biancini], *Buster Keaton a Neubabelsberg*, 32, 10 ottobre, p. 2

H. [Hector], *Osso fonda una nuova editrice francese*, 32, 10 ottobre, p. 2

Anonimo, *Il microfono a raggio. Perfezionamenti tecnici*, 32, 10 ottobre, p. 2

Anonimo, *Altri due impianti Western a Roma*, 32, 10 ottobre, p. 2

Anonimo, *Il fonofilm ha dato la parola allo schermo italiano. Il "parlante" trionfa a Roma con "La canzone dell'amore" della Cines-Pittaluga e "Sei tu l'amore?" della Italotone*, 32, 10 ottobre, p. 3

Alesssandro Arnoux, *Elogio funebre del silenzio*, 33, 20 ottobre, p. 1

H. [Hector], *Propositi di Pirandello*, 33, 20 ottobre, p. 1

H. [Hector], *Il congresso della Paramount a Parigi*, 33, 20 ottobre, p. 2

H. [Hector], *Erich Pommer a Parigi. Interessante giudizio sul fonofilm*, 33, 20 ottobre, p. 2

H. [Hector], *Nella "Paramount" di Joinville*, 33, 20 ottobre,, p. 2

H. [Hector], *Mario Camerini confermato alla Paramount*, 33, 20 ottobre, p. 2

H. [Hector] V., *La Svizzera non vuole parlanti inglesi*, 33, 20 ottobre, p. 2

H. [Hector] V, *L'Ungheria contro i films parlanti tedesco*, 33, 20 ottobre, p. 3

L. F. [Leandro Forno], *Cinema sonori in Canada e in Australia*, 33, 20 ottobre, p. 3

M. [Mario Magic], *Il fonofilm in Spagna*, 33, 20 ottobre, p. 3

L. F. [Leandro Forno], *La Metro Goldwyn-Mayer impegna uno scrittore italiano*, 33, 20 ottobre, p. 3

V. K., *Fonofilms tedeschi riammessi in Cecoslovacchia*, 33, 20 ottobre, p. 3

H. [Hector], *Gli Autori parigini contrari a un'alleanza fra teatro e fonofilm*, 33, 20 ottobre, p. 3

F. [Fabrizi], *Film sonoro e teatro*, 33, 20 ottobre, p. 3

Anonimo, *Notiziario Cines-Pittaluga*, 33, 20 ottobre, p. 5

Anonimo, *La produzione in delirio*, 34, 1° novembre, p. 1

L. F. [Leandro Forno], *Il "sonoro" in America*. 12.448 sale attrezzate, 34, 1° novembre, p. 3

Anonimo, *Notiziario Cines-Pittaluga*, 34, 1° novembre, p. 5

H. [Hector], *Negli Stabilimenti Paramount di Joinville*, 34, 1° novembre, p. 5

L. F. [Leandro Forno], *La Warner e Wall Strett*, 34, 1° novembre, p. 5

Anonimo, *Notiziario Cines-Pittaluga*, 34, 1° novembre, p. 5

Anonimo, *Notiziario Paramount*, 34, 1° novembre, p. 5

L. F. [Leandro Forno], *Gli apparecchi rimpiazzati dalla Western*, 34, 1° novembre, p. 5

H. [Hector], *La Gaumont-Franco-Film-Aubert prepara nove films parlanti*, 34, 1° novembre, p. 5

Milg., *Alfredo Testoni si converte al "sonoro"*, 34, 1° novembre, p. 6

Anonimo, *Anche Parigi avrà un cinema multilingue*, 34, 1° novembre, p. 6

F. B. [Ferruccio Biancini], *Caruso in fonofilm*, 34, 1° novembre, p. 6

F. B. [Ferruccio Biancini], *La Fox comincia a lavorare a Berlino*, 34, 1° novembre, p. 6

Leandro Forno, *Corriere di New York*, 34, 1° novembre, p. 7

Frà Cicuta, *Giudizi di Pirandello 1 e 2. Il grottesco quotidiano*, 34, 1° novembre, p. 7

F. B. [Ferruccio Biancini], *Fonofilms francesi realizzati in Germania*, 34, 1° novembre, p. 9

H. [Hector], *Un nuovo parlante italiano della Paramount*, 34, 1° novembre, p. 9

Anonimo, *Charlot studia i pazzi*, 34, 1° novembre, p. 9

F. B. [Ferruccio Biancini], *Lo sviluppo del film tedesco*, 34, 1° novembre, p. 9

L. F. [Leandro Forno], *Un nuovo film di Erich Pommer*, 34, 1° novembre, p. 9

Anonimo, *Alle provvidenze del Duce*, 35, 10 novembre, p. 1

L. F. [Leandro Forno], *Il continuo crescendo delle installazioni Western*, 35, 10 novembre, p. 1

H. [Hector], *La Radio Keith Orpheum acquisterebbe la Gaumont-Franco Film-Aubert?*, 35, 10 novembre, p. 2

H. [Hector], *La "Pathé-Natan" controllata dalla Fox?*, 35, 10 novembre, p. 2

F. [Fabrizi], *La "Syntok Talkie" messa in liquidazione*, 35, 10 novembre, p. 2

Anonimo, *La Cines-Pittaluga giudicata da P. A. Harlé*, 35, 10 novembre, p. 2

L. F. [Leandro Forno], *Western contro De Forest. La lotta pei brevetti*, 35, 10 novembre, p. 3

L. F. [Leandro Forno], *Il sonoro ha aumentati gli incassi*, 35, 10 novembre, p. 3

H. [Hector], *La Fox si decide: lavorerà in Francia*, 35, 10 novembre, p. 3

Anonimo, *Notiziario Cines-Pittaluga*, 35, 10 novembre, p. 4

Anonimo, *Da Joinville*, "Notizie della Paramount", 35, 10 novembre, p. 4

F. B. [Ferruccio Biancini], *La Paramount produrrà anche in Germania*, 35, 10 novembre, p. 5

Anonimo, *Non cullarsi in illusioni. Muto e parlante*, 36, 20 novembre, p. 1

Anonimo, *L'inaugurazione del fastoso Cinema Teatro Barberini*, 36, 20 novembre, pp. 2-3

L. F. [Leandro Forno], *Arthur Loew annuncia produzione in quattro lingue*, 36, 20 novembre, p. 3

L. F. [Leandro Forno], *Gli attori poliglotti*, 36, 20 novembre, p. 7

Mario Magic, *"Nerone" (Supercinema)*, "Le presentazioni nei cinema romani", 36, 20 novembre, p. 7

L. F. [Leandro Forno], *Un nuovo fonofilm di Greta Garbo*, 36, 20 novembre, p. 7

F. B. [Ferruccio Biancini], *Un'utile guida per i commenti orchestrali*, 36, 20 novembre, p. 7

L. F. [Leandro Forno], *Il battage di Chaplin per il suo nuovo film*, 36, 20 novembre, p. 9

Anonimo, *Saranno ammessi i fonofilms col 15 per cento di dialogo in lingua straniera?*, 37, 1° dicembre, p. 1

L. F. [Leandro Forno], *Quanto costano le versioni straniere agli Americani*, 37, 1° dicembre, p. 1

[Mario] Magic, *La parola nel fonofilm*, 37, 1° dicembre, p. 2

F. [Fabrizi], *Eisenstein lavora a Hollywood*, 37, 1° dicembre, p. 2

Anonimo,*Nuove installazione Western*, 37, 1° dicembre, p. 2

F. B. [Ferruccio Biancini], *La Western attrezzerà i teatri sovietici*, 37, 1° dicembre, p. 2

F. [Fabrizi], *Anche i piccoli cinematografi si attrezzano per il sonoro in Inghilterra*, 37, 1° dicembre, p. 3

F. [Fabrizi], *Le installazioni Western in Inghilterra*, 37, 1° dicembre, p. 3

G. [Eugenio Giovannetti], *Una Western Eletric anche ad Ancona*, 37, 1° dicembre, p. 3

V. , *Il Messico ammetterà solo parlanti spagnuolo*, 37, 1° dicembre, p. 3

L. F. [Leandro Forno], *Il rifiorire delle industrie nazionali per effetto del "sonoro"*, 37, 1° dicembre, p. 3

L. F. [Leandro Forno], *L'Ufa presenta i suoi fonofilms agli esercenti americani*, 37, 1° dicembre, p. 3

Anonimo,*Notiziario Paramount*, 37, 1° dicembre, p. 5

L. F. [Leandro Forno], *Una tassa sugli attori emigrati in America*, 38, 10 dicembre, p. 1

H. [Hector], *La produzione Paramount di Joinville*, 38, 10 dicembre, p. 1

L. F. [Leandro Forno], *1.465 apparecchi sostituiti con i Western*, 38, 10 dicembre, p. 1

H. [Hector], *Cinque milioni destinati in Francia a un laboratorio di studi*, 38, 10 dicembre, p. 1

F. [Fabrizi], *Apparecchio sonoro installato in tre ore*, 38, 10 dicembre, p. 3

L. F. [Leandro Forno], *Il "sonoro" nel campo educativo*, 38, 10 dicembre, p. 3

L. F. [Leandro Forno], *Eisenstein lascia Hollywood*, 38, 10 dicembre, p. 3

G. [Eugenio Giovannetti], *Ancora all'avanguardia*, 38, 10 dicembre, p. 3

L. F. [Leandro Forno], *Il parlante a Honolulu*, 38, 10 dicembre, p. 3

Mario Magic, *"Il richiamo del cuore" (Barberini)*, "Le presentazioni nei cinema romani", 38, 10 dicembre, p. 3

Anonimo, *Bilancio dell'anno che si chiude*, 39, 20 dicembre, p. 1

H. [Hector], *Lo "Studio des Ursulines" adotta il sonoro*, 39, 20 dicembre, p. 2

H. [Hector], *"Toute sa vie" presentato alla stampa*, 39, 20 dicembre, p. 2

Anonimo, *La "Western Eletric" ribassa i prezzi dal 10 per cento*, 39, 20 dicembre, p. 2

1931

(a. VIII, nn 1-34, gennaio-dicembre)

Alessandro Arnoux, *Il teatro e il cinematografo*, 1, 1° gennaio, p. 3

L. F. [Leandro Forno], *Fusione di editrici americane*, 1, 1° gennaio, p. 3

Anonimo, *"Corte d'Assise" visionata dal Capo del Governo...*, "Notiziario Cines-Pittaluga", 1, 1° gennaio, p. 4

F. B. [Ferruccio Biancini], *Week-end, originale fonofilm di Walter Ruttmann*, 1, 1° gennaio, p. 4

H. [Hector], *Quattro parlanti francesi presentati a Parigi*, 1, 1° gennaio, p. 4

L. F. [Leandro Forno], *"Tutti possono cantare" dice il dottor Marafioti*, 1, 1° gennaio, p. 6

Mario Magic, *"Napoli che canta" (Supercinema)*, "Le presentazioni nei cinema romani", 1, 1° gennaio, p. 7

Mario Magic, *"Paramount Revue" (Barberini)*, "Le presentazioni nei cinema romani", 1, 1° gennaio, p. 7

Carneade, *Il successo di un "parlante" italiano. L'appassionante problema dell'industria*, 2, 10 gennaio, p. 1

Anonimo, *Il "sonoro" e un accademico*, "Tiro a segno", 2, 10 gennaio, p. 1

Fabrizi, Hector, *Il fonofilm del Duce accolto da applausi a Lon-*

dra... e in 200 cinema parigini, 2, 10 gennaio, p. 2

L. F. [Leandro Forno], *Altri 231 impianti Western sostituiti da apparecchi di altre Ditte*, 2, 10 gennaio, p. 2

F. [Fabrizi], *Nuove invenzioni nel campo del film sonoro*, 2, 10 gennaio, p. 3

Anonimo, *L'attività della "Cines" nel 1930. La "Cines" all'estero*, "Notiziario Cines-Pittaluga", 2, 10 gennaio, p. 4

Rantantan, *Corriere Ambrosiano: Corte d'Assise*, 2, 10 gennaio, p. 5

Mario Magic, *"Corte d'Assise" (Supercinema)*, "Le presentazioni nei cinema romani", 2, 10 gennaio, p. 5

Anonimo, *Corbezzoli, che cosa seria è il fonofilm!*, 3, 20 gennaio, p. 1

Anonimo, *Il successo di "Corte d'Assise". L'inizio di "Rubacuori"...*, "Notiziario Cines-Pittaluga", 3, 20 gennaio, p. 4

F. B. [Ferruccio Biancini], *La "Canzone dell'amore" della Cines rappresentata con successo a Berlino*, 4, 1° febbraio, p. 1

H. [Hector], *Un altro successo di A. Genina a Parigi*, 4, 1° febbraio, p. 2

Anonimo, *I cinematografi della Penisola e delle Isole attrezzati al sonoro*, 4, 1° febbraio, p. 3

H. [Hector], *Nei teatri di posa francesi*, 4, 1° febbraio, p. 3

L. F. [Leandro Forno], *I fonofilm "Cines" a New York*, 4, 1° febbraio, p. 4

Leandro Forno, *Come costruisce Ernst Lubitsch. Ordine ed autorità*, 4, 1° febbraio, p. 5

Anonimo, *Mentre si gira "Rubacuori" alla Cines-Pittaluga*, 4, 1° febbraio, p. 7

Vice, *"Cortile" - "Medico per forza" (Supercinema)*, "Le presentazioni nei cinema romani", 4, 1° febbraio, p. 7

Anonimo, *Di una intelligente iniziativa e di un superbo fonofilm*, 5, 10 febbraio, p. 1

F. [Fabrizi], *La Western Eletric in Inghilterra*, 5, 10 febbraio, p. 2

H. [Hector], *Nei teatri di posa parigini*, 5, 10 febbraio, p. 2

Anonimo, *Un Western Eletric a Lucca*, 5, 10 febbraio, p. 3

L. F. [Leandro Forno], *La produzione italiana dell'America*, 5, 10 febbraio, p. 3

Anonimo, *Charlot all'opposizione*, "Tiro a segno", 5, 10 febbraio, p. 3

Anonimo, *Un concorso significativo - "La canzone dell'amore"* in *Germania*, "Notiziario Cines-Pittaluga", 5, 10 febbraio, p. 4

Anonimo, *Attività negli Studios a Joinville*, "Notiziario Paramount", 5, 10 febbraio, p. 4

L. F. [Leandro Forno], *Il parlante italiano a New York*, 6, 20 febbraio, p. 1

L. F. [Leandro Forno], *I films esteri in franchigia in America*, 6, 20 febbraio, p. 1

Anonimo, *"Mare" - L'opinione di Sem Benèlli intorno al film italiano...*, "Notiziario Cines-Pittaluga", 6, 20 febbraio, p. 2

H. [Hector], *Rex Ingram a Joinville*, 6, 20 febbraio, p. 3

Anonimo,*Un altro Western Eletric a Roma*, 6, 20 febbraio, p. 3

L. F. [Leandro Forno], *Penetrazione sovietica a New York*, 6, 20 febbraio, p. 7

H. [Hector], *Il nuovo apparecchio "Kino"*, 6, 20 febbraio, p. 7

H. [Hector], *Cinema muto: curiosità per turisti*, 6, 20 febbraio, p. 7

Anonimo, *Stefano Pittaluga ammalato*, 7, 1° marzo, p. 1

Anonimo, *"Rubacuori" è finito - L'edizione tedesca del film "Terra Madre" - "La canzone dell'amore" ad Amburgo...*, "Notiziario Cines-Pittaluga", 7, 1° marzo, p. 2

Anonimo, *Buone nuove sulla salute di Pittaluga*, 8, 10 marzo, p. 1

H. [Hector], *Mario Camerini sonorizza "Rotaie"*, 8, 10 marzo, p. 2

Anonimo, *L'Ufficio Edizioni Musicali della S.A.S.P. - Gli interpreti de "La lanterna del diavolo" - "Mare" è incominciato*, "Notiziario Cines-Pittaluga", 8, 10 marzo, p. 2

L. F. [Leandro Forno], *La formidabile efficacia del "parlante"*, 8, 10 marzo, p. 3

Anonimo, *"La scala" di Rosso di San Secondo nella realizzazione di Gennaro Righelli*, 8, 10 marzo, p. 5

Anonimo, *"Terra madre" (Supercinema) e "Rotaie" (Barberini)*, "Le presentazioni nei cinema romani", 8, 10 marzo, p. 5

L. F. [Leandro Forno], *Il film parlante americano perde terreno sui mercati latini*, 8, 10 marzo, p. 7

Anonimo, *Gli impianti sonori in Italia*, 8, 10 marzo, p. 7

L. F. [Leandro Forno], *L'America produrrà 456 fonofilms*, 9, 20 marzo, p. 1

Carneade, *L'eterna alternativa*, 9, 20 marzo, p. 1

Anonimo, *Muto o sonoro a Roma?*, 9, 20 marzo, p. 3

H. [Hector], *Apparecchi e films sonori ceduti a percentuale sugli incassi?*, 9, 20 marzo, p. 3

L. F. [Leandro Forno], *La R.K.O. alla conquista dell'Europa*, 9, 20 marzo, p. 7

H. [Hector], *La lavorazione a Joinville*, 9, 20 marzo, p. 7

Anonimo, *Tu quoque... Charlie Chaplin!*, 10, 1° aprile, p. 1

H. [Hector], *L'America produrrà in maggioranza films sonorizzati*, 10, 1° aprile, p. 1

L. F. [Leandro Forno], *L'"Universal" non farà più versioni straniere*, 10, 1° aprile, p. 1

H. [Hector], *Due "stand" di Joinville distrutti dal fuoco*, 10, 1° aprile, p. 3

F. B. [Ferruccio Biancini], *I progressi tecnici a Neubabelsberg*, 10, 1° aprile, p. 3

Anonimo, *Un nuovo film di W. De Liguoro...*, "Notiziario Cines-Pittaluga" 10, 1° aprile, p. 4

H. [Hector], *Un cinema per americani a Parigi*, 10, 1° aprile, p. 4

Anonimo, *Dopo la scomparsa del Maestro*, 11, 10 aprile, pp. 1-2

Vice, *"Rubacuori" (Supercinema) e "Antonio di Padova" (Barberini)*, "Le presentazioni nei cinema romani", 11, 10 aprile, p. 3

Anonimo, *Come si "vedono" le voci. Nei meandri del fonofilm*, 11, 10 aprile, p. 3

Anonimo, *Il Western Eletric nel Canada*, 11, 10 aprile, p. 3

H. [Hector], *...e in Spagna*, 11, 10 aprile, p. 3

Anonimo, *Anche la Spagna si muove*, 11, 10 aprile, p. 3

Anonimo, *Scene alpestri*, "Notiziario Cines-Pittaluga", 11, 10 aprile, p. 4

Anonimo, *Studenti messicani contro i films parlanti*, 11, 10 aprile, p. 5

Anonimo, *La vita dell'Anonima Pittaluga. Un problema nazionale*, 12, 20 aprile, p. 1

H. [Hector], *Per la perfetta registrazione dei suoni. Interessanti dichiarazioni di H. Hotchkiss*, 12, 20 aprile, p. 1

Anonimo, *Un gioiello d'apparecchio sonoro portatile. Il Pulverman*

Portable Sound-on film della Ditta A. Fava, 12, 20 aprile, p. 2

Anonimo, *Il successo di "Rubacuori" - Un nuovo film in tre versioni - Il signor Bonaventura sullo schermo*, "Notiziario Cines-Pittaluga", 12, 20 aprile, p. 4

H. [Hector], *Nuovi fonofilms francesi... e inglesi*, 12, 20 aprile, p. 4

Carlo Chisté, *Il cinematografo in Argentina*, 12, 20 aprile, p. 4

F. [Fabrizi], *Il primo fonofilm cinese*, 12, 20 aprile, p. 5

Anonimo, *Come si proteggono i tedeschi*, 13, 1° maggio, p. 1

F. B. [Ferruccio Biancini], *Il costo dei brevetti. La Tobis riduce le sue tariffe in Germania...*, 13, 1° maggio, p. 1

Leandro Forno, *Corriere di New York. Stefano Pittaluga - "Napoli che canta" e "La canzone dell'amore"...*, 13, 1° maggio, p. 2

L. F. [Leandro Forno], *Il costo del "parlante" diminuisce*, 13, 1° maggio, p. 2

H. [Hector], *Il nuovo apparecchio Western 3. A.*, 13, 1° maggio, p. 3

F. B. [Ferruccio Biancini], *L'attività produttiva della Tobis*, 13, 1° maggio, p. 3

Anonimo, *"La scala" in programmazione - Intorno a "Mare" - Visite alla "Cines"*, "Notiziario Cines-Pittaluga", 13, 1° maggio, p. 4

Anonimo, *Il nuovo film di Genina: "Paris-Beguin"*, 13, 1° maggio, p. 4

H. [Hector], *L'attività degli "ateliers" francesi*, 13, 1° maggio, p. 4

Anonimo, *I sordi e il cinema parlante*, 13, 1° maggio, p. 5

F. L. [Leandro Forno], *"La canzone dell'amore" a Londra*, 14, 10 maggio, p. 1

H. [Hector], *La Paramount a Joinville. 200 milioni per la produzione*, 14, 10 maggio, p. 3

L. F. [Leandro Forno], *21.284 cinema negli Stati Uniti*, 14, 10 maggio, p. 3

H. [Hector], *Wolkoff produrrà a Parigi 4 fonofilms*, 14, 10 maggio, p. 3

P. I., *L'attività dell'industria spagnola*, 14, 10 maggio, p. 3

Anonimo, *Attività industriale nel Messico*, 14, 10 maggio, p. 3

L. F. [Leandro Forno], *8.075 Western Eletric nel mondo*, 14, 10 maggio, p. 3

Anonimo, *Il successo de "La scala" - Artisti lirici alla "Cines"...*, "Notiziario Cines-Pittaluga", 14, 10 maggio, p. 4

L'operatore, *"La scala" (Supercinema)*, "Le presentazioni nei cinema romani", 14, 10 maggio, p. 5

Anonimo, *Il Quarto Congresso Internazionale degli Esercenti a Roma*, 15, 18 maggio, pp. 1-3 e 5

L. F. [Leandro Forno], *500 scene - 20 minuti di dialogo. Il nuovo sonoro*, 15, 18 maggio, p. 9

Anonimo, *Un film sonoro in Cecoslovacchia*, 15, 18 maggio, p. 9

Anonimo, *Gli Esercenti europei - sicuri interpreti delle preferenze del pubblico - fissano la strada definitiva al film sonoro*, 16, 1° giugno, pp. 1-3

L. F. [Leandro Forno], *R.K.O. rinunzia alla realizzazione delle versione spagnuole*, 16, 1° giugno, p. 3

Anonimo, *Gli interpreti della versione italiana del film Steinkoff - Dria Paola in un nuovo film - La "Wally" alle prime battute - "Vele ammainate"*, "Notiziario Cines-Pittaluga", 16, 1° giugno, p. 4

Anonimo, *Un'audizione del Royal Amplitone nel Sacro Palazzo della Cancelleria*, 16, 1° giugno, p. 4

H. [Hector], *L'unione degli artisti francesi contro il "doublage" delle voci*, 16, 1° giugno, p. 4

F. B. [Ferruccio Biancini], *L'Universal produrrà films in Germania*, 16, 1° giugno, p. 7

Anonimo, *I films "Luce" sonori*, 16, 1° giugno, p. 7

F. B. [Ferruccio Biancini], *Un nuovo tipo di schermo per i films parlanti*, 16, 1° giugno, p. 7

Anonimo, *Bilancio della stagione*, 17, 10 giugno, p. 1

Leandro Forno, *La difficoltà del "soggetto". Argomenti originali - riduzione e dialogo*, 17, 10 giugno, p. 2

L. F. [Leandro Forno], *I cinema attrezzati al sonoro*, 17, 10 giugno, p. 2

F. [Fabrizi], *False voci sul prodotto sonoro. Precisazioni di E. Gregg*, 17, 10 giugno, p. 2

L. F. [Leandro Forno], *Un perfezionamento del "sonoro"*, 17, 10 giugno, p. 2

F. [Fabrizi], *L'Australia riprende a produrre*, 17, 10 giugno, p. 3

Anonimo, *Emilio Cecchi alla "Cines"*, 17, 10 giugno, p. 3

Anonimo, *Visite alla "Cines" - "Wally" nelle sue montagne - "La stella del cinema" brillerà fra poco*, "Notiziario Cines-Pittaluga", 17, 10 giugno, p. 4

L. F. [Leandro Forno], *La ripresa sonora della pioggia*, 17, 10 giugno, p. 4

L'operatore, *"Resurrectio" (Supercinema)*, "Le presentazioni nei cinema romani", 17, 10 giugno, p. 5

F. [Fabrizi], *La crisi ad Hollywood. Alcuni teatri di posa già chiusi*, 18, 20 giugno, p. 2

L. F. [Leandro Forno], *Ad Hollywood non si tiene alcun conto del voto contro il "doublage" delle voci*, 18, 20 giugno, p. 2

Carneade, *Il film "Luce"*, "Paragrafi", 18, 20 giugno, p. 2

H. [Hector], *Il successo europeo di un film di Augusto Genina*, 18, 20 giugno, p. 3

L. F. [Leandro Forno], *La Fox non girerà più film muti*, 18, 20 giugno, p. 3

L. F. [Leandro Forno], *La Svizzera non vuole films sonori*, 18, 20 giugno, p. 3

Anonimo, *La lavorazione 1931-1932 - Ritorna Falconi - "Il Palio di Siena"*, "Notiziario Cines-Pittaluga", 18, 20 giugno, p. 4

Anonimo, *La prima Cinerivista "Luce" sonora*, 18, 20 giugno, p. 5

L'operatore, *"La stella del cinema" (Supercinema)*, "Le presentazioni nei cinema romani", 18, 20 giugno, p. 5

Anonimo, *I parlati inglesi e i parlati americani*, 18, 20 giugno, p. 7

L. F. [Leandro Forno], *Gli studenti americani e il film parlato*, 18, 20 giugno, p. 7

F. [Fabrizi], *I partiti politici e il "parlante"*, 18, 20 giugno, p. 7

F. B. [Ferruccio Biancini], *Il film sonoro in Germania e la concentrazione industriale*, 20, 15 luglio, p. 1

P. F., *Un Western Eletric a Grosseto*, 21, 1° agosto, p. 2

F. B. [Ferruccio Biancini], *Accordo Pittaluga - "Ufa"*, 21, 1° agosto, p. 2

H. [Hector], *Un film che sarà la... Torre di Babele*, 21, 1° agosto, p. 2

H. [Hector], *Il "Conservatorio" Paramount*, 21, 1° agosto, p. 3

H. [Hector], *Marasma assoluto in Svizzera*, 21, 1° agosto, p. 3

F. [Fabrizi], *I programmi del Direttore della Western Eletric*, 21, 1° agosto, p. 3

F. B. [Ferruccio Biancini], *Il programma dei "parlanti" francesi dell'A.C.E.*, 21, 1° agosto, p. 3

Anonimo, *"Il Barbiere di Siviglia" alla Cines - Falconi ha vinto 40.000 lire - L'on. Corrado Ferretti visita la Cines - "Terra Madre" in Argentina*, "Notiziario Cines-Pittaluga", 21, 1° agosto, p. 4

F. B. [Ferruccio Biancini], *Alberto Cavalcanti lavorerà in Germania*, 21, 1° agosto, p. 5

Anonimo, *Ripresa della produzione russa*, 21, 1° agosto, p. 5

Anonimo, *La crisi del soggetto*, 22, 15 agosto, p. 1

Anonimo, *Movimento degli alti funzionari dell'Anonima Pittaluga*, 22, 15 agosto, p. 2

Kid., *La riapertura del Kursaal di Napoli*, 22, 15 agosto, p. 2

L. F. [Leandro Forno], *Douglas contro il cinema parlato*, 22, 15 agosto, p. 2

H. [Hector], *Esigenze della dogana francese abolite per l'importazione dei films*, 22, 15 agosto, p. 3

F. B. [Ferruccio Biancini], *Un cinema teatro poliglotta a Berlino*, 22, 15 agosto, p. 3

Anonimo, *Il primo film sonoro turco*, 22, 15 agosto, p. 3

Anonimo, *La produzione della "Synchro-Ciné"*, 22, 15 agosto, p. 3

L. F. [Leandro Forno], *Films senza dialoghi*, 22, 15 agosto, p. 3

Anonimo, *I sette films "staffette" della Paramount*, 22, 15 agosto, p. 3

Anonimo, *Il catalogo della produzione Cines - "Il Palio di Siena" - La segretaria particolare...*, "Notiziario Cines-Pittaluga", 22, 15 agosto, p. 4

Anonimo, *Brown discute il sonoro*, "Notiziario Metro Goldwyn-Mayer", 22, 15 agosto, p. 4

A. B. [Alessandro Blasetti], *Il Western Eletric a Grosseto*, 22, 15 agosto, p. 5

Anonimo, *Manuel Romero alla Paramount*, 22, 15 agosto, p. 7

Anonimo, *Una economica produzione nazionale può risollevare le sorti dell'esercizio, fulcro dell'attività cinematografica*, 23, 1° settembre, p. 2

Kid., *Un impianto Western Eletric al signorile Kursaal di Napoli*, 23, 1° settembre, p. 2

H. [Hector], *500 sale sonore in Svezia*, 23, 1° settembre, p. 3

Anonimo, *Altri due films ultimati - "Ostrega che sbrego"...*, "Notiziario Cines-Pittaluga", 23, 1° settembre, p. 6

L. F. [Leandro Forno], *La crisi americana e l'espansione tedesca*, 23, 1° settembre, p. 7

Anonimo, *La nuova produzione risolleverà le pericolanti sorti del cinematografo?*, 24, 10 settembre, p. 1

F. [Fabrizi], *Cecil B. Mille crede fermamente sul film sonoro e parlato*, 24, 10 settembre, p. 1

L. F. [Leandro Forno], *L'America torna al film con accompagnamento musicale*, 24, 10 settembre, p. 1

H. [Hector], *Anche "Topaze" sullo schermo*, 24, 10 settembre, p. 2

F. B. [Ferruccio Biancini], *L'Esposizione Radio a Berlino*, 24, 10 settembre, p. 2

Anonimo, *L'attività dell'Istituto L.U.C.E. Un finanziamento di 10 milioni - Un accordo con la Fox per il notiziario*, 24, 10 settembre, p. 3

L. F. [Leandro Forno], *Irving Thalberg difende il "dubbing" ma dice che dev'essere fatto meglio*, 24, 10 settembre, p. 3

Anonimo, *Il repertorio lirico italiano trasformato gradualmente per lo schermo?*, 24, 10 settembre, p. 3

H. [Hector], *La politica della "Paramount" a Joinville*, 24, 10 settembre, p. 5

Anonimo, *La prima visione in Italia de "Il solitario della montagna - Il nuovo film di Armando Falconi - "Il Palio di Siena"*, "Notiziario Cines-Pittaluga", 24, 10 settembre, p. 6

H. [Hector], *Pirandello vuole rivoluzionare il cinematografo*, 25, 20 settembre, p. 2

Anonimo, *Africa parla! Rango. I grandi documentari della stagione 1931-32*, 25, 20 settembre, p. 3

F. [Fabrizi], *Western Eletric ai piccoli cinema inglesi*, 25, 20 settembre, p. 3

F. B. [Ferruccio Biancini], *La post-sincronizzazione dei films tedeschi*, 25, 20 settembre, p. 3

L'operatore, *"Il solitario della montagna"* *(Supercinema e Corso Cinema)*, "Le presentazioni nei cinema romani", 25, 20 settembre, p. 5

Anonimo, *Un buon ragazzo - "Wally"*, "Notiziario Cines-Pittaluga", 25, 20 settembre, p. 6

Anonimo, *Il fonofilm del Decennale*, 26, 1° ottobre, p. 3

H. [Hector], *L'efficienza dell'industria francese. 92 fonofilm, 16 versioni estere, 27 doppiati e 41 corto metraggi, realizzati nei 4 mesi estivi!*, 26, 1° ottobre, p. 3

Anonimo, *Notiziario Cines-Pittaluga*, 26, 1° ottobre, p. 4

Alberto Albertazzi, *"Gli uomini... che mascalzoni!" (Supercinema) e "Pergolesi" (Moderno)*, "Le presentazioni nei cinema romani", 26, 1° ottobre, p.5

H. [Hector], *La produzione Radio e R.K.O. a Jacques Haik*, 26, 1° ottobre, p. 5

Anonimo, *Produrre!*, 27, 10 ottobre, p. 1

Anonimo, *Collaborazione*, 27, 10 ottobre, p. 1

Anonimo, *Il Sultano ama il film parlante*, 27, 10 ottobre, p. 1

Anonimo, *La brillante affermazione dei giornali sonori "Luce". Le presentazioni al Planetario delle prime tre produzioni - Ciò che dice il capo dei tecnici della Western Eletric*, 27, 10 ottobre, p. 2

Kid., *La fastosa inaugurazione del Kursaal*, 27, 10 ottobre, p. 3

Anonimo, *Il successo della "Canzone dell'amore" a Lima... ed a Filadelfia*, 27, 10 ottobre, p. 3

H. [Hector], *Le installazioni Western in India*, 27, 10 ottobre, p. 3

H. [Hector], *Successo di un film di Genina a Parigi*, 27, 10 ottobre, p. 4

Anonimo, *I primi films sonori finlandesi*, 27, 10 ottobre, p. 4

Anonimo, *La produzione giapponese*, 27, 10 ottobre, p. 4

F. B. [Ferruccio Biancini], *La Paramount tedesca*, 27, 10 ottobre, p. 4

Anonimo, *La Caesar Film risorge all'industria del sonoro*, 27, 10 ottobre, p. 5

L'operatore, *"La riva dei bruti" (Capranica)*, "Le presentazioni nei cinema romani", 27, 10 ottobre, p. 5

L. F. [Leandro Forno], *I rumori che disturbano il microfono*, 28, 20 ottobre, p. 3

F. B. [Ferruccio Biancini], *Un "referendum" pel sonoro. Il dott.*

Giacalone per la collaborazione italo-tedesca, 28, 20 ottobre, p. 3

L. F. [Leandro Forno], *Una nuova attrazione della Western Eletric*, 28, 20 ottobre, p. 3

Anonimo, *"Patatrac" fonofilm della Cines (al Supercinema di Roma)*, 28, 20 ottobre, p. 5

Anonimo, *L'ora della riscossa (e come nei drammi a forte tinte, ovvero... la vipera ha morso il ciarlatano)*, 29, 1° novembre, p. 1

Carneade, *La strada giusta*, "Paragrafi", 29, 1° novembre, p. 1

Anonimo, *Campo volante" di Max Reichmann*, 29, 1° novembre, p. 2

Anonimo, *"Solitario della montagna" presentato in Francia - Un altro film di Falconi...*, 29, 1° novembre, p. 6

Carneade, *Giappone docet*, "Paragrafi", 30, 10 novembre, p. 1

L. F. [Leandro Forno], *La Tobis tedesca e la R.K.O. Pathé Export*, 30, 10 novembre, p. 2

L. F. [Leandro Forno], *I cinema equipaggiati al sonoro. Chi ne ha di più è l'Inghilterra*, 30, 10 novembre, p. 3

Anonimo, *Notiziario Cines-Pittaluga*, 30, 10 novembre, p. 4

Anonimo, *Qualcosa di nuovo... fonofilm dei sovietici*, 30, 10 novembre, p. 4

Anonimo, *"Figaro e la sua gran giornata" di Mario Camerini. Un fonofilm di un giovane*, 30, 10 novembre, p. 5

Anonimo, *Concorso per un fonofilm di celebrazione del fascismo*, 30, 10 novembre, p. 5

L. F. [Leandro Forno], *I films stranieri negli Stati Uniti*, 30, 10 novembre, p. 5

L. F. [Leandro Forno], *Le case americane sospendono le versioni straniere*, 31, 20 novembre, p. 2

L. F. [Leandro Forno], *Il numero delle sale equipaggiate al sonoro nel mondo*, 31, 20 novembre, p. 3

L. F. [Leandro Forno], *La produzione Paramount a St. Maurice*, 31, 20 novembre, p. 3

F. B. [Ferruccio Biancini], *Contro il monopolio degli apparecchi sonori*, 31, 20 novembre, p. 3

F. [Fabrizi], *Il primo fonofilm cinese*, 31, 20 novembre, p. 4

Anonimo, *Il pubblico americano preferisce il film sonoro*, 31, 20 novembre, p. 4

L'operatore, *"La lanterna del diavolo" (Modernissimo e Quirinale)*, "Le presentazioni nei cinema romani", 31, 20 novembre, p. 5

Anonimo, *"Figaro e la sua gran giornata"* - *"Terra madre" a New York* - *"Rubacuori" in Francia*, "Notiziario Cines-Pittaluga", 31, 20 novembre, p. 6

Anonimo, *Nuovi orizzonti del "doublage"*, 31, 20 novembre, p. 6

Anonimo, *Comunicato*, 32, 1° dicembre, p. 2

L'operatore, *"Figaro e la sua gran giornata"*, "Le presentazioni nei cinema romani", 32, 1° dicembre, p. 5

F. [Fabrizi], *Le sale britanniche attrezzate al sonoro*, 32, 1° dicembre, p. 5

Anonimo, *Un nuovo film di Giachetti - Falconi ritorna...*, "Notiziario Cines-Pittaluga", 32, 1° dicembre, p. 6

L. F. [Leandro Forno], *La riorganizzazione finanziaria della R.K.O.*, 33, 10 dicembre, p. 2

F. [Fabrizi], *Gli apparecchi sonori americani importati in Inghilterra*, 33, 10 dicembre, p. 2

H. [Hector], *La morte del precursore del film sonoro*, 33, 10 dicembre, p. 3

H. [Hector], *Scialiapin contro il melodramma-film*, 33, 10 dicembre, p. 3

Anonimo, *La riapertura anticipata del Teatro Reale dell'Opera - Una segnalazione ufficiale per il film "Terra madre"*, "Notiziario Cines-Pittaluga", 33, 10 dicembre, p. 4

Anonimo, *Le canzoni del fonofilm "Wally"*, 33, 10 dicembre, p. 4

Anonimo, *Il primo fonofilm belga*, 33, 10 dicembre, p. 4

H. [Hector], *L'ultimo film di Carmine Gallone*, 34, 20 dicembre, p. 2

F. B. [Ferruccio Biancini], *Films tedeschi in lingua spagnola*, 34, 20 dicembre, p. 2

L. F. [Leandro Forno], *La produzione dei films al Messico*, 34, 20 dicembre, p. 2

Anonimo, *Turni di spettacoli e riduzione di spese pel noleggio e pubblicità. Come attenuare la crisi dell'esercizio*, 34, 20 dicembre, p. 3

L'operatore, *"Vele ammainate" (Barberini)*, "Le presentazioni nei cinema romani", 34, 20 dicembre, p. 5

Anonimo, *Autorità sarde alla "Cines" - Torna Marcella Albani...*, "Notiziario Cines-Pittaluga", 34, 20 dicembre, p. 6

1932

(a. IX, nn 1-33, gennaio-dicembre)

H. [Hector], La *"Victoria film" produrrà tre "parlanti" francesi in Russia*, 1, 1° gennaio, p. 3

L. F. [Leandro Forno], *La Fox Film contro la Western Eletric*, 1, 1° gennaio, p. 3

H. [Hector], *"Rubacuori" in francese a Parigi*, 1, 1° gennaio, p. 3

Anonimo, *L'edizione italiana del film di Grock*, 1, 1° gennaio, p. 3

F. B. [Ferruccio Biancini], *L'attività della "Italafilm" di Berlino*, 1, 1° gennaio, p. 4

H. [Hector], *Il fonofilm francese "Mistigri"*, 1, 1° gennaio, p. 4

L. F. [Leandro Forno], *La produzione americana dei films in lingue straniere*, 1, 1° gennaio, p. 4

F. [Fabrizi], *Le virtù pedagogiche del "sonoro"*, 1, 1° gennaio, p. 4

L'operatore, *"La segretaria privata" (Supercinema)*, "Le presentazioni nei cinema romani", 1, 1° gennaio, p. 5

Anonimo, *Il successo de "La segretaria privata" - Un'automobile a Venezia - In attesa de "La Wally"*, "Notiziario Cines-Pittaluga", 1, 1° gennaio, p. 9

Anonimo, *Spettacoli per turisti stranieri*, 2, 10 gennaio, p. 1

P. C., *Il "Convoglio" Paramount in Italia*, 2, 10 gennaio, p. 2

Anonimo, *Circa 700 mila lire di concorso governativo al fonofilm Cines "Canzone dell'amore"*, 2, 10 gennaio, p. 2

Anonimo, *Il "sonoro" aumenta gli incassi dei principali cinema parigini*, 2, 10 gennaio, p. 2

H. [Hector], *Un nuovo film di Augusto Genina*, 2, 10 gennaio, p. 3

L. F. [Leandro Forno], *La Fox Film non farà più versioni straniere*, 2, 10 gennaio, p. 3

Anonimo, *Il superfilm d'arte e la riaffermata industria italiana: Wally*, 2, 10 gennaio, p. 4

Anonimo, *Come s'ispirava Alfredo Catalani per "Wally". (Da un'intervista del 1908)*, 2, 10 gennaio, p. 4

Anonimo, *Il successo de "La segretaria privata"* - *"Rubacuori"* in *Francia ed in Belgio,* "Notiziario Cines-Pittaluga", 2, 10 gennaio, p. 6

Anonimo, *Cinematografia portoghese,* 2, 10 gennaio, p. 6

Anonimo, *Il primo "parlante" turco,* 2, 10 gennaio, p. 7

Anonimo,*Anche la Finlandia produrrà,* 2, 10 gennaio, p. 7

H. [Hector], *I criteri di Bernstein sul cinema parlante,* 2, 10 gennaio, p. 7

Anonimo, *Produrre 40 fonofilm e riformare le superate formulette commerciali,*, 3, 20 gennaio, p. 1

Anonimo, *S. M. il Re in visita alla "Cines",* 3, 20 gennaio, p. 1

Anonimo, *I films sonori della "Luce",* 3, 20 gennaio, p. 1

Anonimo, *Invito agli Esercenti. L'auto-treno Paramount in giro per l'Italia,* 3, 20 gennaio, p. 3

F. B. [Ferruccio Biancini], *"La canzone è finita"* in italiano, 3, 20 gennaio, p. 3

H. [Hector], *"La donna vestita da uomo"* di Genina, 3, 20 gennaio, p. 3

Anonimo, *Il film di aviazione* - *"Pergolesi"* - *Il successo di "Vous que j'adore"* - *"La scala"* in America, "Notiziario Cines-Pittaluga", 3, 20 gennaio, p. 6

Anonimo, *Anno 1931: 405 fonofilm europei,* 5, 10 febbraio, p. 1

Carneade, *Immagine e suono,* 5, 10 febbraio, p. 1

Anonimo, *Come miete a Roma "Segretaria privata",* 5, 10 febbraio, p. 1

Anonimo, *Henry Bernstein scrive pel cinema,* 5, 10 febbraio, p. 3

H. [Hector], *La nuova produzione Paramount di Joinville,* 5, 10 febbraio, p. 3

Anonimo, *Prodigi senza trucco - Visite alla Cines - Le due versioni di "Pergolesi"...,* "Notiziario Cines-Pittaluga", 5, 10 febbraio, p. 6

H. [Hector], *Rubacuori a Parigi,* 5, 10 febbraio, p. 6

F. [Fabrizi], *La Paramount produrrà in Inghilterra,* 5, 10 febbraio, p. 7

Anonimo, *Il cinematografo in Spagna,* 5, 10 febbraio, p. 7

Anonimo, *Pensare alla produzione,* 6, 20 febbraio, p. 1

L. F. [Leandro Forno], *Luigi Pirandello dirige per la M.G.M.,* 6, 20 febbraio, p. 1

Anonimo, *"L'ultima avventura" (Barberini e Supercinema)*, "Notiziario Cines-Pittaluga", 6, 20 febbraio, p. 6

Anonimo, *La nuova produzione "Cines"*, 6, 20 febbraio, p. 6

Anonimo, *Il mercato rumeno*, 6, 20 febbraio, p. 6

H. [Hector], *I francesi contro il "doublage" estero*, 6, 20 febbraio, p. 7

Ettore Marzetto, *Il nuovo contingentamento francese. Libero scambio con la Germania e limitazione del "doublage"*, 7, 1° marzo, p. 1

Carneade, *Periodo di transizione*, 7, 1° marzo, p. 1

Anonimo, *Il "Cine-Club d'Italia" inaugurato con un film "Cines"* - *Le prime scene del film su "Pergolesi"*, "Notiziario Cines-Pittaluga", 7, 1° marzo, p. 6

Anonimo, *Come prepara i fonofilm e i divi Ernst Lubitsch*, 7, 1° marzo, p. 7

Anonimo, *Il "tipo" della produzione*, 8, 10 marzo, p. 1

Anonimo, *Una bella serata al "Cine Club d'Italia". Il fonofilm "The Miracle Woman"*, 8, 10 marzo, p. 1

H. [Hector], *Il contingente francese: 250 fonofilm*, 8, 10 marzo, p. 2

Anonimo, *I sonori dell'Istituto LUCE*, 8, 10 marzo, p. 2

Anonimo, *La rivincita del teatro sul cinema?*, 8, 10 marzo, p. 2

H. [Hector], *La "Western" riduce la manutenzione*, 8, 10 marzo, p. 3

E. C. [Ernesto Cauda], *Il fonofilm "La vecchia signora" sospeso e riautorizzato dalle Autorità*, 8, 10 marzo, p. 3

Anonimo, *Amalfi, la primavera e la neve - Sui ghiacciai di Pokol*, "Notiziario Cines-Pittaluga", 8, 10 marzo, p. 6

Anonimo, *Una "sinfonia della grande città" italiana*, 8, 10 marzo, p. 7

Anonimo, *La canzone è finita... in visione privata*, 9, 20 marzo, p. 2

Anonimo, *La situazione del cinema negli Stati Uniti*, 9, 20 marzo, p. 2

Anonimo, *Genina realizzerà il film di Bernstein*, 9, 20 marzo, p. 2

Anonimo, *250 fonofilm sovietici nel 1931*, 9, 20 marzo, p. 2

Fabrizi, *La crisi delle attività del Cinema nel pensiero dell'avv. Francesco Scherma*, 9, 20 marzo, p. 3

Alberto Albertazzi, *"La vecchia signora" (Barberini)*, "Le presentazioni nei cinema romani", 9, 20 marzo, p. 5

Anonimo, *Insidie della montagna - "Corte d'Assise" a Tunisi*, "Notiziario Cines-Pittaluga", 9, 20 marzo, p. 6

F. B. [Ferruccio Biancini], *I tedeschi temono il "dubbing"*, 9, 20 marzo, p. 7

Anonimo, *Successo di film a Praga*, 10, 1° aprile, p. 1

L. F. [Leandro Forno], *"Rubacuori" della Cines a New York*, 10, 1° aprile, p. 1

Alberto Albertazzi, *"Palio" (Supercinema)*, "Le presentazioni nei cinema romani", 10, 1° aprile, p. 5

Anonimo, *Vita settecentesca - La "Cines" alla Fiera di Praga - "La cantante dell'opera"*, "Notiziario Cines-Pittaluga", 10, 1° aprile, p. 6

Anonimo, *Pubblica visione di fonofilm stranieri*, 11, 10 aprile, p. 1

Brezzi (Presidente del Consiglio di Amministrazione), *Colpi d'ariete alle sovrastrutture della Cines*, 11, 10 aprile, p. 1

Anonimo, *Una parola animatrice sulla situazione. (Colloquio col capo della Paramount, Americo Aboaf)*, 11, 10 aprile, p. 2

Anonimo, *La situazione del cinema nell'URSS*, 11, 10 aprile, p. 2

H. [Hector], *Efficienza dell'industria francese. 128 parlanti - 79 versioni estere - 11 muti - 135 shorts e 350 milioni di spesa nell'anno 1931*, 11, 10 aprile, p. 3

L. F. [Leandro Forno], *L'America contro gli artisti stranieri*, 11, 10 aprile, p. 3

Anonimo, *Nuovi film bolscevichi*, 11, 10 aprile, p. 7

Anonimo, *Questioni di lana caprina. Per la visione dei fonofilm stranieri*, 12, 20 aprile, p. 1

L. F. [Leandro Forno], *La R.K.O. alla deriva*, 12, 20 aprile, p. 1

Anonimo, *La Paramount si prepara a "doppiare" i suoi fonofilm in Italia*, 12, 20 aprile, p. 1

M. J., *"La cantante dell'opera"... fonofilm della "Cines"*, 12, 20 aprile, p. 5

F. [Fabrizi], *La Radio ribassa la "royaltie"*, 12, 20 aprile, p. 5

Anonimo, *Il nuovo fonofilm di Camerini*, 12, 20 aprile, p.. 5

Anonimo, *I primi quadri del film di Camerini girati alla Fiera di*

Milano - Le prime della "Cantante dell'opera" nei cinema della Pittaluga - Raffaele Viviani alla Cines - "Pergolesi" ultimato, "Notiziario Cines-Pittaluga", 12, 20 aprile, p. 6

L. F. [Leandro Forno], *Il fonofilm del pensiero*, 12, 20 aprile, p. 7

H. [Hector], *Il numero dei "dubblati" per la Francia*, 13, 1° maggio, p. 1

Anonimo, *Una profumiera ed un meccanico alla Fiera di Milano alle prese con Camerini*, "Notiziario Cines-Pittaluga", 13, 1° maggio, p. 6

Leandro Forno, *Il verbo della Mecca: economie*, 14, 10 maggio, p. 1

Film, *La Germania contro il "dubbing"*, 14, 10 maggio, p. 1

H. [Hector], *La Comédie Française e il sonoro*, 14, 10 maggio, p. 2

F. B. [Ferruccio Biancini], *La Paramount produrrà a Berlino*, 14, 10 maggio, p. 2

Anonimo, *Il successo de "La Wally" a Parigi - Il film di Pergolesi nel giudizio di un giornale francese...*, "Notiziario Cines-Pittaluga", 14, 10 maggio, p. 6

Anonimo, *La tecnica sonora cammina...*, "Notiziario Metro Goldwyn-Mayer", 14, 10 maggio, p. 6

H. [Hector], F. [Fabrizi], *Bernstein dà soggetti alla M.G.M.*, 15, 20 maggio, p. 1

F. [Fabrizi], *Carmine Gallone in Inghilterra*, 15, 20 maggio, p. 1

F. B. [Ferruccio Biancini], *La Ufa nega il pagamento dei diritti musicali per le pellicole sonore*, 15, 20 maggio, p. 2

Anonimo, *La Ufa condannata*, 15, 20 maggio, p. 2

H. [Hector], *Warner e First realizzeranno undici parlanti francesi*, 15, 20 maggio, p. 2

F. [Fabrizi], *Collaborazione Ufa-Gaumont-British*, 15, 20 maggio, p. 2

Anonimo, *Durare con ottimismo: consiglia F. Curioni. La mobilitazione degli esperti contro la crisi*, 15, 20 maggio, p. 3

Anonimo, *Le amarezze del "perfetto produttore"*, 17, 15 giugno, p. 1

H. [Hector], *Quattro fonofilm di Carmine Gallone sugli schermi parigini*, 17, 15 giugno, p. 1

Anonimo, *Elsa Merlini, Besozzi e Giachetti in due grandi fonofilm italiani*, 17, 15 giugno, p. 1

Anonimo, *Il cinema italiano a Convegno a Firenze*, 17, 15 giugno, p. 3
Anonimo, *La nuova produzione Metro e Paramount*, 17, 15 giugno, p. 3
H. [Hector], *Gli esercenti francesi contro il contingentamento*, 17, 15 giugno, p. 3
Anonimo, *Film in lavorazione - E finalmente "Paradiso" - I documentari Cines*, "Notiziario Cines-Pittaluga", 17, 15 giugno, p. 4
H. [Hector], *Accordo G.F.F.A. e Léon Poirier*, 17, 15 giugno, p. 4
Anonimo, *Il "doppiato" è una cosa seria. (Conversazione con l'avv. Francesco Scherma)*, 17, 15 giugno, p. 5
L. F. [Leandro Forno], *I successi della Cines in America*, 17, 15 giugno, p. 7
Anonimo, *Per il transitorio aumento dei giornali "Luce" settimanali*, 18, 1° luglio, p. 1
Anonimo, *Le pellicole parlanti straniere sono proibite in Cile*, 18, 1° luglio, p. 1
F. B. [Ferruccio Biancini], *Un fonofilm sulla vita di Goethe*, 18, 1° luglio, p. 1
H. [Hector], *Successi parigini di Carmine Gallone*, 18, 1° luglio, p. 1
Anonimo, *Un teatro sonoro a Palermo?*, 18, 1° luglio, p. 1
Anonimo, *Il risveglio della Spagna*, 18, 1° luglio, p. 2
Anonimo, *Il tema del dibattito: whisky o gazzosa? (Giornalisti alla scoperta del doppiato)*, 18, 1° luglio, p. 5
Anonimo, *Il film sull'aviazione italiana - Il film su "Pergolesi" - "Gli uomini... che mascalzoni" - "La telefonista"*, "Notiziario Cines-Pittaluga", 18, 1° luglio, p. 6
Anonimo, *Notiziario Caesar Film*, 18, 1° luglio, p. 6
Anonimo, *Elsa Merlini, Besozzi, Giachetti e Ceseri in tre fonofilm*, 19, 15 luglio, p. 2
Anonimo, *Mario Bonnard al lavoro*, 19, 15 luglio, p. 2
H. [Hector], *Una nuova editrice francese*, 19, 15 luglio, p. 2
Anonimo, *Il programma di lavorazione degli Stabilimenti "Cines". (Intervista col comm. Ludovico Toeplitz...)*, 19, 15 luglio, p. 3
Anonimo, *Nuovi fonofilm bolscevichi*, 19, 15 luglio, p. 7
Anonimo, *Provvedimenti per il doppiaggio dei film*, 20, 1° agosto, p. 3

Anonimo,*Un centro di produzione in Turchia*, 20, 1° agosto, p. 3

W., *La Polonia accoglie i fonofilm tedeschi*, 20, 1° agosto, p. 3

H. [Hector], *Gli interpreti del nuovo fonofilm di Carmine Gallone*, 20, 1° agosto, p. 3

Anonimo, *L'intensa attività della "Cines"*, 20, 1° agosto, p. 3

Anonimo, *Fonofilm italiana della S.A.S.P.*, 21, 15 agosto, p. 2

L. F. [Leandro Forno], *Un conflitto Warner-Western Eletric*, 21, 15 agosto, p. 2

Anonimo, *L'importante Gruppo dei parlanti dell'Anonima Pittaluga*, 21, 15 agosto, p.. 3

Vice, *L'attività della "Italafilm" di Berlino*, 21, 15 agosto, p.. 3

F. B. [Ferruccio Biancini], *La Germania vieta i contratti con i fonofilm stranieri prima della visione*, 21, 15 agosto, p. 3

Anonimo, *Notiziario Caesar Film*, 21, 15 agosto, p. 6

Anonimo, *Voci italiane agli schermi italiani. Il pressante problema del doppiato*, 22, 1° settembre, p. 2

F. [Fabrizi], *La dogana inglese sui negativi sonori*, 22, 1° settembre, p. 2

Anonimo, *Decennale alla Farnesina*, 22, 1° settembre, p. 3

Anonimo, *Il catalogo dell'Anonima Pittaluga*, 22, 1° settembre, p. 3

Anonimo, *Notiziario Cines-Pittaluga*, 22, 1° settembre, p. 4

H. [Hector], *A Parigi si lavora*, 23, 10 settembre, p. 2

H. [Hector], *La guerra doganale franco italiana*, 23, 10 settembre, p. 2

Anonimo, *La Paramount doppierà alla Cines?*, 23, 10 settembre, p. 2

Anonimo, *"L'ultima illusione" fonofilm Europa con Lil Dagover*, 23, 10 settembre, p. 2

L. F. [Leandro Forno], *L'America richiede film europei*, 23, 10 settembre, p. 3

H. [Hector], *La Metro Goldwyn abbandona il doppiaggio di Hollywood*, 23, 10 settembre, p. 3

F. B. [Ferruccio Biancini], *La censura tedesca vieta il doppiaggio non diligentemente realizzato*, 25, 1° ottobre, p. 1

Anonimo, *L'attività industriale della S.A.S.P. Un altro fonofilm con Elsa Merlini*, 25, 1° ottobre, p. 5

H. [Hector], *La produzione Paramount ultimata a Joinville*, 25, 1° ottobre, p. 5

F. [Fabrizi], *La Philips lancia un nuovo apparecchio*, 25, 1° ottobre, p. 5

Anonimo, *Il cinema ha vinto il teatro*, 27, 20 ottobre, p. 1

H. [Hector], *Accordo franco-tedesco*, 27, 20 ottobre, p. 1

Anonimo, *Un doppiato in lingua araba a Roma*, 27, 20 ottobre, p. 2

Anonimo, *Attività cinematografica russa*, 27, 20 ottobre, p. 2

L. F. [Leandro Forno], *Una produzione M.G.M. in Italia e in Francia?*, 27, 20 ottobre, p. 3

Alberto Albertazzi, *"La telefonista" (Corso Cinema)*, "Le presentazioni nei cinema romani", 27, 20 ottobre, p. 5

Anonimo, *Notiziario Cines-Pittaluga*, 27, 20 ottobre, p. 6

F. [Fabrizi], *Mussolini applaudito a Londra sullo schermo sonoro*, 28, 1° novembre, p. 2

Anonimo, *Un nuovo teatro di sincronizzazione a Milano*, 28, 1° novembre, p. 2

Anonimo, *Notiziario Cines-Pittaluga*, 28, 1° novembre, p. 4

Alberto Albertazzi, *"La tavola dei poveri" (Supercinema)*, "Le presentazioni nei cinema romani", 28, 1° novembre, p. 5

Anonimo, *Consuntivo artistico 1931-32*, 29, 10 novembre, p. 1

L. F. [Leandro Forno], *I fabbricanti di dischi si difendono*, 29, 10 novembre, p. 3

Anonimo, *La "Ufa" passerebbe in mani americane?*, 29, 10 novembre, p. 3

Alberto Albertazzi, *"Cercasi modella 29"*, "Le presentazioni nei cinema romani", 10 novembre, p. 6

Anonimo, *Il film garibaldino di A. Blasetti - Il film di Mario Camerini - "Acciaio" di Luigi Pirandello...*, "Notiziario Cines-Pittaluga", 30, 20 novembre, p. 4

Anonimo, *La versione italiana di "Proibito" presentata alla stampa*, 30, 20 novembre, p. 5

Alberto Albertazzi, *"Cinque a zero"*, "Le presentazioni nei cinema romani", 30, 20 novembre, p. 5

Anonimo, *Gli orchestrali avranno un proprio ufficio di collocamento?*, 31, 1° dicembre, p. 4

H. [Hector], *Fonofilm "Cines" nei locali parigini*, 31, 1° dicembre, p. 4

Achille Valdata, "*L'Armata Azzurra*" *presentata alle Autorità Torinesi*, 31, 1° dicembre, p. 5

Alberto Albertazzi, "*La segretaria per tutti*", "Le presentazioni nei cinema romani", 31, 1° dicembre, p. 5

Anonimo, *Notiziario Cines-Pittaluga*, 31, 1° dicembre, p. 6

F. [Fabrizi], *Il suono... sintetico. L'invenzione di un tecnico inglese*, 32, 10 dicembre, p. 2

H. [Hector], *Il successo della Cines a Parigi*, 32, 10 dicembre, p. 2

Anonimo, *Una discoteca di Stato italiana*, 32, 10 dicembre, p. 2

Anonimo, *Corriere parigino. Il successo dei film di Camerini*, 33, 20 dicembre, p. 3

Ferruccio Biancini, *Uno sguardo alle fucine di Johannisthal. Quando il cinema è una cosa seria*, 33, 20 dicembre, p. 6

H. [Hector], *La versione inglese di "La dame de chez Maxim's"*, 33, 20 dicembre, p. 9

G. Z., *Artisti francesi a Roma*, 33, 20 dicembre, p. 9

F. [Fabrizi], *Gallone ha terminato la versione inglese di "Le Roi des Palaces"*, 33, 20 dicembre, p.. 9

G. Z., "*L'uomo dalla Hispano*" *in fonofilm*, 33, 20 dicembre, p. 9

Cinema-Teatro
Periodico Internazionale Illustrato

1927

(a. I, nn 1-2, settembre-novembre; inizio pubblicazioni il 1° settembre)

T. Nelli, *Il sincronismo musicale dei films*, 2, novembre, pp. 9-10

Anonimo, *Il Movietone. Cinematografia parlante*, 2, novembre, p. 16

1928

(a. II, nn 3-5 e 6-7, maggio-dicembre)

Ottorino Modugno, *L'arte muta nel pensiero di Edoardo Boutet*, fascicolo IV dell'edizione mensile, maggio, p. 6

Gherardini, *L'industria, l'arte e i films sonori*, numero speciale Natale-Capodanno, dicembre, p. 3

1929

(a. III, n 5-11, maggio-dicembre)
Anton Giulio Bragaglia, *La musica e il Cinema*, "Libri e idee", 7, 16 ottobre, pp. 3-4
Giacinto Solito, *Movies or talkies? Polemiche*, 7, 16 ottobre, p. 6
C. T., *Movietone*, 8, 1° novembre, p. 1
Armando Tinelli, *Il film sincronizzato. Tecnica delle gestioni*, 8, 1° novembre, p. 6
G. V. S. [Giuseppe Vittorio Sampieri], *Giardini che vivono. Il film sonoro in Italia*, 11, 31 dicembre
Cesare Barbieri, *Il cinema parlante*, "Corriere parigino", 11, 31 dicembre, p. 20
Anonimo, *La Paramount nel mondo. Espansione all'estero*, 11, 31 dicembre, pp. 23-24

1930

(a. IV, nn 1-23, gennaio-dicembre)
I. M. Boni, *Commenti sul film sonoro*, 1, 15 gennaio, p. 4
Ercole Conti, *Maurice Chevalier. "Parigi che canta" - film sonoro Paramount*, 2, 30 gennaio, p. 7
Renato Loreti, *Il film sonoro prodotto in Europa. Una colossale iniziativa americana*, 4-5, 15 marzo, p. 8
R. L. [Renato Loreti], *Rinascita in atto*, 10, 1° giugno, pp. 3-4
Anonimo, *Il programma di lavoro della "Cines"*, 10, 1° giugno, pp. 4-5
Anonimo, *L'inaugurazione della "Cines"*, 10, 1° giugno, pp. 6-8
Anonimo, *Gli stabilimenti della "Cines"*, 11, 16 giugno, pp. 5-9
Anonimo, *Il primo film italiano della Paramount*, 11, 16 giugno, p. 14
Renato Loreti, *Difendersi*, 12, 1° luglio, p. 3
Giacinto Solito, *La nuova immagine dell'avvenire*, 12, 1° luglio, p. 8
Anonimo, *Panorami cinematografici. Roma-Parigi-Berlino*, 14, 1° agosto, pp. 6-7
Anonimo, *L'attività della "Cines"*, 14, 1° agosto, pp. 7-8
Anonimo, *Cines*, 16, 1° settembre, pp. 4-6
Anonimo, *Notiziario*, 18, 1° ottobre, p. 8
Anonimo, *Charlot e il suo nuovo film*, 18, 1° ottobre, p. 12
Anonimo, *I progressi della tecnica cinematografica*, 18, 1° ottobre, p. 12

C. T., *Viva l'Italia*, 19, 16 ottobre, p. 3

Renato Loreti, *[Senza titolo]*, 19, 16 ottobre, pp. 3-4

Anonimo, *Realizzazioni e possibilità della cinematografia italiana*, 19, 16 ottobre, p. 4

G. V. [Giuseppe Vittorio] Sampieri, *Luigi Pirandello parla del cinema di tutto il mondo e del teatro d'Italia*, 19, 16 ottobre, pp. 5-6

Anonimo, *Cinema a Roma: "La canzone dell'amore"*, 19, 16 ottobre, pp. 13-14

Anonimo, *Notiziario Paramount*, 20, 1° novembre, pp. 6-7

C. T., *Censura e film sonoro*, 21, 16 novembre, p. 4

Anonimo, *La fastosa edizione italiana di "Paramount Revue". Super-Rivista sonora-cantata-parlata con i più noti artisti americani e italiani*, 21, 16 novembre, p. 5

Anonimo, *Notiziario Cines*, 21, 16 novembre, p. 7

C. M. Franzero, *L'industria cinematografica inglese*, 21, 16 novembre, pp. 7-8

Anonimo, *Notiziario Paramount*, 21, 16 novembre, p. 14

Anonimo, *Cinema: "Nerone"*, 21, 16 novembre, p. 15

Pinco, *Riflessioni di Pinco*, 22, 1° dicembre, p. 4

Anonimo, *Notiziario Paramount*, 22, 1° dicembre, p. 8

Anonimo, *Come ho girato "Corte d'Assise". (Intervista con Guido Brignone)*, 23-24, 16-31 dicembre, p. 4

Anonimo, *Notiziario*, 23-24, 16-31 dicembre, pp. 12-13

1931

(a. v, nn 1-5, gennaio-aprile)

Anonimo, *Consuntivo 1930*, 1, 16 gennaio, p. 4

Renato Loreti, *Continua il lavoro alla Cines*, 1, 16 gennaio, pp. 5-6

Anonimo, *"Rubacuori", "La scala" e "Mare". "La stella del cinema"*, 1, 16 gennaio, p. 10

A. G. [Anton Giulio] Bragaglia, *A. G. Bragaglia parla del suo prossimo film*, 2-3, 15-28 febbraio, p. 4

Anonimo, *Notiziario Cines*, 2-3, 15-28 febbraio, pp. 9-10

Anonimo, *Dal grande al piccolo*, 2-3, 15-28 febbraio, p. 14

Anonimo, *Film sonoro a bordo*, 2-3, 15-28 febbraio, p. 14

Anonimo, *I problemi della trasmissione sonora*, 2-3, 15-28 febbraio, p. 14

Mario Lironcurti, *Charlie Chaplin e "Le luci della città"*, 4-5, 15 marzo-1° aprile, pp. 3-5
Anonimo, *Notiziario Cines*, 4-5, 15 marzo-1° aprile, p. 5

La Cinematografia
Rassegna Settimanale Illustrata

1927
(a. I, n 1; inizio pubblicazioni il 17 dicembre)

1928
(a. II, nn 4-7, 12 e 25-26, gennaio-febbraio, aprile e luglio-agosto)
Carlo Veneziani, *Linguaggio muto*, 7, 25 febbraio, p. 13
Il supporter, *Ma non è una cosa seria... la cinefonografia*, 25, 15-30 luglio, p. 3
Il supporter, *La rivoluzione in Cinelandia*, 26, 31 luglio-14 agosto, p. 3

1929
(a. III, nn 10-12, giugno-luglio)
Dante Mandelli, *Perseverare*, 10, 15-30 giugno, p. 1
P. G., *Il 2° Congresso Internazionale dei Direttori di Cinematografo*, 10, 15-30 giugno, p. 1
Maurice Valois, *Il film parlante e il music-hall Olimpia*, 10, 15-30 giugno, p. 2
Anonimo, *Nostra relazione sulla situazione delle sale di proiezione. Ai margini del I Convegno Nazionale Cinematografico di Padova*, 10, 15-30 giugno, p. 3
E. T., *La più grande invenzione musicale del secolo*, 10, 15-30 giugno, p. 4
Giuliano Romagnoli, *Film parlante o film sonoro? Questioni del giorno*, 11, 1-15 luglio, p. 2
Anonimo, *Discussioni sul film parlante*, 12, 15-31 luglio, p. 1

1930
(a. IV, nn 8 e 12-14, aprile-settembre)
Anonimo, *Un'azienda italiana per il film sonoro*, 8, 26 aprile-10 maggio, p. 1
Anonimo, *Le manifestazioni cinematografiche alla XI Fiera Campionaria di Milano*, 8, 26 aprile-10 maggio, p. 1
Anonimo, *Il sincrofono Gaumont*, 8, 26 aprile-10 maggio, p. 2
E. Emme, *Il Terzo Congresso Internazionale degli Esercenti a Bruxelles*, 12, 29 giugno-13 luglio, p. 1
E. Manuel, *Tono maggiore*, 12, 29 giugno-13 luglio, p. 1
R. Levi, *Fonografia*, 12, 29 giugno-13 luglio, p. 2
Cip., *Le lingue e la cinematografia*, "Nel regno del film sonoro", 12, 29 giugno-13 luglio, p. 3

1931
(a. V)

1932
(a. VI, n 22, dicembre)

cinematografo

1927
(a. I, nn 1-22, marzo-dicembre; inizio pubblicazioni il 6 marzo)
R. De Angelis, *Il commento musicale della "Grande parata"*, 4, 17 aprile, p. 6
Henry Furst, *Lettere da Londra. Metropolis, Ben Hur, New York e il sincronismo*, 7, 29 maggio, p. 4
Roberto Falciai, *Preludio*, "La musica al buio", 10, 10 luglio, p. 9
Roberto Falciai, *All'avanguardia*, "La musica al buio", 11, 24 luglio, p. 10
Roberto Falciai, *Il fu sincronismo*, "La musica al buio", 12, 7 agosto, p. 7
Roberto Falciai, *Allegretto maligno*, "La musica al buio", 13, 21 agosto, p. 11

Roberto Falciai, *Il sincronismo dei rumori*, "La musica al buio", 14, 4 settembre, p. 10

Roberto Falciai, *Un referendum*, "La musica al buio", 15, 18 settembre, p. 10

Roberto Falciai, *Un nuovo sincronismo*, "La musica al buio", 18, 30 ottobre, pp.6-7

Roberto Falciai, *Fisiologia cinematografica*, "La musica al buio", 19, 13 novembre, p. 6

Anonimo,*Consigli al Direttore d'orchestra del cinema*, 19, 13 settembre, p. 6

Roberto Falciai, *Riassunto*, "La musica al buio", 20, 27 novembre, pp. 12-13

1928

(a. II, nn 1-25, gennaio-dicembre)

Roberto Falciai, *Musica leggera italiana*, "La musica al buio", 1, 8 gennaio, p. 11

Roberto Falciai, *Estetica cinemusicale I*, "La musica al buio", 8, 14 aprile, p. 6

Roberto Falciai, *Estetica cinemusicale II*, "La musica al buio", 10, 13 maggio, p. 5

Riccardo Bettini, *Contro il silenzio dell'arte muta. (La cinematografia parlata)*, 16, 5 agosto, p. 6

Anonimo, *La dibattuta questione del Cinematografo "parlato"*, 20, 7 ottobre, p. 1

Anonimo, *Il film parlato e la tattica industriale americana*, 21, 21 ottobre, p. 4

1929

(a. III, nn 1-22 gennaio-novembre)

E. P., *La musica al servizio dei direttori*, 4, 17 febbraio, p. 6

Libero Solaroli, *Film sonoro*, 7, 31 marzo, p. 5

Anonimo, *La "Società Anonima Films Sonori"*, 8, 14 aprile, p. 5

Anonimo, *L'America annunzia una produzione di 348 films sonori per il 1929*, 8, 14 aprile, p. 5

G. S. [Giacinto Solito], *Il film sonoro*, 9, 28 aprile, p. 4

Anonimo, *I teatri di posa dell'Ente Nazionale*, 10, 12 maggio, p. 1

Anonimo, *Il primo film sonoro italiano*, 10, 12 maggio, p. 5

Libero Solaroli, *Roma, Parigi, Berlino e ritorno: nostra intervista a A. G. Bragaglia*, 10, 12 maggio, pp. 12-13

Umberto Masetti, *Il pubblico milanese ed il film sonoro*, 10, 12 maggio, p. 13

Anonimo, *Radio Corporation Paramount, Warner Bros, United Artists si fondono?*, 10, 12 maggio, p. 14

Anonimo, *Accordo Pittaluga-British International*, 11, 26 maggio, p. 1

Libero Solaroli, *Possibilità estetiche del fonofilm*, 11, 26 maggio, p. 5

M. S., *Intervista (per così dire) a Mario Bonnard*, 11, 26 maggio, p. 6

Anonimo, *La "Cines" produrrà films parlanti*, 11, 26 maggio, p. 13

Emma Fairbank, *Primo film sonoro inglese*, "Lettere londinesi", 12, 8 giugno, p. 6

Emma Fairbank, *"Vecchio Arizona"*, "Lettere londinesi", 12, 8 giugno, p. 6

Emma Fairbank, *Films sonori in Europa per conto di società americane*, "Lettere londinesi", 12, 8 giugno, p. 6

Emma Fairbank, *L'arca di Noé*, "Lettere londinesi", 12, 8 giugno, p. 6

Emma Fairbank, *Negli studios inglesi*, "Lettere londinesi", 12, 8 giugno, p. 6

Anonimo, *Il congresso internazionale a Parigi*, 12, 8 giugno, p. 11

Anonimo, *Gli americani e il film muto*, 12, 8 giugno, p. 11

Anonimo, *I produttori adotteranno un solo sistema di film sonoro*, 13, 23 giugno, p. 4

Emma Fairbank, *La cinematografia parlata e il segreto delle sue origini*, "Lettere londinesi", 13, 23 giugno, p. 6

Aldo Quinti, *Circuito. Dallo scenario per il film sonoro "La grande prova" di Aldo Quinti*, 13, 23 giugno, p. 14

A. S. De Zerbi, *Fonofilm italico e film sonoro straniero. Una grande vittoria Italiana al Convegno di Padova*, 14, 7 luglio, pp. 4-5

Umberto Paradisi, *La presa vista da un pratico*, 14, 7 luglio, p. 11

Umberto Masetti, *La donna, il diavolo e altre sonorità*, "Le prime visioni a Milano", 14, 7 luglio, p. 13

Anonimo, *Esperimenti sul "Kinofono" all'Istituto L.U.C.E.*, 16, 4 agosto, p. 4

Umberto Masetti, *Il film parlante americano*, 16, 4 agosto, p. 5

Anonimo, *Echi della riunione annuale della Paramount italiana*, 17, 25 agosto, pp. 4-6

Anonimo, *Il "Fonofilm Italico Robimarga" e la Rinascita della Cinematografia Italiana*, 17, 25 agosto, p. 6

Anonimo, *Sonorerie*, 17, 25 agosto, p. 11

Anton Giulio Bragaglia, *Difficoltà e risorse del Cinema sonoro*, 18, 8 settembre, p. 4

Anonimo, *Il film sonoro verso il suo punto d'arresto*, 18, 8 settembre, p. 13

Anonimo, *Apparecchi Italiani per Films Sonori*, 19, 29 settembre, p. 12

Anonimo, *Discussioni intorno al film sonoro in un Congresso a Stoccarda*, 19, 29 settembre, p. 13

G. Festi, *Il film sonoro a Bologna*, 20, 13 ottobre, p. 13

Anonimo, *Esempi di buon senso*, 21, 27 ottobre, p. 6

Anonimo, *Apparecchi economici per films sonori*, 21, 27 ottobre, p. 6

Umberto Masetti, *Follie e saggezza*, "Le prime visioni a Milano", 22, 10 novembre, p. 5

U. M. [Umberto Masetti], *Nuovi esperimenti del "fonofilm" Robimarga*, 22, 10 novembre, p. 11

Anonimo, *La "Italotone Film Pro Inc." inizia la produzione al Metropolitan Studios*, 22, 10 novembre, p. 11

1930

(a. IV, nn 1-12 gennaio-dicembre)

Anonimo, *Notiziario milanese*, 1, 5 febbraio, p. 21

Garretto, *Eco del "sonoro" da Parigi*, 1, 5 febbraio, p. 24

Mario Da Silva, *Eco del "sonoro" da Berlino*, 1, 5 febbraio, pp. 25-26

Anonimo, *Mentre si gira*, 1, 5 febbraio, pp. 31-32

Mario Da Silva, *Eco del "sonoro" da Berlino*, 2, 5 marzo, pp. 24-25

Ramon Novarro, *Quelli che il "sonoro" ha prediletto*, 2, 5 marzo, p. 33

Maurice Chevalier, *Quelli che il "sonoro" ha prediletto*, 2, 5 marzo, pp. 34-35

Gino Mazzucchi, *Sceneggiature di giovani. Scenario per un film documentario-irrazionale parlato e sonoro e con una didascalia,*

2, 5 marzo, pp. 43-44

Anonimo, *Mentre si gira*, 3, 5 aprile, pp. 30-33

Mario Olivieri, *"Vigilati speciali"*, 3, 5 aprile, pp. 34-35

Anonimo, *Serenata Tzigana. Melodramma fotofonico in due atti. Sonorizzato coi sistemi della British Talking Co. di Londra*, 4, 5 maggio, pp. 17-20

Mario Da Silva, *La Germania e il tonfilm*, 4, 5 maggio, pp. 23-24

Emma Fairbank, *Corrispondenza dall'Egitto*, 4, 5 maggio, p. 27

Anonimo, *Mentre si gira*, 4, 5 maggio, pp. 30-33

Anonimo, *Mentre si gira*, 8, 30 agosto, p. 32

Dennis King, *Gli attori del parlato*, 8, 30 agosto, p. 39

Umberto Masetti, *"Tutto parlante" in italiano*, 9, 30 settembre, p. 42

Alessandro Blasetti, *Servizio di turno*, 10, 30 ottobre, pp. 3-4

Charlie Chaplin, *Cosa penso del "parlato"*, 10, 30 ottobre, p. 13

Lincoln Esposito, *Anche noi con la novella mensile. Sincronismo*, 10, 30 ottobre, pp. 24-25

Mario Serandrei, *Il più bel film del mese a Roma*, 10, 30 ottobre, p. 26, (ora in Mario Serandrei, *Giorni di gloria. Un film. Gli scritti*, a cura di Laura Gaiardoni, I quaderni di Bianco & Nero, Scuola Nazionale di Cinema, Il Castoro, Roma, 1998, pp. 280-281)

Anonimo, *Direttori e interpreti di "Canzone d'amore"*, 10, 30 ottobre, p. 45

Alessandro Blasetti, *Servizio di turno*, 12, 30 dicembre, pp. 3-4

Umberto Masetti, *Quattro chiacchiere con Gallone*, 12, 30 dicembre, pp. 15-16

Eugenio Bertuetti, *Un giudizio serio sul "Nerone"*, 12, 30 dicembre, pp. 33-34

1931

(a. v, nn 1-5, gennaio-luglio; fine pubblicazioni)

Alessandro Blasetti, *Servizio di turno*, 1, 30 gennaio, p. 3

Editoriale, *Pittaluga-Bragaglia. L'Anonima Pittaluga e gli altri, oggi*, 4, aprile-maggio, pp. 1-2

Alessandro Blasetti, *Dopo "Resurrectio". Qualche cosa di più che "due" parole serene ad uso delle persone serene e ad abuso delle altre*, 5, giugno-luglio, pp. 6-7

Anonimo, *Alcuni giudizi della stampa su "Resurrectio"*, 5, luglio-agosto, p. 8

Il Cine Mio
Settimanale Illustrato Cinematografico

1931
(a. I, n 1, novembre; inizio pubblicazioni il 1° novembre)

1932
(a. II, nn 17-40 e 42-48, maggio-dicembre)
Anonimo, *Il cinema come industria. Bilancio di una stagione*, 18, 29 maggio, p. 3
Anonimo, *Notiziario industriale*, 18, 29 maggio, p. 3
Anonimo, *La M.G.M. ha doppiato ad Hollywood 34 versioni. Il cinema come industria*, "Notizie industriali", 22, 26 giugno, p. 3
Anonimo, *Una società francese per il dubbing in italiano e spagnolo. Il cinema come industria*, "Notizie industriali", 22, 26 giugno, p. 3
Anonimo, *Una causa fra la Western e la Warner. Il cinema come industria*, "Notizie industriali", 29, 14 agosto, p. 9

L'Eco del Cinema
Periodico Cinematografico Mensile - Organo dell'Industria e del Commercio Cinematografico - Illustrato, Artistico, Critico, Tecnico, Indipendente

1927
(a. V, nn 37-49, gennaio-dicembre)
C. B. [Carlo José Bassoli], *L'atmosfera musicale agevola il successo dei films*, 40, marzo, p. 146
Anonimo, *La Musica e il Cinema*, 47, ottobre, [s. p.]
Anonimo, *Gli Studios de la Société des Cinéromans Films de France a Joinville le Pont*, 49, dicembre, pp. 4-6

1928

(a. VI, n 51-52, 54 e 60, febbraio-novembre)
Anonimo, *Addio mia bella Napoli*, 60, novembre, pp. 22-25

1929

(a. VII, n 62-63, 69 e 72-73, gennaio-dicembre)
Caba [Carlo José Bassoli], *Ente Nazionale per l'Industria Cinematografica*, 62, gennaio, pp. 9-10
Caba [Carlo José Bassoli], *Il dovere del pubblico italiano*, 64, marzo, pp. 1-2
Scientific, *Il "film parlante"*, 64, marzo, p. 15
Anonimo, *Il pensiero di René Ginet sul cinema sonoro e parlato*, 64, marzo, p. 15
Enrico Pegan, *Musica cinematografica*, 65, aprile, p. 10
Anonimo, *L'arte muta è la sintesi di tutte le arti*, 65, aprile, p. 20
Anonimo, *Una nuova Società Italiana a Hollywood per la fabbricazione dei films sonori italiani*, 68, luglio, p. 2
C. B. [Carlo José Bassoli], *I vantaggi pratici del Cinefono Pineschi*, 68, luglio, p. 2
Anonimo, *Talkie*, 68, luglio, p. 3
Anonimo, *Nuove condizioni della W. E. per l'Inghilterra*, 68, luglio, p. 3
Anonimo, *Gli Stabilimenti Cinematografici di Firenze (Rifredi) riprendono la loro attività con la nuova organizzazione S.A.C.I.A.*, 68, luglio, p. 3
Andrea Uccellini, *Il Supercinema ed i films sonori*, "Cine-Settimana. Rassegna Settimanale", 68, luglio, p. 29
Caba [Carlo José Bassoli], *Ancora dell'Ente per la Cinematografia*, 69, agosto, pp. 1-2
Anonimo, *Una prima visione del Cinematografo sonoro in prospettiva sul più largo schermo del mondo*, 69, agosto, pp. 5-7
Anonimo, *Un programma colossale per la nuova stagione*, "Cine-Settimana. Rassegna Settimanale", 69, agosto, pp. 38-40
Anonimo, *La Warner Bros First National Vitaphone non apre più uffici in Italia*, "Cine-Settimana. Rassegna Settimanale", 69, agosto, p. 38

Anonimo, *La Metro Goldwyin-Mayer apre una scuola sonora*, 69, agosto 1929, p. 39

Anonimo, *Maria Jacobini e il film parlato*, 72, novembre, p. 6

I. M. B. [Boni], *Films sonori a corto metraggio. La voce del mondo*, 73, dicembre, p. 36

Anonimo, *Avviso importante ai Proprietari e Impresari di Cinematografi*, 73, dicembre, p. 41

E. Minelli, *L'avvenire del film sonoro*, "Referendum", 73, dicembre, p. 42

Anonimo, *La Italotone Film Productions Inc. inizia le sue produzioni al Metropolitan Studios*, 73, dicembre, p. 43

Anonimo, *Triergon e Western Eletric*, 73, dicembre, p. 43

Anonimo, *L'ente e il film sonoro in Italia*, 73, dicembre, p. 43

1930

(a. VIII, nn 74-85, gennaio-dicembre)

Anonimo, *L'avvenire del film sonoro*, "Referendum", 74, gennaio, pp. 56-57

Giovanni Romano, *Muto o sonoro?*, "Referendum", 75, febbraio, pp. 31-32

Caba [Carlo José Bassoli], *La voce del mondo*, 76, marzo, pp.1-3

Enrico Chiri, *Il film sonoro istruttivo*, "Segnando il passo", 76, marzo, pp. 4-5

Anonimo, *Sappiate che negli Studios della...*, 76, marzo, pp. 27-28

Anonimo, *La voce del mondo*, 77, aprile, pp. 1-7

Anonimo, *I Nuovi Stabilimenti della "Cines" - Prossime Produzioni - Impianti Sonori RCA*, 77, aprile, p. 8

Anonimo, *L'opera lirica nel cinema sonoro*, 77, aprile, p. 15

Anonimo, *Come Si "Vedono" le Voci*, 77, aprile, p.16

Anonimo, *Sappiate che negli Studios della...*, 77, aprile, pp. 36-38

Anonimo, *La voce del mondo*, 78, maggio, pp. 1-2

A. Papone, *Audizioni di films sonori. Impressioni sugli impianti - Cabine - Operatori - Acustica di sale ecc.*, 78, maggio, pp. 5-6

Anonimo, *La rivoluzione sonora*, 78, maggio, pp. 6-7

Anonimo, *L'Italotone. Film Parlanti Italiani Prodotti a Hollywood*, 78, maggio, p. 16

Anonimo, *Le nuove direttive per la produzione sonora della Metro Goldwyn-Mayer*, 78, maggio, p. 20

Anonimo, *Il congresso internazionale della Metro Goldwyn-Mayer a Parigi*, 78, maggio, p. 33

Anonimo, *Sappiate che negli Studios della...*, 78, maggio, p. 44

Anonimo, *L'Assemblea degli Azionisti della Società Anonima Stefano Pittaluga. Relazione del Consiglio d'Amministrazione*, 78, maggio, pp. 45-46

Anonimo, *La voce del mondo*, 79, giugno, pp. 1-3

Anonimo, *Il Congresso Internazionale del Cinema a Bruxelles*, 79, giugno, p. 4

Anonimo, *Una visione panoramica dei grandi stabilimenti Cines-Pittaluga per la cinematografia sonora in Roma*, 79, giugno, pp. 6-7

Anonimo, *La Cinematografia Italiana spicca l'audace volo verso il suo grande destino. S. E. Bottai inaugura i nuoi Teatri Cines-Pittaluga – Il programma 1930-31...*, 79, giugno, p. 8

Anonimo, *La Prospettiva dei Suoni. Il Suono e la Lontananza dell'oggetto. La Gradazione del Suono nella Proiezione*, 79, giugno, p. 13

Anonimo, *Stati Uniti. L'attività dell'Italotone*, 79, giugno, p. 28

Anonimo, *Il successo dei primi Films Sonori e Parlati realizzati alla "Cines"*, 79, giugno, p. 34

Anonimo, *La voce del mondo*, 80, luglio, pp. 1-2

C. B. [Carlo José Bassoli], *L'Assemblea della Ufa 1930-31*, 82, settembre, p. 3

Anonimo, *Negli Studios Paramount di Joinville*, 82, settembre, p. 3

Tito Marioni, *Film muto o sonoro? Argentina Cinematografica da Buenos Aires*, 82, settembre, p. 16

Anonimo, *"Nerone". La nuova realizzazione di Blasetti*, 82, settembre, p. 40

Anonimo, *La voce del mondo*, 83, ottobre, pp. 1-3

Anonimo, *Il Miglioramento dell'Acustica delle Sale*, 83, ottobre, p. 30

C. B. [Carlo José Bassoli], *Il pubblico consacra il trionfale successo del film "La canzone dell'amore"*, 84, novembre, p. 1

Anonimo, *La voce del mondo*, 84, novembre, p. 2

C. B. [Carlo José Bassoli], *Eliminiamo l'ostacolo. Perché tutti i cinema vengano corredati di apparecchi per il film sonoro*, 84, novembre, p. 3

Carlo José Bassoli, *Divagando sul sonoro. 100% parlante - soundmen - microfoni ecc.*, 84, novembre, pp. 3-4

Paul Dubro, *Dall'operetta al cinema sonoro*, 84, novembre, pp. 10-11

Anonimo, *Corti metraggi italiani*, 84, novembre, pp. 12-13

Anonimo, *Superfilms sonori e parlati italiani*, 84, novembre, p. 13

Ralph, *Musica e film dialogato*, 84, novembre, p. 14

Anonimo, *"La canzone dell'amore" della "Cines" raccoglie il più entusiastico, universale successo*, 84, novembre, p. 26

Anonimo, *Produzioni italiane*, 84, novembre, p. 26

Anonimo, *Ho visto e udito nei cinematografi di...*, 84, novembre, pp. 40-45

Anonimo, *Ancora "La canzone dell'amore"*, 84, novembre, p. 48

Anonimo, *La voce del mondo*, 85, dicembre, pp. 1-2

Anonimo, *Da Joinville*, "Notizie della Paramount", 85, dicembre, p. 5

C. B. [Carlo José Bassoli], *Il Film Sonoro è il Film dell'Avvenire, dice Cecil B. De Mille*, 85, dicembre, p. 6

Anonimo, *Notiziario Cines-Pittaluga*, 85, dicembre, pp. 26-27

Anonimo, *Produzione Muta e Sonora della Superfilm di Roma*, 85, dicembre, p. 43

Anonimo, *Il Cinema Parlante e Loris Gasnier*, 85, dicembre, p. 43

1931
(a. IX, n 80-90 e 93-95, aprile-ottobre)

Anonimo, *La voce del mondo*, 89, aprile, p. 1

Anonimo, *"La scala" di Gennaro Righelli. Films Italiani di anti-programmazione*, 89, aprile, pp. 8-10

Anonimo, *Notizie varie*, 89, aprile, pp. 10-11

Giovanni Romano, *"Terra madre". Ancora un film parlato.*, 89, aprile, pp. 11-12

Anonimo, *Stefano Pittaluga*, 90, maggio, pp. 2-3

U., *Righelli parla della Scala*, 90, maggio, pp. 10-11

C. B. [Carlo José Bassoli], *Il nuovo Cinema Teatro Bernini di Roma*, "I grandi locali d'Italia", 90, maggio, p. 24

Giovanni Romano, *"Rubacuori" a Palermo*, 90, maggio, p. 25
Anonimo, *La voce del mondo*, 93, agosto, pp. 5-7
Anonimo, *"Vele ammainate"*, 93, agosto, pp. 13-15
Anonimo, *Bollettino della Cines-Pittaluga 25*, 93, agosto, pp. 26-28
Anonimo, *"La lanterna del diavolo"*, 93, agosto, p. 28
Anonimo, *La voce del mondo*, 94, settembre, pp. 5-7
Renato Fattori, *Con gli artisti della "Cines" nelle Dolomiti d'Ampezzo. "Wally" nel suo naturale ambiente*, 94, settembre, pp. 17-18
Anonimo, *I giovani alla conquista del cinema*, 94, settembre, pp. 19-20 e p. 27
Anonimo, *Il "Palio" di Siena*, 94, settembre, p. 27
Acerbo, *Visografo e fonovisografo dell'ingegnere A. Papone*, 94, settembre, pp. 21-22
Barrett C. Kiesling, *Servizi logistici per la ripresa cinematografica*, 94, settembre, pp. 32-33
Anonimo, *La voce del mondo*, 95, ottobre, pp. 9-11
[Alessandro] Sardi, *Il nuovo giornale sonoro L.U.C.E. - Importanti accordi per le attualità sonore straniere*, 95, ottobre 1931, p. 10

1932
(a. x, nn 98 e 104-109, gennaio-dicembre)
Anonimo, *La voce del mondo*, 98, gennaio, pp. 1-2
Anonimo, *Il "Palio" di Siena*, 98, gennaio, p. 22
Alberto M. Inglese, *La vita del disco fonografico*, 104, luglio, p. 4
Anonimo, *Il film sonoro in Germania*, 104, luglio, p. 23
Anonimo, *L'attività della Cines-Pittaluga per il 1932-33*, 104, luglio, pp. 24-27
Anonimo, *L'industria italiana. Alla Cines*, 105, agosto, pp. 32-34
Anonimo, *La tecnica del sonoro procede rapidamente verso la perfezione*, 105, agosto, p. 39
Anonimo, *L'uomo senza nome*, 105, agosto, p. 39
Anonimo, *Un giudizio sul film "Pergolesi" della Cines*, 105, agosto, p. 39
Anonimo, *Un film della Za-Bum 8. "La segretaria per tutti"*, 106, settembre, p. 2

Guglielmo Soldani, *Film che sono sempre in voga*, 106, settembre, pp. 6-7

U. P. [Umberto Paradisi], *Fatti e propositi della cinematografia*, 106, settembre, pp. 11-14

Anonimo, *La Sicar presenta due Nuove Edizioni della Caesar Film*, 106, settembre, p. 34

Anonimo, *Febbrile attività della Caesar Film*, 106, settembre, pp. 34-35

G. Barbesino, *La "Fonofilm" di Roma*, 107, ottobre, p. 26

Enrico Chiri, *Varie forme di "sonoro"*, 108, novembre, p. 22

Anonimo, *Raffaele Viviani cineasta. Impressioni di G. Solito... e di V. Ravaglioli*, 108, novembre, pp. 22-23

Anonimo, *Un doppiaggio in lingua araba*, 108, novembre, p. 24

Anonimo, *Charlot sordo-muto in un film sonoro*, 108, novembre, p. 24

Kines - Le scimmie e lo specchio
Politico-Finanziario dell'Industria dello Spettacolo

1927
(a. VII, nn 1-49, gennaio-dicembre)

1928
(a. VIII, nn 1-29, 32 e 34, 35-52, gennaio-dicembre)

A. Draghetti, *Il film parlante*, 34, 26 agosto, p. 2

Raoul Quattrocchi, *Uno sguardo alla cinematografia di domani*, 38, 23 settembre, p. 1

Anonimo, *Il nuovo film di Griffith e la sincronizzazione*, 38, 23 settembre, p. 1

G. [Guglielmo Giannini], *Prossima riapertura della "Cines"?*, 42, 21 ottobre, p. 1

Anonimo, *Il film parlante e l'importanza sociale del fenomeno*, 43, 28 ottobre, p. 1

Anonimo, *Il "movietone" e gli attori di teatro*, 44, 4 novembre, p. 2

[Guglielmo] Giannini, *La costituzione dell'Ente per la Cinematografia Nazionale*, 46, 18 novembre, p. 1

Anonimo, *La futura cinematografia italiana nelle dichiarazioni dell'on. Bisi. Dopo la costituzione dell'Ente*, 46, 18 novembre, p. 2

Anonimo, *Il fascino della voce secondo C. B. De MIlle*, 52, 30 dicembre, p. 1

1929

(a. IX, nn 1-5 e 7-51, gennaio-dicembre)

[Guglielmo] Giannini, *Contingentamento e nazionalizzazione*, 1, 5 gennaio

Armando Draghetti, *"I talkies"*. *La nuova forma cinematografica*, 5, 3 febbraio, p. 7

Anonimo, *I primi "film sonori" proiettati in Italia*, 13, 7 aprile, p. 3

Guglielmo Giannini, *Prime positive sonorità*, "Lambiente", 14, 14 aprile, p. 14

Anonimo, *Vitaphone e Movietone*, "Lambiente", 14, 14 aprile, p. 14

Anonimo, *Il Duce assiste alla proiezione del film parlato del suo discorso agli Alpini. Riprese sonore italiane*, 15, 21 aprile, p. 2

Anonimo, *La radio e il film sonoro*, 15, 21 aprile, p. 4

Anonimo, *"Il cantante di jazz"*, 15, 21 aprile, pp. 10-11

Anonimo, *Nuovi film sonori*, "Notiziario", 16, 28 aprile, p. 11

[Guglielmo] Giannini, *Sul "Cantante di jazz" al "Supercinema romano". Positive sonorità*, "Lambiente", 16, 28 aprile, p. 15

G. [Guglielmo Giannini], *Concorso sul film sonoro*, "Lambiente", 16, 28 aprile, p. 15

T. O. Relli, *Film sonori*, 17, 5 maggio, p. 6

La Palisse, *L'orecchio di Dioniso*, 17, 5 maggio, p. 6

Anonimo, *Insegnamenti*, "Lambiente", 17, 5 maggio, p. 15

Anonimo, *Perché la Western Eletric teme l'intercambiabilità*, "Lambiente", 17, 5 maggio, p. 15

Anonimo, *Mae Murray alla Tiffany*, "Lambiente", 17, 5 maggio, p. 15

Anonimo, *John Maxwell per il film sonoro*, "Lambiente", 17, 5 maggio, p. 15

Anonimo, *Concorso "Film sonoro"*, "Lambiente", 17, 5 maggio, p. 15

Anonimo, *I teatri Aubert installano gli apparecchi Western*, 18, 12 maggio, p. 6

Anonimo, *Il nostro referendum sul film sonoro*, 18, 12 maggio, p. 12

Anonimo, Stefano Pittaluga. *Cinematografisti, artisti, giornalisti discutono il film sonoro*, "L'ambiente", 18, 12 maggio, pp. 14-15

Achille Valdata, *"Il cantante di jazz" al Ghersi. Il film sonoro a Torino*, 19, 19 maggio, p. 12

Anonimo, *Il nostro referendum sul film sonoro*, 19, 19 maggio, p. 13

Anonimo, *La ripresa sonora delle principali orchestre*, 20, 26 maggio, p. 2

Anonimo, *La speculazione internazionale*, 20, 26 maggio, p. 4

Anonimo, *Il nostro referendum sul film sonoro*, 20, 26 maggio, p. 7

Anonimo, *Norma Talmadge e il film parlante*, 20, 26 maggio, p. 11

Anonimo, *Il pubblico preferisce il film silenzioso*, 20, 26 maggio, p. 11

Guglielmo Giannini, *Sul film sonoro*, 21, 2 giugno, p. 2

Anonimo, *La Ufa installa nei suoi teatri gli apparecchi della Western*, 21, 2 giugno, p. 2

Pietro Menzani, *Considerazioni sul "Cantante di Jazz"*, 22, 9 giugno, p. 14

Anonimo, *L'attività della Fox Film nella stagione 1929-30*, 23, 16 giugno, p. 4

Achille Valdata, *Gi artisti europei ed il film sonoro*, 23, 16 giugno, p. 15

Anonimo, *Se ne sono accorti adesso*, "L'ambiente", 24, 23 giugno, p. 15

Anonimo, *Un successo di Ronald Colman nel film parlante*, "L'ambiente", 24, 23 giugno, p. 15

Anonimo, *Un primo esperimento di lavorazione sonora in due lingue*, "L'ambiente", 24, 23 giugno, p. 15

Q. [Raoul Quattrocchi], *Come si inganna il pubblico*, "L'ambiente", 25, 30 giugno, p. 15

Mario Palomba, *Il film sonoro alla Spezia*, 26, 7 luglio, p. 4

Giuseppe Lega, *Mario Almirante*, "L'ambiente", 26, 7 luglio, p. 10

Anonimo, *I nemici dei talkies*, 26, 7 luglio, p. 14

Anonimo, *Conseguenze del film parlante*, "L'ambiente", 26, 7 luglio, p. 15

Anonimo, *Augusto Genina, Edmond Epardaud ed il film parlan-*

te, "Lambiente", 26, 7 luglio, p. 15

Anonimo, *La Western Eletric in Germania*, "Lambiente", 26, 7 luglio, p. 15

Anonimo, *Prossime lavorazioni sonore*, "Lambiente", 26, 7 luglio, p. 15

Anton Giulio Bragaglia, *L'esperanto cinematografico*, 27, 14 luglio, p. 6

Anonimo, *L'accordo Warner First National V - Pittaluga*, "Lambiente", 27, 14 luglio, p. 15

Anonimo, *Accordo tra la British Pictures e la Klangfilm di Berlino*, "Lambiente", 27, 14 luglio, p. 15

Anonimo, *Oscar Straus con la Fox*, "Lambiente", 28, 21 luglio, p. 15

Anonimo, *Un film sonoro tedesco*, "Lambiente", 28, 21 luglio, p. 15

Anonimo, *Henry Chomette lavora*, "Lambiente", 28, 21 luglio, p. 15

Anonimo, *Un importante film francese*, "Lambiente", 28, 21 luglio, p. 15

Anonimo, *Il film sonoro in Russia*, "Lambiente", 28, 21 luglio, p. 15

O., *Brevetto 4 41108*, "Lambiente", 29, 28 luglio, p. 15

Anonimo, *L'Anonima Pittaluga e il suo programma per l'anno 1929-30*, 29, 28 luglio, p. 15

Ferruccio Biancini, *Le parole di un "vecchio". 10' con Giulio Antomoro*, 30, 4 agosto, p. 7

Anonimo, *La produzione in Germania*, "Lambiente", 30, 4 agosto, p. 15

Anonimo, *Film sonori tedeschi*, "Lambiente", 30, 4 agosto, p. 15

Anonimo, *Film parlante*, "Lambiente", 30, 4 agosto, p. 15

Anonimo, *Henry Chomette e il film sonoro*, "Lambiente", 30, 4 agosto, p. 15

Ferruccio Biancini, *I misteri della Friedrichstrasse*, 31, 11 agosto, p. 2

Anonimo, *L'eterna questione sulla vitalità del film sonoro*, 31, 11 agosto, p. 2

Anonimo, *La fusione Pathé-Natan-Cinéromans*, 31, 11 agosto, p. 4

Anonimo, *L'attività della British International Pictures LTD*, 31, 11 agosto, p. 15

O., *Romain Rolland scrive per il film sonoro - Come mi è riuscito di conquistare Romain Rolland per il film sonoro. Dalla Hollywood europea*, "Lambiente", 32, 18 agosto, p. 15

O., *La produzione di film sonori in Germania. Dalla Hollywood europea*, "Lambiente", 32, 11 agosto, p. 15

Anonimo, *Canti e melodie di opere italiane nell'interpretazione dei più celebrati artisti lirici italiani*, "Lambiente", 32, 18 agosto, p. 15

Anonimo, *Quello che prepara la Paramount*, 33, 25 agosto, p. 7

Anonimo, *Conseguenze del problema dell'intercambiabilità*, 33, 25 agosto, p. 7

Anonimo, *Nota al Kinophono*. "Lambiente", 33, 25 agosto, p. 15

Anonimo, *I fratelli Pathé a Berlino*, 34, 1° settembre, p. 6

Anonimo, *Echi della riunione annuale della Paramount*, 34, 1° settembre, pp. 11-12

Maribel, *Notiziario parigino*, "Lambiente", 34, 1° settembre, p. 15

R. R. [Rino Ribolzo], *Muto o sonoro? Charlot sempre contro il parlante*, "Lambiente", 34, 1° settembre, p. 15

Maribel, *A tappe con il film parlante*, 35, 8 settembre, p. 2

O., *Carl Laemmle ed il film sonoro*, 35, 8 settembre, p. 2

Ferruccio Biancini, *I misteri di Friedrichstrasse*, 35, 8 settembre, pp. 11-12

Rino Ribolzo, *A Parigi. Folies Fox 1929*, 35, 8 settembre, pp. 12-13

Anonimo, *Film sonori o film muti*, "Lambiente", 35, 8 settembre, p. 15

Anonimo, *Altri corti metraggi della Warner Bros Vitaphone in esclusività all'Anonima Pittaluga*, "Lambiente", 35, 8 settembre, p. 15

[Guglielmo] Giannini, *Ripresa autunnale*, 36, 15 settembre, p. 2

Anonimo, *Lavori teatrali per il cinema parlante*, "Notiziario", 36, 15 settembre, p. 12

Anonimo, *Cantanti italiani nel film sonoro*, "Notiziario", 36, 15 settembre, p. 12

Anonimo, *I film sonori in Francia*, "Lambiente", 36, 15 settembre, p. 15

Anonimo, *Il successo di alcuni film sonori*, 38, 29 settembre, p. 3

Anonimo, *Il film sonoro in America*, 38, 29 settembre, p. 3

Anonimo, *Estelle Brody in America*, 38, 29 settembre, p. 3

Anonimo, *Il programma della Ufa*, 38, 29 settembre, p. 3

Anonimo, *L'attività della Società Anonima Superfilm*, 38, 29 settembre, p. 7

Anonimo, *Battaglie d'interessi tra la Western e la Klangfilm*, 39, 6 ottobre, p. 10

Anonimo, *Film sonori italiani*, 44, 10 novembre, p. 4

Anonimo, *L'installazione degli apparecchi R.C.A. agli Stabilimenti Cines*, 44, 10 novembre, p. 7

Anonimo, *I due primi lavori della Pittaluga*, 44, 10 novembre, p. 7

Anonimo, *L'ingegnere Bloomberg*, 44, 10 novembre, p. 7

Anonimo, *L'operatore italiano Risi*, 44, 10 novembre, p. 7

Anonimo, *Gli apparecchi sonori della Gaumont*, 45, 17 novembre, p. 6

Ferruccio Biancini, *I misteri della Friedrischstrasse*, 45, 17 novembre, p. 7

Anonimo, *"Trafalgar" a Terni nella edizione sonora e cantata*, 45, 17 novembre, p. 12

Anonimo, *Un esperimento italiano*, 46, 24 novembre, p. 12

Pr., *Vertenza brevetti film sonori*, 47, 1° dicembre, p. 10

Ferruccio Biancini, *Presa di contatto col microfono*, "Lettere berlinesi", 49, 15 dicembre, p. 12

Anonimo, *Film parlato in quattro lingue*, "Notiziario", 50, 22 dicembre, p. 7

Ferruccio Biancini, *Aneddoti quasi veri. Fotogrammi berlinesi*, 50, 22 dicembre, p. 13

1930
(a. x, nn 1-43 e 1-6, gennaio-dicembre)

G. S. [Giacinto Solito], *Notevole espansione dell'AAFA. Film di Berlino - Il primo film sonoro dell'AAFA - Un'organizzazione dell'AAFA in Italia. Film sonoro*, 7, 16 febbraio, p. 6

Anonimo, *Lo sviluppo del "sonoro" in Francia*, "Notiziario", 7, 16 febbraio, p. 11

M. L, *Il film sonoro nella produzione mondiale*, 14, 6 aprile, pp. 11-12

Anonimo, *Il programma dell'AAFA. Film per la stagione 1930-*

31, 14, 6 aprile, p. 13

Anonimo, *La produzione R.K.O. agli United Artists*, 14, 6 aprile, p 13

Andrea Uccellini, *"All talking picture"*. *Londra*, 17, 27 aprile, pp. 10-11

Ghidoni, *Il film sonoro a Brescia*, 17, 27 aprile, p. 13

Anonimo, *L'orologio magico*, 18, 4 maggio, p. 7

Anonimo, *Serenata Tzigana*, 18, 4 maggio, p. 10

Anonimo, *Briscola Pittalughiana*, 18, 4 maggio, p. 11

Anonimo, *Direttori italiani alla Paramount*, 19, 11 maggio, p. 2

Kines, *Opportune dichiarazioni del Presidente della Federazione dello Spettacolo sugli apparecchi sonori italiani*, "Incursioni sullo schermo", 19, 11 maggio, p. 3

Anonimo, *Il film sonoro*, *"Notiziario"*, 19, 11 maggio, p. 10

Raoul Quattrocchi, *"Il cantante pazzo"*, *"Evangelina"*, "Incursioni sullo schermo", 20, 18 maggio, p. 3

Anonimo, *[Senza titolo]*, "Le vespe", 20, 18 maggio, p. 5

Anonimo, *[Senza titolo]*, "Notiziario", 20, 18 maggio, p. 5

Anonimo, *[Senza titolo]*, "Le vespe", 20, 18 maggio, p. 13

G. [Guglielmo Giannini], *Ritornello di una canzone*, 21, 25 maggio, p. 2

Anonimo, *Evaristo Enrico Signorini*, "Notiziario", 21, 25 maggio, p. 7

Dolder, *Muto o sonoro*, 21, 25 maggio, p. 12

Anonimo, *La Paramount italiana edita films in italiano con attori italiani e diretti da italiani*, 21, 25 maggio, p. 13

G. [Guglielmo Giannini], *Ultimo tempo - ultimo solco*, 22, 1° giugno, p. 2

Anonimo, *Il primo film parlante in italiano su soggetto di P. A. Mazzollotti realizzato ad Hollywood*, 22, 1° giugno, p. 6

Roberto Tajani, *Considerazioni sul nuovo avvenire del film*, 22, 1° giugno, p. 6

Anonimo, *Paul L. Stein e il film sonoro*, "Notiziario", 23, 8 giugno, p. 7

Anonimo, *Griffith e il parlante*, "Notiziario", 23, 8 giugno, p. 7

Anonimo, *Il primo film italiano della Paramount*, 24, 15 giugno, p. 7

Anonimo, *Delle Società di Autori e dell'Association International Artistique et Litteraire*, 25, 22 giugno, p. 2

G. [Guglielmo Giannini], *La mal corrisposta passione*, 25, 22
giugno, p. 2

Tipperari, *La rivincita dell'Europa*, "Film parlante for ever", 25,
22 giugno, p. 13

Anonimo, *Giulio Antomoro al lavoro*, "Film parlante for ever",
25, 22 giugno, p. 13

Anonimo, *Il primo film della Italotone*, "Film parlante for ever",
25, 22 giugno, p. 13

Anonimo, *Febbrile preparazione sonora*, "Notiziario", 26, 29 giugno, p. 2

Anonimo, *Il film parlante a Londra*, "Notiziario", 26, 29 giugno, p. 2

Anonimo, *I vantaggi del parlante*, "Notiziario", 26, 29 giugno, p. 2

Ingold, *La difesa europea contro il film sonoro americano*, 26,
29 giugno, p. 5

Dottor Jackson, *Douglas Fairbanks e Gloria Swanson. Quello che
pensano del sonoro*, 27, 6 luglio, p. 10

Giuseppe Lega, *Mentre si prepara "Antonio di Padova". Quattro
parole col conte Giulio Antamoro*, 28, 13 luglio, p. 3

A. O., *A proposito di un "Documentario sonoro"*, 28, 13 luglio, p. 4

Anonimo, *S.A.C.R.A.S.*, 28, 13 luglio, p. 10

Anonimo, *Il terzo film italiano della Paramount*, 30, 27 luglio, p. 14

Anonimo, *Perfezionamento agli apparecchi di ripresa sonora*, 30,
27 luglio, p. 14

Anonimo, *Un personaggio importante della cinematografia sonora*, 30, 27 luglio, p. 14

Anonimo, *Il XVII anniversario del film sonoro*, 31, 3 agosto, pp. 2 e 3

G. [Guglielmo Giannini], *Necessità di un nuovo programma*, 32,
10 agosto, p. 2

Anonimo, *Come si gira un film sonoro*, 32, 10 agosto, p. 7

Anonimo, *[Senza titolo]*, 32, 10 agosto, p. 15

Anonimo, *La visione privata dei films Paramount a Milano*, 32,
10 agosto, p.5

Tito A. Spagnol, *La produzione italiana in America*, 33, 17 agosto, p. 5

Anonimo, *L'attività degli studios Paramount a Joinville*, 33, 17 agosto, p. 6

Anonimo, *Il Quarto film italiano della Paramount*, 33, 17 agosto, p. 13

Anonimo, *Carmen Boni e il bel canto*, 33, 17 agosto, p. 13

Anonimo, *[Senza titolo]*, "Notiziario", 33, 17 agosto, p. 13

Anonimo, *Ultimissime della Paramount a Parigi... e della Paramount di Hollywood*, 35, 31 agosto, p.4

Anonimo, *Nuovi progressi della tecnica cinematografica*, 35, 31 agosto, p. 6

Anonimo, *Ultime da Hollywood*, 37, 14 settembre, pp. 12-13

Anonimo, *Ultime da Joinville*, 37, 14 settembre, pp. 12-13

Anonimo, *Una super-rivista cinematografica "Paramount-Revue"*, 37, 14 settembre, pp. 12-13

Pes, *Uh! Che guaio!*, 39, 28 settembre, p. 3

Anonimo, *Notizie da Hollywood*, 39, 28 settembre, p. 4-5

Anonimo, *Notizie da Joinville*, 39, 28 settembre, p. 4-5

[Guglielmo] Giannini, *Il leone di tartarino*, 42, 19 ottobre, p. 2

Anonimo, *Notizie Paramount*, 42, 19 ottobre, p. 3

R. Q. [Raoul Quattrocchi], *Sei tu l'amore?* "Incursioni sullo schermo", 42, 19 ottobre, p. 7

Anonimo, *Corriere di Joinville*, 43, 26 ottobre, p. 6

Anonimo, *Corriere di Hollywood*, 43, 26 ottobre, p. 6

E. [Eugenio Giovannetti], *"Nerone" al Supercinema*, n. s., 1, 23 novembre, p. 4

Anonimo, *Film sonoro*, n. s., 1, 23 novembre, p. 6

Luigi Pirandello, *Da "In silenzio" a "La canzone dell'amore"*, n. s., 1, 23 novembre, pp. 11-12

Luigi Pirandello, *In silenzio*, n. s., 2, 30 novembre, pp. 5-7

K. [Kines], *Posizioni e imposizioni*, n. s., 3, 7 dicembre, p. 2

G. [Guglielmo Giannini], *"Il richiamo del cuore"*, "Prime visioni", n. s., 4, 14 dicembre, p. 3

Anonimo, *La città canora*, "Prime visioni", n. s., 5, 21 dicembre, p. 3

Nicolò Petrecca, *L'opinione dei nostri lettori su" La canzone dell'amore" di Righelli*, n. s., 5, 21 dicembre, pp. 11-12

K. [Kines], *Anticipazioni*, n. s., 6, 28 dicembre, p. 2

1931

(a. XI, nn 1-52, gennaio-dicembre)

G. [Guglielmo Giannini], *Sulla "Straniera" di Palermi*, 1, 4 gennaio, p. 2

Emilio Liotta, *Vagiti del film sonoro*. *L'opinione del pubblico*, 1, 4 gennaio, p. 4

Emilio Liotta, *Riduzione e sonorità dei "talkies"*. *Una cosa che non va*. *L'opinione del pubblico*, 1, 4 gennaio, p. 4

E. D., *Intervista con Ruggero Lupi sul sonoro*, 1, 4 gennaio, p. 10

Anonimo, *La M.G.M. e la produzione multilingue*, 2, 11 gennaio, p. 3

R. Q. [Raoul Quatrocchi], *Corte d'Assise*, "Prime visioni", 2, 11 gennaio, p. 12

Anonimo, *L'Enac*, "Calendario", 2, 11 gennaio, p. 12

Anonimo, *La Superfilm*, "Calendario", 2, 11 gennaio, p. 12

E. D., *Il film sonoro e i suoi problemi*, 4, 25 gennaio, pp. 2-3

Emilio Liotta, *Nuove idee su un vecchio argomento*. *Film sonoro*. *L'opinione del pubblico*, 4, 25 gennaio, p. 7

Ol., *Su "Napoli che canta"*. *(Opinioni dei lettori)*, 5, 1° febbraio, p. 5

Anonimo, *[Senza titolo]*, "Calendario", 5, 1° febbraio, p. 14

Anonimo, *[Senza titolo]*, "Calendario", 5, 1° febbraio, p. 14

Raoul Quattrocchi, *"Cortile" e "Medico per forza"*, "Prime visioni", 6, 8 febbraio, p. 6

Edoardo Capolino, *[Senza titolo]*, "Radiokines", 6, 8 febbraio, p. 7

Giorgio Padovani, *Morte del cinema muto?* 7, 15 febbraio, p. 2

Anonimo, *[Senza titolo]*, "Calendario", 7, 15 febbraio, pp. 8-9

Anonimo, *Un mese alla Società degli Autori*, 8, 22 febbraio, p. 2

Anonimo, *"La donna bianca"*, "Prime visioni", 8, 22 febbraio, p. 3

Anonimo, *"Sotto i tetti di Parigi"*, "Prime visioni", 8, 22 febbraio, p. 3

Marbelli, *Polemica sul parlante*, 8, 22 febbraio, p. 13

Arnaldo Draghetti, *L'indirizzo del cinema sonoro*, 9, 1° marzo, p. 11

Giuseppe Hurle, *Elementi di successo nel fonofilm*, 13, 29 marzo, p. 7

R. Q. [Raoul Quattrocchi], *"La vacanza del diavolo"*, "Prime visioni", 14, 5 aprile, p. 3

Kines, *Stefano Pittaluga*, 15, 12 aprile, p. 2

R. Q. [Raoul Quattrocchi], *"Antonio di Padova"*, "Prime visioni", 15, 12 aprile, p. 4

R. Q. [Raoul Quattrocchi], *"Rubacuori"*, "Prime visioni", 16, 19 aprile, p. 3

K. [Kines], *Troppo volere, nulla stringere*, 17, 26 aprile, p. 2

Mario Giangi, *I nuovi attori e la tecnica del sonoro*, 18, 3 maggio, pp. 6-7

Giuseppe Hurle, *In margine al sonoro*, 19, 10 maggio, p. 2

Raoul Quattrocchi, *"La scala"*, "Prime visioni", 19, 10 maggio, p. 3

Anonimo, *Il primo anniversario degli Studios Paramount di Joinville*, 21, 24 maggio, p. 3

Kines, *Western Eletric - Chicago Al Capone & C.*, 23, 7 giugno, p. 2

K. [Kines], *Bilancio della Cines*, 24, 14 giugno, p. 2

R. Q. [Raoul Quattrocchi], *"Resurrectio"*, "Prime visioni", 24, 14 giugno, p. 2

Anonimo, *Proteste... in ritardo a proposito del film "La scala"*, 25, 21 giugno, p. 5

Anonimo, *Rumori sonori*, 25, 21 giugno, p. 5

Anonimo, *"La stella del cinema"*, "Prime visioni", 26, 28 giugno, p. 3

Paolo Uccello, *Film sonori. Sistema Tobis*, 28, 12 luglio, p. 12

Anonimo, *Western Eletric 47*, 32, 9 agosto, p. 3

Evandro Petrella, *La vita. Quattro quadri per uno scenario sonoro*, 32, 9 agosto, p. 3

[Paolo] Uccello, [Edoardo] Capolino, *La Caesar Film prepara i più perfetti impianti sonori d'Italia*, 32, 9 agosto, p. 6

Anonimo, *L'International Acoustic e i suoi impianti di ripresa e proiezione sonora*, 32, 9 agosto, p. 6

Anonimo, *L'evoluzione del film parlato*, 33, 16 agosto, p. 2

Edoardo Capolino, *Come ti erudisco il cineasta*, 33, 16 agosto, p. 3

[Paolo] Uccello, [Edoardo] Capolino, *Gli impianti sonori della Caesar Film*, 34, 23 agosto, p. 7

Anonimo, *Western Eletric & C.*, 38, 20 settembre, p. 2

G. [Guglielmo Giannini], *"Il solitario della montagna"*, "Incursioni sullo schermo", 39, 27 settembre, p. 2

Paolo Uccello, *Gli impianti sonori della Caesar Film*, 39, 27 settembre, p. 6

G. [Guglielmo Giannini], *La Cines-Pittaluga al contrattacco*, 41, 11 ottobre, p. 2

Anonimo, *Un record di velocità per installazioni sonore*, 41, 11 ottobre, p. 3

Anonimo, *L'inaugurazione della Caesar-Film*, 41, 11 ottobre, p. 3

Giuseppe Hurle, *Polemica sul "dubbing"*, 42, 18 ottobre, p. 10

G. [Guglielmo Giannini], *Dopo il successo di "Patatrac". Responsabilità*, 44, 1° novembre, p. 2

Il cineasta, *Cinematografia sonora*, 44, 1° novembre, p. 13

K. [Kines], *Western Eletric Co.*, 45, 8 novembre, p. 3

Giacomo Gentilomo, *Considerazioni sul film*, 47, 22 novembre, p. 2

K. [Kines], *W. E. in ritirata*, 48, 29 novembre, p. 2

Achille Valdata, *"Figaro e la sua gran giornata"*, "Prime visioni", 48, 29 novembre, p. 2

K. [Kines], *"La segretaria privata". (Rivelazione d'un giovane valente)*, 48, 29 novembre, p. 7

K. [Kines], *"L'uomo dell'artiglio"*, "Incursioni sullo schermo", 48, 29 novembre, p. 13

K. [Kines], *"Vele ammainate"*, "Incursioni sullo schermo", 51, 21 dicembre, pp. 2-3

Y., *Sonorità*, 51, 21 dicembre, p. 51

1932
(a. XII, nn 1-11, gennaio-marzo)

K. [Kines], *"La segretaria privata"*, "Incursioni sullo schermo", 1, 3 gennaio, p. 3

K. [Kines], *"La donna di una notte"*, "Incursioni sullo schermo", 2, 10 gennaio, p. 2

Anonimo, *Il convoglio Paramount in Italia*, 2, 10 gennaio, p. 13

K. [Kines], *"La Wally"*, "Incursioni sugli schermi romani", 4, 24 gennaio, p. 3

Anonimo, *L'auto-treno Paramount in giro per l'Italia. Invito agli esercenti.* 4, 24 gennaio, p. 7

Anonimo, *[Senza titolo]*, 6, 7 febbraio, p. 6

Giovanni Romiti, *I suoni del "sonoro"*, 6, 7 febbraio, p. 14

Anonimo, *Un nuovo impianto della International Acoustic*, 7, 14 febbraio, p. 6

X., *Una visita alla Fono-Roma*, 7, 14 febbraio, p. 6

G. [Guglielmo Giannini], *"L'ultima avventura"*, "Incursioni sugli schermi romani", 9, 28 febbraio, pp. 3 e 6

Anonimo, *"Vecchia signora"*, "Incursioni sugli schermi romani", 11, 13 marzo, pp. 2-3

Anonimo, *Un importante impianto sonoro all'Int.*, 11, 13 marzo, p. 6

Raffaele Triggia, *Del film sonoro*, 11, 13 marzo, p. 12

La Rivista Cinematografica
Internazionale-Quindicinale-Illustrata

1927
(a. VIII, n 1, gennaio)

1928
(a. IX, nn 1-23/24, gennaio-dicembre)
Anonimo, *Le nuove conquiste del cinema. Notizie della "Paramount"*, 12, 30 giugno, pp. 13-14

Anonimo, *La riapertura della Cines*, "Notiziario", 21, 15 novembre, p. 51

Anonimo, *Un operatore italiano per i films sincronizzati della "Fox"*, "Notiziario", 21, 15 novembre, p. 51

George Clarrière, *I principali sistemi di films sonori*, 23-24, 15-30 dicembre, p. 4

1929
(a. X, nn 1-23/24, gennaio-dicembre)
Editoriale, *Crisi di soggetto e crisi di pubblico*, 1, 15 gennaio, pp. 1-2

Scientific, *Il film parlante*, 1, 15 gennaio, p. 12

Anonimo, *Il primo film sincronizzato. Notizie degli Artisti Associati*, 1, 15 gennaio, p. 16

Anonimo, *Allestimenti per la sincronizzazione. Notizie della "First National"*, 1, 15 gennaio, p. 21

Anonimo, *La riapertura della "Cines" di Roma*, "Notiziario", 1, 15 gennaio, p. 36

Beniamino De Ritis, *Stelle mute... cadenti. A Hollywood*, 2, 30 gennaio, p. 4

Anonimo, *La riapertura della "Cines" di Roma*, "Notiziario", 2, 30 gennaio, p. 43

Bruno Quaiat, *In tema di films parlanti*, 3, 15 febbraio, p. 10

O. R., *L'arte muta è minacciata dai progressi del fonocinematografo?*, 5, 15 marzo, pp. 9-10

Anonimo, *Grande richiesta di compositori di canzoni*, "Notizie della Metro Goldwyn-Mayer", 5, 15 marzo, p. 11

Anonimo, *Un'invenzione italiana per la cinematografia parlante. Intervista con il Comm. L. Pineschi*, 6, 30 marzo, p. 4

Anonimo, *Opinioni di artisti francesi sui films parlanti*, 6, 30 marzo, pp. 9-10

Editoriale, *Motivo di rinnovamento o di decadenza?*, 7, 15 aprile, pp. 9-11

M. [Maurizio] Corsi, *Il film sonoro in Italia. (Intervista con S. E. Bisi)*, 7, 15 aprile, p. 12

Pietro Solari, *Il primo film parlante: "Melodie del mondo"*, 7, 15 aprile, pp. 17-18

Anonimo, *Alcuni films della produzione passata nell'edizione sonora*, "Notizie della Metro Goldwyn-Mayer", 7, 15 aprile, p. 22

Anonimo, *Come si prepara un film parlante*, 8, 30 aprile, p. 4

Ego, *La serata di gala al "Supercinema" di Roma. I primi films sonori presentati in Italia dall'"A. Pittaluga"*, 8, 30 aprile, pp. 9-10

Anonimo, *L'Anonima Pittaluga e la produzione in Italia di films parlanti*, "Notiziario", 8, 30 aprile, p. 27

Anonimo, *L'"Ufa" e il film sonoro*, "Notiziario", 8, 30 aprile, p. 27

Anonimo, *Comunicato. Il Duce assiste alla proiezione del film parlato del suo discorso agli Alpini*, "Notiziario", 8, 30 aprile, p. 28

Anonimo, *I nuovi aspetti del cinematografo in America*, 9, 15 maggio, p. 4 e pp. 9-10

Anonimo, *Per gli increduli ed i retrogradi*, 9, 15 maggio, pp. 11-12

Eugenio Giovannetti, *La lezione. Ombre parlanti*, 9, 15 maggio, pp. 13-14

Anonimo, *Il successo del film sonoro a Milano e Torino*, "Notiziario", 9, 15 maggio, p. 36

Anonimo, *La "Fox Film Corp." e i films parlanti*, "Notiziario", 9, 15 maggio, p. 36

Editoriale, *Il film sonoro e il privilegio dell'Italia*, 10, 30 maggio, pp. 1-2

Anonimo, *Per gli increduli ed i retrogradi*, 10, 30 maggio, pp. 7-8

Anonimo, *"Il cantante di jazz"*, "Film del giorno", 10, 30 maggio, p. 11

Editoriale, *I problemi dell'ora*, 11, 15 giugno, pp. 1-2

Anonimo, *In tema di films sonori*, "Per gli increduli ed i retrogradi", 11, 15 giugno, p. 7

Anonimo, *La riaperture della Cines*, "Notiziario", 11, 15 giugno, p. 35

Anonimo, *Il grande successo di "Femmine del mare" nella speciale edizione sonora*, "Notiziario", 11, 15 giugno, p. 35

Anonimo, *Films sonori italiani*, "Notiziario", 11, 15 giugno, p. 36

Editoriale, *La cinematografia europea al Congresso di Parigi*, 12, 30 giugno, pp. 1-2

F. Bernardelli, *Teatro e film sonoro*, 12, 30 giugno, pp. 7-8

Anonimo, *In tema di films sonori*, "Per gli increduli ed i retrogradi", 12, 30 giugno, pp. 9-10

Anonimo, *Storia dei films parlanti e cantanti "Vitaphone"*, 12, 30 giugno, p. 15

Orio Vergani, *Le due regole del film sonoro*, 12, 30 giugno, pp. 16-17

Editoriale, *Imponenza di lavorazione e di programmazione. L'Anonima Pittaluga e la stagione 1929-30*, 13, 15 luglio, pp. 1-3

Piero Antonini, *Il primo Convegno Cinematografico Italiano*, 13, 15 luglio, pp. 4-6

Anonimo, *La concessione della "intercambiabilità" degli apparecchi*, "Notiziario", 13, 15 luglio, p. 27

Editoriale, *La nuova produzione ed i nuovi problemi*, 14, 30 luglio, pp. 1-2

John La Loupe, *Prima impressione sul film sonoro*, 14, 30 luglio, pp. 3-4

Anonimo, *In tema di films sonori*, "Per gli increduli ed i retrogradi", 14, 30 luglio, pp. 9-10

Anonimo, *In tema di films sonori*, "Per gli increduli ed i retrogra-di", 15-16, 15-30 agosto, pp. 29-31

P. Alliata, *La cinematografia in Italia*, 15-16, 15-30 agosto, p. 36

Anonimo, *Apparecchi sonori "Boma"*, "Notiziario", 15-16, 15-30 agosto, p. 59

Anonimo, *Gli esperimenti del "Kinofono" all'Istituto "Luce"*, 17, 15 settembre, p. 12

Anonimo, *Echi della riunione annuale della "Paramount Italia-na"*, 17, 15 settembre, pp. 13-15

Anonimo, *Il trionfale successo del "Cantante di jazz" a Trieste - Genova - Firenze - Bologna*, 18, 30 settembre, p. 14

La Rivista Cinematografia, *Un ciclo che si chiude e nuove vie che si aprono*, 19, 15 ottobre, pp. 9-10

Anonimo, *L'"Odefilm" della Ditta Pio Pion di Milano. Un apparecchio sonoro italiano*, 19, 15 ottobre, p. 17

Anonimo, *A proposito di sincronizzazione*, "Tecnica cinemato-grafica", 19, 15 ottobre, pp. 18-19

Anonimo, *I progressi del film sonoro e l'opera dei tecnici italiani*, "Tecnica cinematografica", 19, 15 ottobre, pp. 19-20

Anonimo, *Il cinema "Royal" di Torino per i films sonori*, "Noti-ziario", 19, 15 ottobre, p. 42

Anonimo, *Apparecchi sonori a buon mercato*, "Films sonori e parlati", 20, 30 ottobre, p. 9

Anonimo, *L'opinione di due popolari artisti*, "Films sonori e par-lati", 20, 30 ottobre, p. 9

Anonimo, *Un grande film parlante francese*, "Films sonori e par-lati", 20, 30 ottobre, p. 9

Anonimo, *Verso il controllo americano sul fono-film europeo*, "Films sonori e parlati", 20, 30 ottobre, pp. 9-10

Anonimo, *Il formidabile sviluppo del film sonoro negli Stati Uni-ti*, "Films sonori e parlati", 20, 30 ottobre, p. 10

Anonimo, *Il primo film parlante di Cecil B. De Mille*, "Films sonori e parlati", 20, 30 ottobre, p. 10

Anonimo, *La "Western Eletric" per l'"Istituto Internazionale Ci-nema Educativo"*, "Notiziario", 20, 30 ottobre, p. 40

Anonimo, *Il costo degli apparecchi "Western Eletric"*, "Notiziario", 20, 30 ottobre, p. 40

Anonimo, *I piccoli films sonori dell'"Ente"*, "Notiziario", 20, 30 ottobre, p. 40

Editoriale, *La propaganda nazionale e il film sonoro*, 21, 15 novembre, pp. 1-2

B., *Mentre si gira un film parlante*, 21, 15 novembre, p. 17

Anonimo, *I sistemi fondamentali degli apparecchi sonori*, "Tecnica cinematografica", 21, 15 novembre, pp. 18-19

Anonimo, *La "Italotone Film Productions Inc." inizia la sua produzione al "Metropolitan Studio"*, 21, 15 novembre, p. 36

Anonimo, *Ministri, Autorità e Personalità in visita agli stabilimenti della "Cines"*, "Notiziario", 21, 15 novembre, p. 53

Anonimo, *L'installazione degli apparecchi R.C.A. agli stabilimenti "Cines"*, "Notiziario", 21, 15 novembre, pp. 53-54

Anonimo, *I due primi lavori della "Pittaluga"*, "Notiziario", 21, 15 novembre, p. 54

Anonimo, *L'ingegnere Bloomberg*, "Notiziario", 21, 15 novembre, p. 54

Anonimo, *Gli apparecchi R.C.A. saranno a Roma in dicembre*, "Notiziario", 21, 15 novembre, p. 54

Anonimo, *L'operatore italiano Risi*, "Notiziario", 21, 15 novembre, p. 54

Anonimo, *La presentazione del "Sincrophone Gaumont" a Milano*, "Notiziario", 21, 15 novembre, p. 55

A. Palma, *L'inaugurazione del Cinema-Teatro "Augusteo" di Napoli*, 22, 30 novembre, pp. 9-10

Anonimo, *Al Jolson risponde a Charlie Chaplin*, "Films sonori e parlati", 22, 30 novembre, p. 11

Anonimo, *Il primo film sonoro russo*, "Films sonori e parlati", 22, 30 novembre, p. 11

Anonimo, *Il trionfo del primo film sonoro europeo a Berlino*, "Notiziario", 22, 30 novembre, p. 32

Uprà, *L'Italia Cinematografica e l'Anonima Pittaluga. Bilancio aperto*, 23-24, 15-30 dicembre, pp. 28-29

J. Bruno-Ruby, *Il film parlante in Inghilterra*, 23-24, 15-30 dicembre, pp.53-54

Aldo Gabrielli, *L'inaugurazione del Cinema-Teatro "Odeon" a Milano*, 23-24, 15-30 dicembre, p. 56

Anonimo, *Films sonori a corto metraggio*, "Notizie della Metro Goldwyn-Mayer", 23-24, 15-30 dicembre, p. 69

Anonimo, *Un celebre tenore per un film sonoro*, "Notizie della Fox", 23-24, 15-30 dicembre, p. 77

Anonimo, *Nuovo grandioso film sonoro*, "Notizie della Fox", 23-24, 15-30 dicembre, p. 77

Anonimo, *Films sonori e films muti*, "Notizie della Fox", 23-24, 15-30 dicembre, p. 77

Anonimo, *La rivoluzione... sonora*, "Films sonori e parlati", 23-24, 15-30 dicembre, p. 91

Anonimo, *Il primo film parlato di Marion Davies*, "Films sonori e parlati", 23-24, 15-30 dicembre, p. 91

Anonimo, *Un celebre baritono per la "M.G.M."*, "Films sonori e parlati", 23-24, 15-30 dicembre, p. 92

Anonimo, *La "M.G.M." impegna un letterato per i films dialogati*, "Films sonori e parlati", 23-24, 15-30 dicembre, p. 92

Anonimo, *La fantastica carriera de "Il cantante di jazz"*, "Films sonori e parlati", 23-24, 15-30 dicembre, p. 92

Anonimo, *Attori, ballerine e coriste per films sonori*, "Films sonori e parlati", 23-24, 15-30 dicembre, p. 92

Anonimo, *Per la sonorizzazione di films muti*, "Tecnica cinematografica", 23-24, 15-30 dicembre, p. 97

Anonimo, *Anomalie della registrazione di suoni*, "Tecnica cinematografica", 23-24, 15-30 dicembre, p. 97

Anonimo, *Il "Sincrophone Gaumont"*, "Tecnica cinematografica", 23-24, 15-30 dicembre, pp. 97-98

Anonimo, *Le caratteristiche tecniche dei vari apparecchi sonori*, "Tecnica cinematografica", 23-24, 15-30 dicembre, p. 98

Anonimo, *Nuove importanti sentenze sugli orchestrali*, 23-24, 15-30 dicembre, p. 143

1930

(a. XI, nn 1-23/24, gennaio-dicembre)

Eugenio Giovannetti, *I favolisti. Ombre parlanti*, 1, 15 gennaio, p. 11

Anonimo, *Un'altra conversione al film sonoro*, "Films sonori e parlati", 1, 15 gennaio, pp. 12-13

Anonimo, *Esperienza teatrale e film sonoro*, "Films sonori e parlati", 1, 15 gennaio, p. 13

Anonimo, *10.000 locali per il film sonoro*, "Films sonori e parlati", 1, 15 gennaio, pp. 13-14

Anonimo, *Il problema della lingua per i films parlanti*, "Films sonori e parlati", 1, 15 gennaio, p. 14

Anonimo, *Il film sonoro nell'Africa del Nord*, "Films sonori e parlati", 1, 15 gennaio, p. 14

Anonimo, *Quattro grandi films sonori francesi*, "Films sonori e parlati", 1, 15 gennaio, p. 14

Anonimo, *Pietro Mascagni comporrà un'opera per films sonori*, "Films sonori e parlati", 1, 15 gennaio, pp. 14-15

Anonimo, *Oltre 60.000 persone assistono alla première di "Shov boat" al Tivoli*, "Films sonori e parlati", 1, 15 gennaio, p. 15

Editoriale, *Il film sonoro e l'internazionalità del film*, 2, 30 gennaio, pp. 1-2

Anonimo, *Perizia acustica della "Western Eletric"*, "Tecnica cinematografica", 2, 30 gennaio, pp. 3-4

Anonimo, *I guasti agli apparecchi*, "Tecnica cinematografica", 2, 30 gennaio, p. 4

Anonimo, *Il film sonoro nella vetture ferroviarie*, "Tecnica cinematografica", 2, 30 gennaio, p. 4

Anonimo, *L'acustica nelle sale di proiezione*, "Tecnica cinematografica", 2, 30 gennaio, p. 4

Anonimo, *Le difficoltà del film sonoro*, "Tecnica cinematografica", 2, 30 gennaio, p. 4

J. Bruno-Ruby, *Il film parlante in Inghilterra*, 2, 30 gennaio, pp. 12-13

Anonimo, *Gli apparecchi sonori della "Cinemeccanica"*, "Notiziario", 2, 30 gennaio, p. 24

Anonimo, *La musica e le emozioni nei films sonori*, "Films sonori e parlati", 3, 15 febbraio, p. 14

Anonimo, *Grandi tenori scritturati dalla "Fox"*, "Films sonori e parlati", 3, 15 febbraio, pp. 14 e 19

Anonimo, *Dai teatri di prosa e di operette al teatro sonoro*, "Films sonori e parlati", 3, 15 febbraio, p. 19

Anonimo, *I fantastici incassi pel film sonoro in America*, "Films sonori e parlati", 3, 15 febbraio, p. 19

Anonimo, F. *Lehar per un film sonoro degli "Artisti Associati"*, "Films sonori e parlati", 3, 15 febbraio, p. 19

Anonimo, *Per i films parlanti esteri*, "Notiziario", 3, 15 febbraio, p. 27

Anonimo, *La "Cinemeccanica" insignita del Gran Premio all'Esposizione di Barcellona*, "Notiziario", 3, 15 febbraio, p. 27

Anonimo, *La quindicesima installazione in Italia della "Western Eletric"*, "Notiziario", 3, 15 febbraio, p. 28

Anonimo, *La "Metro Goldwyn-Mayer" prepara due films in tedesco*, "Notiziario", 3, 15 febbraio, p. 28

Editoriale, *Lo sfruttamento del patrimonio musicale*, 4, 30 febbraio, pp. 1-2

Hans Schwarz, *Il suono nel film*, 4, 30 febbraio, p. 3

Anonimo, *I "creatori" di Mickey Mouse. Come si fabbricano i cartoni sonori*, 4, 30 febbraio, p. 9

Frédérig Hussong, *La casa dalle mille leggende. (I nuovi stabilimenti dell'"Ufa" per il film parlante)*, 4, 30 febbraio, p. 10

Anonimo, *Il trattamento acustico delle sale cinematografiche*, "Notiziario", 4, 30 febbraio, pp. 11-12

Anonimo, *Il procedimento di presa Western Eletric migliorato*, "Notiziario", 4, 30 febbraio, p. 12

Anonimo, *L'"Idéal Sonore" della "Gaumont"*, "Notiziario", 4, 30 febbraio, p. 12

Anonimo, *La "Western Eletric" ed i piccoli cinematografi*, "Notiziario", 4, 30 febbraio, p. 20

Editoriale, *La nuova produzione europea*, 5, 15 marzo, pp. 1-3

Anonimo, *Una dimostrazione "Western Eletric" al Ministero della Guerra inglese*, 5, 15 marzo, p. 3

Anonimo, *La ripresa della "Cines"*, 5, 15 marzo, p. 4

Paul Dubro, *Il film parlante in Germania*, 5, 15 marzo, pp. 10-11

Anonimo, *L'opera lirica nel cinema sonoro*, "Films sonori e parlati", 5, 15 marzo, p. 12

Anonimo, *La preparazione dei films sonori*, "Films sonori e par-

lati", 5, 15 marzo, pp. 12-13
Anonimo, *Il film sonoro in Romania*, "Films sonori e parlati", 5, 15 marzo, p. 13
Anonimo, *L'opinione di Lillian Gish*, "Films sonori e parlati", 5, 15 marzo, p. 13
Anonimo, *Films parlanti in varie lingue*, "Films sonori e parlati", 5, 15 marzo, p. 13
Anonimo, *Impianti sonori "Prevost"*, "Notiziario", 5, 15 marzo, p. 27
Anonimo, *La versione sonora di "Quartiere Latino"*, "Notiziario", 5, 15 marzo, p. 27
Editoriale, *L'urgenza della ripresa*, 6, 30 marzo, pp. 1-2
Anonimo, *"Miss Europa"*. *I grandi films sonori*, 6, 30 marzo, pp. 3-4
Editoriale, *Espansionismo americano in Europa*, 7, 15 aprile, pp. 1-2
Anonimo, *L'Inaugurazione degli apparecchi sonori all'Istituto Internazionale per la Cinematografia Educativa*, 7, 15 aprile, p. 3
Gregorio Rabinovich, *L'Europa e il film sonoro*, 7, 15 aprile, p. 4
Arturo Kempner, *Il cinema sonoro e l'educazione musicale del pubblico*, 7, 15 aprile, p. 9
Anonimo, *Mr. Arthur Loew in Italia*, 7, 15 aprile, p. 9
Anonimo, *Il pensiero di Cecil B. De Mille*, "Films sonori e parlati", 7, 15 aprile, p. 11
Anonimo, *"Valzer d'amore" primo film-operetta*, "Films sonori e parlati", 7, 15 aprile, p. 11
Anonimo, *"Abramo Lincoln" film sonoro*, "Films sonori e parlati", 7, 15 aprile, p. 11-12
Anonimo, *Un film sonoro-operetta degli "Artisti Ass."*, "Films sonori e parlati", 7, 15 aprile, p. 12
Anonimo, *Il primo film parlato di Joan Crawford*, "Films sonori e parlati", 7, 15 aprile, p. 12
Anonimo, *L'Italia prepara films sonori*, 7, 15 aprile, p. 20
Anonimo, *"The Rogue's Song"*, "Notizie della Metro Goldwyn-Mayer", 7, 15 aprile, p. 21
Anonimo, *La visita di C. Coolidge agli Studi della "M.G.M."*, "Notizie della Metro Goldwyn-Mayer", 7, 15 aprile, p. 21
Anonimo, *Un nuovo film con celebrità del teatro lirico*, "Notizie

della Metro Goldwyn-Mayer", 7, 15 aprile, p. 21

Editoriale, *Lo sfruttamento del patrimonio letterario*, 8, 30 aprile, pp. 1-2

Erich Pommer, *Il film sonoro e la sua tecnica*, 8, 30 aprile, pp. 3-4

Anonimo, *La prospettiva delle voci e del suono*, 8, 30 aprile, p. 9

Anonimo, *Quadro generale degli apparecchi sonori*, "Tecnica cinematografica", 8, 30 aprile, p. 12

Anonimo, *Luci silenzione pel film sonoro*, "Tecnica cinematografica", 8, 30 aprile, p. 12

Editoriale, *Criteri nuovi per un'arte nuova*, 9, 15 maggio, pp. 1-2

Pietro Solari, *Emilio Jannings riacquista la parola. Artisti che si confessano*, 9, 15 maggio, pp. 6-7

Anonimo, *Il primo grande dramma parlante*, "Films sonori e parlati", 9, 15 maggio, p. 9

Anonimo, *"Il canto del mio cuore"*, "Films sonori e parlati", 9, 15 maggio, p. 9

Anonimo, *Il secondo film sonoro con E. Jannings*, 9, 15 maggio, p. 10

Anonimo, *"Anna Christie " di Greta Garbo*, 9, 15 maggio, p. 10

Anonimo, *Il primo film parlato di Lon Chaney*, "Notizie della Metro Goldwyn-Mayer", 9, 15 maggio, p. 16

Anonimo, *Un direttore dell'"U.F.A." e un compositore viennere*, "Notizie della Metro Goldwyn-Mayer", 9, 15 maggio, p. 16

Anonimo, *Un secondo film con Greta Garbo*, "Notizie della Metro Goldwyn-Mayer", 9, 15 maggio, p. 16

Anonimo, *Un noto romanzo in film parlante*, "Notizie della Metro Goldwyn-Mayer", 9, 15 maggio, p. 16

Anonimo, *L'apparecchio "Melovox Radio Vitus" - Standard 1930 - al "Politeama" di Casale Monferrato*, "Notiziario", 9, 15 maggio, p. 32

Anonimo, *Apparecchi sonori alla Fiera di Milano*, "Notiziario", 9, 15 maggio, p. 32

Anonimo, *Altri cartoni animati dell'"A Pittaluga"*, "Notiziario", 9, 15 maggio, p. 32

Editoriale, *La funzione sociale del film sonoro*, 10, 30 maggio, pp. 1-2

Vittorio Cardinali, *Prepararsi seriamente alla lotta*, 10, 30 maggio, pp. 4-5

Anonimo, *Nuovo codice americano per i nuovi films*, 10, 30 maggio, pp. 6-7

Anonimo, *L'apparecchio sonoro della ditta A. Prevost*, 10, 30 maggio, p. 9

Anonimo, La *"Cines-Pittaluga"*, "Notiziario", 10, 30 maggio, p. 23

Anonimo, *Nuovi impianti sonori dell'"A. Pittaluga"*, "Notiziario", 10, 30 maggio, p. 23

Anonimo, *I primi films sonori e parlati della "Cines"*, "Notiziario", 10, 30 maggio, p. 24

Editoriale, *Costruire*, 11, 15 giugno, pp.1-4

Anonimo, *Il film sonoro ha vinto su tutta la linea*, 11, 15 giugno, p. 9

Anonimo, *La nuova sistuazione internazionale*, "Films sonori e parlati", 11, 15 giugno, p. 11

Anonimo, *Eisenstein alla "Paramount"*, "Films sonori e parlati", 11, 15 giugno, p. 11

Anonimo, *Il baritono L. Tibbet nel film sonoro*, "Films sonori e parlati", 11, 15 giugno, pp. 11-12

Anonimo, *Un emulo di Al Jolson*, "Films sonori e parlati", 11, 15 giugno, p. 12

Anonimo, *L'opera comica in film sonoro*, "Films sonori e parlati", 11, 15 giugno, p. 12

Anonimo, *Nuove sedie per l'audizione di films sonori*, "Films sonori e parlati", 11, 15 giugno, p. 11

Anonimo, *La solenne inaugurazione della "Cines-Pittaluga"*, 11, 15 giugno, pp. 13-19

Anonimo, *Il primo film italiano della "Paramount"*, "Notizie della Paramount", 11, 15 giugno, p. 22

Anonimo, *Apparecchi per films sonore "Pacent"*, "Notiziario", 11, 15 giugno, p. 39

Anonimo, *Alla "Paramount"*, "Notiziario", 11, 15 giugno, p. 40

Editoriale, *La stampa tecnica*, 12, 30 giugno, pp. 1-2

Anonimo, *Il terzo Congresso della Federazione Internazionale dei Direttori*, 12, 30 giugno, pp. 3-5

Friedrich Holländer, *La musica nel film sonoro*, 12, 30 giugno, p. 5

Anonimo, *Il cinema poliglotta*, 12, 30 giugno, p. 7

Anonimo, *L'Ambasciatore d'Italia visita gli studi della "Paramount"*, "Notiziario", 12, 30 giugno, p. 24

Anonimo, *Nuove installazioni di apparecchi sonori "Pacent"*, "Notiziario", 12, 30 giugno, p. 24

Editoriale, *L'azione del Governo*, 13-14, 15-30 luglio, pp. 1-2

Alberto Giacalone, *Pionieri del film sonoro in Europa*, 13-14, 15-30 luglio, p. 5

Anonimo, *Gli studi sonori "Filmvox"*, 13-14, 15-30 luglio, p. 17

Anonimo, *Il film sonoro al Congresso degli Autori*, 13-14, 15-30 luglio, p. 18

Anonimo, *I films parlanti di Luigi Pirandello*, "Films sonori e parlati", 13-14, 15-30 luglio, p. 23

Anonimo, *Una nuova Babele*, "Films sonori e parlati", 13-14, 15-30 luglio, p. 23

Anonimo, *Il primo film parlante di Buster Keaton*, "Films sonori e parlati", 13-14, 15-30 luglio, pp. 23-24

Anonimo, *"Rivista" e films sonoro all'"Ufa"*, "Films sonori e parlati", 13-14, 15-30 luglio, p. 24

Anonimo, *"Rio Rita" degli "Artisti Associati"*, "Films sonori e parlati", 13-14, 15-30 luglio, p. 24

Anonimo, *La buona proiezione e le qualità dell'operatore*, "Tecnica cinematografica", 13-14, 15-30 luglio, p. 25

Anonimo, *Registrazione e riproduzione*, "Tecnica cinematografica", 13-14, 15-30 luglio, pp. 25-26

Anonimo, *Gli interpreti di "Resurrectio"*, "Notiziario", 13-14, 15-30 luglio, p. 39

Anonimo, *Ettore Petrolini*, "Notiziario", 13-14, 15-30 luglio, p. 39

Anonimo, *"Napoli che canta"*, "Notiziario",, 13-14, 15-30 luglio, p. 39

Anonimo, *"Silenzio"*, "Notiziario", 13-14, 15-30 luglio, p. 39

Anonimo, *Rivista "Cines"*, "Notiziario", 13-14, 15-30 luglio, p. 39

Anonimo, *"Le Rouge et le Noir"*, "Notiziario", 13-14, 15-30 luglio, p. 39

La Rivista Cinematografica, *La cooperazione con l'Estero*, 15-16, 15-30 agosto, pp. 9-10

Cecil B. De Mille, *Il palcoscenico e lo schermo*, 15-16, 15-30 agosto, p. 13

Anonimo, *Il pensiero di Louis Verneuil*, "Films sonori e parlati", 15-16, 15-30 agosto, p. 15

Anonimo, *Un grande film e un grande tenore*, "Films sonori e parlati", 15-16, 15-30 agosto, p. 15

Anonimo, *Il film d'avventura sonoro*, "Films sonori e parlati", 15-16, 15-30 agosto, pp. 15-16

Anonimo, *Il costo di un grande film sonoro*, "Films sonori e parlati", 15-16, 15-30 agosto, p. 16

Anonimo, *Un rimpatrio per il film parlante*, "Films sonori e parlati", 15-16, 15-30 agosto, p. 16

Anonimo, *Un nuovo dramma cine-musicale*, "Films sonori e parlati", 15-16, 15-30 agosto, p. 16

Anonimo, *Società berlinese per films spagnuoli*, "Films sonori e parlati", 15-16, 15-30 agosto, p. 16

Anonimo, *La sonorizzazione di "Napoli che canta"*, "Films sonori e parlati", 15-16, 15-30 agosto, p. 16

Anonimo, *I recenti progressi tecnici*, "Tecnica cinematografica", 15-16, 15-30 agosto, p. 18

Anonimo, *Perfezionamento agli apparecchi di ripresa sonora*, "Tecnica cinematografica", 15-16, 15-30 agosto, p. 18

Anonimo, *Un personaggio importante della cinematografia sonora*, "Tecnica cinematografica", 15-16, 15-30 agosto, pp. 18-19

Anonimo, *Nuovi apparecchi francesi*, "Tecnica cinematografica", 15-16, 15-30 agosto, p. 19

Anonimo, *Cellula o disco?*, "Tecnica cinematografica", 15-16, 15-30 agosto, p. 19

Anonimo, *"Allelujah" della Metro Goldwyn-Mayer. Un superbo film parlante internazionale*, 15-16, 15-30 agosto, p. 20

Anonimo, *Come nasce una fabbrica di dischi*, "Notizie della Cines-Pittaluga", 15-16, 15-30 agosto, p. 25

Anonimo, *La tecnica delle riprese sonore*, "Notizie della Cines-Pittaluga", 15-16, 15-30 agosto, p. 25

Anonimo, *Petrolini e "Nerone"*, "Notizie della Cines-Pittaluga", 15-16, 15-30 agosto, p. 26

Anonimo, *L'attività della "Cines" in pieno sviluppo*, "Notizie della Cines-Pittaluga", 15-16, 15-30 agosto, p. 26

Anonimo, *Due "Immortali" alla "Cines"*, "Notizie della Cines-Pittaluga", 15-16, 15-30 agosto, p. 26

Anonimo, *I prossimi films della "Cines"*, "Notizie della Cines-Pittaluga", 15-16, 15-30 agosto, p. 26

Anonimo, *Films parlati italiani eseguiti in Francia*, "Notizie della Paramount", 15-16, 15-30 agosto, p. 38

Anonimo, *La fine della lotta dei brevetti*, "Notiziario", 15-16, 15-30 agosto, p. 52

Anonimo, *Il 25° apparecchio sonoro "Pacent" installato in Italia*, "Notiziario", 15-16, 15-30 agosto, p. 52

Anonimo, *Gli impianti sonori della "Western Eletric"*, "Notiziario", 15-16, 15-30 agosto, p. 52

Editoriale, *L'attività cinematografica in Europa*, 16, 30 agosto, pp. 1-3

G. B. Angioletti, *Nella fabbrica delle films sonore italiane*, 16, 30 agosto, pp. 4-5

Anonimo, *Il successo di una canzone*, "Notizie della Cines-Pittaluga", 16, 30 agosto, p. 7

Anonimo, *Gli interpreti de "La canzone dell'amore"*, "Notizie della Cines-Pittaluga", 16, 30 agosto, p. 7

Anonimo, *Alla ricerca di titolo*, "Notizie della Cines-Pittaluga", 16, 30 agosto, pp. 7-8

Anonimo, *"Ostrega che sbrego"*, "Notizie della Cines-Pittaluga", 16, 30 agosto, p. 8

Anonimo, *La nuova produzione*, "Notizie della Cines-Pittaluga", 16, 30 agosto, p. 8

Anonimo, *"Nerone"*, "Notizie della Cines-Pittaluga", 16, 30 agosto, p. 8

Anonimo, *L'attività degli studi Paramount a Joinville*, "Notizie della Paramount", 16, 30 agosto, p. 17

Anonimo, *I cinematografi in Italia*, "Notiziario", 16, 30 agosto, p. 30

Anonimo, *La "Paramount" italiana*, "Notiziario", 16, 30 agosto, p. 30

Anonimo, *La "Western Eletric" in Europa*, "Notiziario", 16, 30 agosto, p. 31

Anonimo, *Films Paramount visionati a Milano*, "Notiziario", 16, 30 agosto, p. 31

La Rivista Cinematografica, *Contingentamento e versioni straniere*, 17, 15 settembre, pp. 9-10

Anonimo, "*I saltimbanchi*", 17, 15 settembre, p. 11

Barnet C. Kiesling, *Due arti si completano*, 17, 15 settembre, p. 17

Albert Schneider, *L'industria cinematografica tedesca*, 17, 15 settembre, pp. 18-19

Anonimo, *Il microfono "a raggio"*, "Tecnica cinematografica", 17, 15 settembre, pp. 21-22

Anonimo, *Mille apparecchi sostituiti dalla "Western"*, "Tecnica cinematografica", 17, 15 settembre, p. 22

Anonimo, *Notizie della "Paramount"*, 17, 15 settembre, p. 27

Anonimo, "*La canzone dell'amore*" *è finita*, "Notizie della Cines-Pittaluga", 17, 15 settembre, p. 28

Anonimo, *I film d'imminente lavorazione*, "Notizie della Cines-Pittaluga", 17, 15 settembre, p. 28

Anonimo, *Anche "Nerone" è terminato*, "Notizie della Cines-Pittaluga", 17, 15 settembre, p. 28

Anonimo, *Arrivi e partenze*, "Notizie della Cines-Pittaluga", 17, 15 settembre, pp. 28-29

Anonimo, *Emilia Vidali ne "La canzone dell'amore"*, "Notizie della Cines-Pittaluga", 17, 15 settembre, p. 29

Anonimo, *La visita dei Direttori e degli Ispettori della "S.A.S.P."*, "Notizie della Cines-Pittaluga", 17, 15 settembre, p. 29

Anonimo, *La sincronizzazione di "Napoli che canta"*, "Notizie della Cines-Pittaluga", 17, 15 settembre, p. 29

Anonimo, *Vendite all'estero*, "Notizie della Cines-Pittaluga", 17, 15 settembre, p. 29

Anonimo, *L'opera lirica allo schermo*, 17, 15 settembre, p. 46

Anonimo, "*Paramount*" - "*Warner-Bros*" - "*Western-Eletric*", "Notiziario", 17, 15 settembre, p. 47

Anonimo, *Gl'impianti europei della "Western-Eletric"*, "Notiziario", 17, 15 settembre, p. 47

Anonimo, *I nuovi films dell'"Aafa"*, "Notiziario", 17, 15 settembre, p. 47

Anonimo, *Nuovi impianti della "S. A. Cinemeccanica"*, "Notiziario", 17, 15 settembre, p. 47

Anonimo, *Gli apparecchi sonori delle Officine "Pio Pion"*, "Notiziario", 17, 15 settembre, p. 48

Anonimo, *L'attività della Società Anonima "Superfilm"*, "Notiziario", 17, 15 settembre, p. 48

Anonimo, *Impianto sonoro al "Cinepalazzo" di Torino*, "Notiziario", 17, 15 settembre, p. 48

La Rivista Cinematografica, *Il blocco europeo e l'Italia*, 18, 30 settembre, pp. 17-18

Paola Grey Paradisi, *Il film sonoro*, 18, 30 settembre, pp. 25-26

Ralph Wheelwright, *La musica e il film dialogato*, 18, 30 settembre, p. 27

Anonimo, *Films al montaggio*, "Notizie della Cines-Pittaluga", 18, 30 settembre, p. 28

Anonimo, *"Rivista Cines"*, "Notizie della Cines-Pittaluga", 18, 30 settembre, p. 28

Anonimo, *Visite alla "Cines"*, "Notizie della Cines-Pittaluga", 18, 30 settembre, p. 28

Anonimo, *Partenze di artisti*, "Notizie della "Cines-Pittaluga", 18, 30 settembre, p. 28

Anonimo, *L'apparecchio Schueffta*, "Notizie della Cines-Pittaluga", 18, 30 settembre, p. 28

Anonimo, *"Corte d'Assise"*, "Notizie della Cines-Pittaluga", 18, 30 settembre, p. 28

Anonimo, *Da Joinville*, "Notizie della Paramount", 18, 30 settembre, pp. 29-30

Anonimo, *Il programma dell'"Ufa" per il 1930-31*, 18, 30 settembre, p. 37

Anonimo, *Cifre e confronti*, "Films sonori e parlati", 18, 30 settembre, p. 38

Anonimo, *Danze e cinema sonoro*, "Films sonori e parlati", 18, 30 settembre, p. 38

Anonimo, *Films sonori per la medicina*, "Films sonori e parlati", 18, 30 settembre, p. 38

Anonimo, *Il Canada per le riprese sonore*, "Films sonori e parlati", 18, 30 settembre, p. 38

Anonimo, *Compositori e librettisti*, "Films sonori e parlati", 18, 30 settembre, p. 39

Anonimo, *Nuovi impianti sonori delle Officine Pio Pion*, "Notiziario", 18, 30 settembre, p. 52

Anonimo, *La presentazione del primo film parlato italiano*, "Notiziario", 18, 30 settembre, p. 52

Editoriale, *Il film sonoro e il pubblico*, 19, 15 ottobre, pp. 1-2

G. [Giorgio] C. Simonelli, *Le ragioni che hanno indotto l'America a produrre i films sonori*, 19, 15 ottobre, p. 4

Anonimo, *Miglioramenti nella tecnica auditiva*, "Tecnica cinematografica", 19, 15 ottobre, pp. 9-10

Anonimo, *L'apparecchio Schüfta*, "Tecnica cinematografica", 19, 15 ottobre, p. 10

Anonimo, *Un complesso d'interpreti eccezionali*, "Notizie della Cines-Pittaluga", 19, 15 ottobre, p. 11

Anonimo, *Il ritorno di Marcella Albani*, "Notizie della Cines-Pittaluga", 19, 15 ottobre, p. 11

Anonimo, *Corti metraggi*, "Notizie della Cines-Pittaluga", 19, 15 ottobre, p. 11

Anonimo, *Vendite all'estero*, "Notizie della Cines-Pittaluga", 19, 15 ottobre, p. 11

Anonimo, *Gli esercenti italiani visitano la "Cines"*, "Notizie della Cines-Pittaluga", 19, 15 ottobre, p. 11

Anonimo, *"La canzone dell'amore"*, 19, 15 ottobre, p. 18

Anonimo, *Il nuovo Cinema Chiarese*, "Notiziario", 19, 15 ottobre, p. 27

Anonimo, *Il Comm. Pittaluga a Berlino*, "Notiziario", 19, 15 ottobre, pp. 27-28

Anonimo, *Il trionfo de "La canzone dell'amore"*, "Notiziario", 19, 15 ottobre, p. 28

La Rivista Cinematografica, *Il congresso internazionale finirà?*, 20, 30 ottobre, pp. 1-2

Paul Dubro, *Il film sonoro rivelatore di nuovi ingegni*, 20, 30 ottobre, pp. 3-4

[Rassegna Stampa], *Il trionfo de "La canzone dell'amore. Il film sonoro-cantato-parlato italiano nei principali cinematografi d'Italia*, 20, 30 ottobre, pp. 9-12

Anonimo, *L'opinione d'un celebre artista russo*, "Films sonori e parlati", 20, 30 ottobre, p. 13

Anonimo, *Produzione sonora e parlante in Inghilterra e in Francia*, "Films sonori e parlati", 20, 30 ottobre, p. 13

Anonimo, *Films parlanti francesi in Germania e tedeschi in America*, "Films sonori e parlati", 20, 30 ottobre, pp. 13-14

Anonimo, *Ciò che pensa Bernard Shaw*, "Films sonori e parlati", 20, 30 ottobre, p. 14

Anonimo, *Nuove applicazioni didattiche.*, "Films sonori e parlati", 20, 30 ottobre, p. 14

Anonimo, *Installazioni di impianti sonori "Pion"*, "Notiziario", 20, 30 ottobre, p. 28

Anonimo, *Impianto apparecchi sonori "Prevost"*, "Notiziario", 20, 30 ottobre, p. 28

Anonimo, *Un nuovo cinematografo a Milano*, "Notiziario", 20, 30 ottobre, p. 28

Anonimo, *Apparecchi sostituiti dalla "Western"*, "Notiziario", 20, 30 ottobre, p. 28

Anonimo, *Censura films sonori*, "Notiziario", 20, 30 ottobre, p. 28

Editoriale, *La vittoria del "parlato"*, 21, 15 novembre, pp. 1-2

La Rivista Cinematografica, *Il Grand'Uff. Stefano Pittaluga. Fiammata dalle ceneri*, 21, 15 novembre, pp. 3-4

La Rivista Cinematografica, *La consegna delle insegne al Grand'Uff. Stefano Pittaluga*, 21, 15 novembre, pp. 4 e 9

Anonimo, *"La canzone dell'amore"*, "Notizie della Cines-Pittaluga", 21, 15 novembre, pp. 10-11

Anonimo, *"La stella del cinema" e "Passa la morte"*, "Notizie della Cines-Pittaluga", 21, 15 novembre, pp. 11-12

Anonimo, *Visite di stranieri alla "Cines"*, "Notizie della Cines-Pittaluga", 21, 15 novembre, p. 12

Anonimo, *Plebiscito di consensi per "La canzone dell'amore"*, "Notizie della Cines-Pittaluga", 21, 15 novembre, p. 12

Anonimo, *Il 40° apparecchio sonoro "Pacent" in Italia*, "Notiziario", 21, 15 novembre, p. 28

Editoriale, *Gli insegnamenti d'un successo*, 22, 30 novembre, pp. 1-2

Paolo Businari, *Il film muto e il film parlato*, 22, 30 novembre, p. 4

P. A. Harlé, *Pittaluga al lavoro*, 22, 30 novembre, p. 6

Anonimo, *Altre vendite*, "Notizie della Cines-Pittaluga", 22, 30 novembre, p. 7

Anonimo, *Un nuovo teatro di sincronizzazione*, "Notizie della Cines-Pittaluga", 22, 30 novembre, p. 7

Anonimo, *"Corte d'Assise" è finita*, "Notizie della Cines-Pittaluga", 22, 30 novembre, p. 7

Anonimo, *"Terra madre"*, "Notizie della Cines-Pittaluga", 22, 30 novembre, pp. 7-8

Anonimo, *Bragaglia si prepara*, "Notizie della Cines-Pittaluga", 22, 30 novembre, p. 8

Anonimo, *Numero fuori programma*, "Notizie della Cines-Pittaluga", 22, 30 novembre, p. 8

Anonimo, *Cori e balletti ungheresi*, "Notizie della Cines-Pittaluga", 22, 30 novembre, p. 8

Anonimo, *Il teatro 3 attrezzato a sonoro*, "Notizie della Cines-Pittaluga", 22, 30 novembre, p. 8

Anonimo, *Films parlanti in pieno giorno*, "Tecnica cinematografica", 22, 30 novembre, p. 15

Anonimo, *Sorveglianza sugli impianti sonori.* "Tecnica cinematografica", 22, 30 novembre, p. 15

La Rivista Cinematografia, *Il primo anno d'una produzione nuova*, 23-24, 15-30 dicembre, pp. 29-30

La Rivista Cinematografica, *L'affermazione dell'industria italiana. Anno nuovo - Bilancio nuovo*, 23-24, 15-30 dicembre, pp. 32-33

D'Arco, *La questione dei films parlanti in lingua straniera. In difesa dell'esercizio*, 23-24, 15-30 dicembre, pp. 34-35

Leonida Tucci, *Due parole ai critici a proposito de "La straniera" (film parlato in italiano - Edizioni Soc. Alfa)*, 23-24, 15-30 dicembre, pp. 52-53

Anonimo, *L'attività della "Gaumont-Franco-Film-Aubert"*, 23-24, 15-30 dicembre, p. 54

Anonimo, *Il Governo per la cinematografia nazionale*, "Notizie della Cines-Pittaluga", 23-24, 15-30 dicembre, p. 73

Anonimo, *Il successo di "Nerone"*, "Notizie della Cines-Pittaluga", 23-24, 15-30 dicembre, p. 73

Anonimo, *Visite alla "Cines"*, "Notizie della Cines-Pittaluga", 23-24, 15-30 dicembre, p. 73

Anonimo, *Scene notturne*, "Notizie della Cines-Pittaluga", 23-24, 15-30 dicembre, p. 73

Anonimo, *Personalità dei teatro dinanzi al microfono.*, "Notizie della Cines-Pittaluga", 23-24, 15-30 dicembre, p. 73

Anonimo, *Le canzoni attraverso i tempi*, "Notizie della Cines-Pittaluga", 23-24, 15-30 dicembre, p. 73

Anonimo, *"La canzone dell'amore" presentata a Parigi*, "Notizie della Cines-Pittaluga", 23-24, 15-30 dicembre, p. 73

Anonimo, *"La canzone dell'amore" presentata alle Ambasciate di Francia e di Germania*, "Notizie della Cines-Pittaluga", 23-24, 15-30 dicembre, p. 74

Anonimo, *Visite di cinematografisti esteri*, "Notizie della Cines-Pittaluga", 23-24, 15-30 dicembre, p. 74

Anonimo, *Films in programmazione*, "Notizie della Cines-Pittaluga", 23-24, 15-30 dicembre, p. 74

Anonimo, *"Rubacuori".*, "Notizie della Cines-Pittaluga", 23-24, 15-30 dicembre, p. 74

Anonimo, *I "canterini romagnoli" nel film "Terra madre"*, "Notizie della Cines-Pittaluga", 23-24, 15-30 dicembre, p. 74

Anonimo, *Mady Christians visita la "Cines".*, "Notizie della Cines-Pittaluga", 23-24, 15-30 dicembre, p. 74

Anonimo, *Canti corali della Polifonica magistrale*, "Notizie della Cines-Pittaluga", 23-24, 15-30 dicembre, p. 74

Anonimo, *Righelli farà "La scala"*, "Notizie della Cines-Pittaluga", 23-24, 15-30 dicembre, pp. 74-75

Anonimo, *Gli acquirenti tedeschi della "Canzone dell'amore" visitano la "Cines"*, "Notizie della Cines-Pittaluga", 23-24, 15-30 dicembre, p. 75

Anonimo, *"Corte d'Assise" visionato dal Capo del Governo*, "Notizie della Cines-Pittaluga", 23-24, 15-30 dicembre, p. 75

Anonimo, *Erik Moraswky a Roma*, "Notizie della Cines-Pittaluga", 23-24, 15-30 dicembre, p. 75

Anonimo, *I giudizi della stampa francese per la "Canzone dell'amore"*, "Notizie della Cines-Pittaluga", 23-24, 15-30 dicembre, p. 75

Anonimo, *Da Joinville*, "Notizie della Paramount", 23-24, 15-30 dicembre, p. 78

Anonimo, *"La straniera"*. *Le grandi versioni italiane*, 23-24, 15-30 dicembre, p. 92

Anonimo, *"Il richiamo del cuore" film italiano della "Paramount"*, "Notiziario", 23-24, 15-30 dicembre, p. 135

Anonimo, *Impianti apparecchi "Pacent"*, "Notiziario", 23-24, 15-30 dicembre, p. 135

Anonimo, *La "S.A.C.I." di Roma*, "Notiziario", 23-24, 15-30 dicembre, p. 136

Anonimo, *L'inaugurazione del Cinema Barberini a Roma*, "Notiziario", 23-24, 15-30 dicembre, p. 136

Anonimo, *Gli impianti sonori della Ditta A. Prevost*, "Notiziario", 23-24, 15-30 dicembre, p. 136

Anonimo, *La "Western Eletric" riduce i prezzi del 10%*, "Notiziario", 23-24, 15-30 dicembre, p. 136

1931
(a. XII, nn 1-23/24, gennaio-dicembre)

Editoriale, *La nuova situazione internazionale*, 1, 15 gennaio, pp. 1-2

Wilhelm Thiele, *Il film sonoro realtà romantica*, 1, 15 gennaio, p. 3

Editoriale, *I nuovi films ed i pubblici*, 2, 30 gennaio, pp. 1-2

Anonimo, *Realizzazioni e possibilità della cinematografia italiana*, 2, 30 gennaio, p. 4

King Vidor, *Film muto e film parlato*, 2, 30 gennaio, p. 4

Anonimo, *T. Bernard e il film sonoro*, "Film sonori e parlati", 2, 30 gennaio, p. 8

Anonimo, *"Haig-Tang"*, "Film sonori e parlati", 2, 30 gennaio, p. 8

Anonimo, *Un colosso: "Gli angeli dimenticati"*, "Film sonori e parlati", 2, 30 gennaio, p. 8

Anonimo, *Un film sonoro di Charlie Chaplin*, "Film sonori e parlati", 2, 30 gennaio, p. 8

Anonimo, *L'attività della "Cines" nel 1930*, "Notizie della Cines-Pittaluga", 2, 30 gennaio, p. 11

Anonimo, *La "Cines" all'estero*, "Notizie della Cines-Pittaluga", 2, 30 gennaio, p. 11

Anonimo, *Il successo di "Corte d'Assise"*, "Notizie della Cines-Pittaluga", 2, 30 gennaio, p. 11

Anonimo, *L'inizio di "Rubacuori"*, "Notizie della Cines-Pittaluga", 2, 30 gennaio, pp. 11-12

Anonimo, *Gli interpreti de "La Scala"*, "Notizie della "Cines-Pittaluga", 2, 30 gennaio, p. 12

Anonimo, *A.G. Bragaglia farà "Mare"*, "Notizie della Cines-Pittaluga", 2, 30 gennaio, p. 12

Anonimo, *"La stella del cinema" è finita,* "Notizie della Cines-Pittaluga", 2, 30 gennaio, p. 12

Anonimo, *Produttori stranieri alla "Cines"*, "Notizie della Cines-Pittaluga", 2, 30 gennaio, p. 12

Anonimo, *"Terra madre": la trama*, 2, 30 gennaio, pp. 14-15

Euro, *"Napoli che canta"*, "I film del giorno", 2, 30 gennaio, p. 19

Editoriale, *Le basi del fono-film*, 3, 15 febbraio, pp. 1-2

[Raoul] Quattrini, *L'opera lirica in cinematografia*, 3, 15 febbraio, pp. 3-4

Anonimo, *L'autorevole giudizio del Ministro Rocco per "Corte d'Assise"*, "Notizie della Cines-Pittaluga", 3, 15 febbraio, p. 11

Anonimo, *Le ultime scene di "Terra madre"*, "Notizie della Cines-Pittaluga", 3, 15 febbraio, p. 11

Anonimo, *Partenze di artisti*, "Notizie della Cines-Pittaluga", 3, 15 febbraio, p. 11

Anonimo, *Le attrattive di "Rubacuori"*, "Notizie della Cines-Pittaluga", 3, 15 febbraio, p. 11

Anonimo, *Gli interpreti de "La scala"*, 3, 15 febbraio, p. 15

Anonimo, *La riapertura del Cinema Ambrosio di Torino*, "Notiziario", 3, 15 febbraio, pp. 27-28

Anonimo, *L'impianto sonoro al "Cinema Apollo" di Torino*, "Notiziario", 3, 15 febbraio, p. 28

Vincenzo Tieri, *Un giorno a Hollywood con Armando Falconi*, 4, 30 febbraio, pp. 3-4

Anonimo, *Il 4° programma della "Cines"*, "Notizie della Cines-Pittaluga", 4, 30 febbraio, p. 11

Anonimo, *Un concorso significativo*, "Notizie della Cines-Pittaluga", 4, 30 febbraio, p. 11

Anonimo, *"La canzone dell'amore" in Germania*, "Notizie della Cines-Pittaluga", 4, 30 febbraio, pp. 11-12

Anonimo, *"La canzone dell'amore" nel Belgio*, "Notizie della Cines-Pittaluga", 4, 30 febbraio, p. 12

Anonimo, *Il biglietto da visita dell'industria italiana*, "Notizie della Cines-Pittaluga", 4, 30 febbraio, p. 12

Anonimo, *I primi films italiani presentati a New York*, "Notizie della Cines-Pittaluga", 4, 30 febbraio, p. 12

Anonimo, *Il giudizio della stampa internazionale su "Sotto i tetti di Parigi"*, 4, 30 febbraio, pp. 14 e 19-20

Anonimo, *"Il medico per forza" - "Il cortile"*, "I flms del giorno", 4, 30 febbraio, p. 22

Anonimo, *Impianti sonori delle officine "Pio Pion" di Milano*, "Notiziario", 4, 30 febbraio, p. 32

Editoriale, *Arte e realismo nel film sonoro*, 5, 15 marzo, pp. 1-2

Pietro Solari, *Assoluzione del "parlato"*, 5, 15 marzo, pp. 9-10

Aldo Gabrielli, *Appunti sul film sonoro*, 5, 15 marzo, p. 11

Anonimo, *"Nozze bianche"*, "Films sonori e parlati", 5, 15 marzo, p. 12

Anonimo, *La futura cinematografia sonora*, "Films sonori e parlati", 5, 15 marzo, p. 12

Anonimo, *"Tempeste sul Monte Bianco"*, "Films sonori e parlati", 5, 15 marzo, p. 12

Anonimo, *"Mare"*, "Notizie della Cines-Pittaluga", 5, 15 marzo, p. 13

Anonimo, *Una partita di box*, "Notizie della Cines-Pittaluga", 5, 15 marzo, p. 13

Anonimo, *Uno "short" dell'orchestra di Eduardo Bianco*, "Notizie della Cines-Pittaluga", 5, 15 marzo, p. 13

Anonimo, *L'edizione tedesca del film "Terra madre"*. La musica *di "Terra madre"*, 5, 15 marzo, p. 15

Anonimo, *"Rubacuori" è finito*, 5, 15 marzo, pp. 16-17

Anonimo, *"La donna bianca" (Paramount)*, "I films del giorno", 5, 15 marzo, p. 22

Anonimo, *Il Gr. Uff. Pittaluga ammalato*, "Notiziario", 5, 15 marzo, p. 28

Editoriale, *Films italiani "internazionali"*, 6, 30 marzo, pp. 1-2

Anonimo, *Il problema dell'Industria Cinematografica Nazionale nell'attività della "Cines". Giudizi della stampa politica*, 6, 30 marzo, pp. 4-5

Anonimo, *Un perfezionamento della ripresa sonora*, "Tecnica cinematografica", 6, 30 marzo, p. 7

Anonimo, *"La canzone dell'amore" ad Amburgo*, "Notizie della Cines-Pittaluga", 6, 30 marzo, p. 10

Anonimo, *Gli Shorts della "Cines" presentati a Londra*, "Notizie della Cines-Pittaluga", 6, 30 marzo, p. 10

Anonimo, *Carnevale di stagione*, "Notizie della Cines-Pittaluga", 6, 30 marzo, p. 10

Anonimo, *L'ufficio edizioni musicali della S.A.S.P.*, "Notizie della Cines-Pittaluga", 6, 30 marzo, p. 10

Anonimo, *"Mare" è incominciato*, "Notizie della Cines-Pittaluga", 6, 30 marzo, pp. 10-11

Anonimo, *"La lanterna del diavolo"*, "Notizie della Cines-Pittaluga", 6, 30 marzo, p. 11

Anonimo, *L'opinione di Sem Benelli intorno al film italiano*, "Notizie della Cines-Pittaluga", 6, 30 marzo, p. 11

Anonimo, *Un nuovo film di W. De Liguoro*, "Notizie della Cines-Pittaluga", 6, 30 marzo, p. 11

Anonimo, *Gli esterni di "Mare"*, "Notizie della Cines-Pittaluga", 6, 30 marzo, p. 11

Anonimo, *Un piccolo interprete*, "Notizie della Cines-Pittaluga", 6, 30 marzo, p. 11

Anonimo, *"Terra madre"*, "I films del giorno", 6, 30 marzo, pp. 12 e 17

Anonimo, *"Sotto i tetti di Parigi"*, "Notiziario", 6, 30 marzo, p. 31

Anonimo, *Il Gr. Uff. Stefano Pittaluga in convalescenza*, "Notiziario", 6, 30 marzo, p. 32

Anonimo, *Malasomma e "Tempeste sul Monte Bianco"*, "Notiziario", 6, 30 marzo, p. 32

Aurelio De Marco, *Una vita di lavoro e di fede*, 7, 15 aprile, pp. 1-3

Aurelio De Marco, *Stefano Pittaluga*, 7, 15 aprile, pp. 4-5

Anonimo, *Le onoranze*, 7, 15 aprile, pp. 5-8

Anonimo, *"Il Milione" di René Clair*, "Films sonori e parlati", 7, 15 aprile, p. 9

Anonimo, *I nuovi films sonori americani*, "Films sonori e parlati", 7, 15 aprile, p. 9

Anonimo, *Una nave per le riprese sonore*, "Films sonori e parlati", 7, 15 aprile, p. 9

Anonimo, *Il film parlato nelle scuole inglesi*, "Films sonori e parlati", 7, 15 aprile, p. 9

Anonimo, *La carriera trionfale de "L'angelo azzurro"*, "Films sonori e parlati", 7, 15 aprile, p. 9

Anonimo, *I canti di "Caribù"*, "Films sonori e parlati", 7, 15 aprile, p. 9

Anonimo, *Il successo di "Terra Madre"*, "Notizie della Cines-Pittaluga", 7, 15 aprile, pp. 16-17

Anonimo, *"La scala" è finito*, "Notizie della Cines-Pittaluga", 7, 15 aprile, p. 17

Eugenio Giovannetti, *Musica cinematografica*, 7, 15 aprile, pp. 19-20

C. M. Franzero, *La tragedia di ogni povero uomo nel nuovo film di Charlie Chaplin*, "Lettere londinesi", 7, 15 aprile, pp. 25-26

Anonimo, *Americo Aboaf a Londra*, "Notiziario", 7, 15 aprile, p. 44

Editoriale, *Spettacolarismo, non teatralismo*, 8, 30 aprile, pp. 1-3

Anonimo, *I films della "Cines" negli Stati Uniti*, "Notizie della Cines-Pittaluga", 8, 30 aprile, p. 7

Anonimo, *Vendite all'estero*, "Notizie della Cines-Pittaluga", 8, 30 aprile, p. 7

Anonimo, *"Rubacuori" in programmazione*, "Notizie della Cines-Pittaluga", 8, 30 aprile, p. 7

Anonimo, *Bragaglia al lavoro*, "Notizie della Cines-Pittaluga", 8,

30 aprile, p. 7

Anonimo, *I "Canterini Etnei" alla Cines*, "Notizie della Cines-Pittaluga", 8, 30 aprile, p. 8

Anonimo, *Scene alpestri*, "Notizie della Cines-Pittaluga", 8, 30 aprile, p. 8

Anonimo, *Il signor Bonaventura sullo schermo*, "Notizie della Cines-Pittaluga", 8, 30 aprile, p. 8

Anonimo, *"Rubacuori"*, "I films del giorno", 8, 30 aprile, pp. 10 e 15

Anonimo, *Omaggio francese alla memoria di Stefano Pittaluga*, "Notiziario", 8, 30 aprile, p. 24

Anonimo, *Il nuovo Amministratore Delegato della "S.A.S.P."*, "Notiziario", 8, 30 aprile, p. 24

Editoriale, *"Le qualità nella quantità"*, 9, 15 maggio, pp. 1-2

Friedrich Holländer, *Il senso del suono*, 9, 15 maggio, p. 3

Anonimo, *Progressi in rapporto al suono e alla fotografia*, "Tecnica cinematografica", 9, 15 maggio, p. 9

Anonimo, *Le installazioni della "R.C.A."*, "Tecnica cinematografica", 9, 15 maggio, p. 9

Anonimo, *Modificazione alle installazioni "Western-Eletric"*, "Tecnica cinematografica", 9, 15 maggio, p. 9

Anonimo, *La ripresa dei fischi delle sirene*, "Tecnica cinematografica", 9, 15 maggio, p. 9

Anonimo, *Il successo di "Rubacuori"*, "Notizie della Cines-Pittaluga", 9, 15 maggio, p. 10

Anonimo, *Gli esterni de "La lanterna del diavolo"*, "Notizie della Cines-Pittaluga", 9, 15 maggio, p. 10

Anonimo, *Films parlanti europei in America*, "Films sonori e parlati", 10, 30 maggio, p. 5

Anonimo, *"I quattro vagabondi"*, "Films sonori e parlati", 10, 30 maggio, p. 5

Anonimo, *Avventure di riprese sonore*, "Films sonori e parlati", 10, 30 maggio, p. 5

Anonimo, *Films sonori comici*, "Films sonori e parlati", 10, 30 maggio, p. 5

Anonimo, *La musica e il sistema sonoro*, 10, 30 maggio, p. 6

Anonimo, *La musica de "La scala"*, "Notizie della Cines-Pittaluga", 10, 30 maggio, p. 8

Anonimo, *Intorno a "Mare"*, "Notizie della Cines-Pittaluga", 10, 30 maggio, p. 8

Anonimo, *Il successo de "La scala"*, "Notizie della Cines-Pittaluga", 10, 30 maggio, p. 8

Anonimo, *Dria Paola in un nuovo film*, "Notizie della Cines-Pittaluga", 10, 30 maggio, p. 8

Anonimo, *Il IV Congresso Internazionale degli Esercenti a Roma*, 10, 30 maggio, pp. 9-11

Anonimo, *"La scala"*, "I films del giorno", 10, 30 maggio, p. 16

Anonimo, *Europa-Film*, "Notiziario", 10, 30 maggio, p. 24

Anonimo, *Films sonori dell'Ist. Naz. "Luce"*, "Notiziario", 10, 30 maggio, p. 24

Anonimo, *Le installazioni "Western Eletric" nel mondo*, "Notiziario", 10, 30 maggio, p. 24

Anonimo, *Trucchi e ritocchi sonori*, "Tecnica cinematografica", 11, 15 giugno, p. 5

Anonimo, *"Resurrectio"*, "Notizie della Cines-Pittaluga", 11, 15 giugno, p. 6

Anonimo, *Visitatori illustri*, "Notizie della Cines-Pittaluga", 11, 15 giugno, p. 6

Anonimo, *Congressisti in visita alla "Cines"*, "Notizie della Cines-Pittaluga", 11, 15 giugno, p. 6

Anonimo, *Il programma di produzione della "Paramount" di Joinville*, "Notizie della Paramount", 11, 15 giugno, p. 8

Anonimo, *L'Istituto di Roma al Congresso Internaz. Film Educativo*, "Notiziario italiano", 11, 15 maggio, p. 24

Anonimo, *Impianto sonoro al "Cinema Chiarese"*, "Notiziario italiano", 11, 15 giugno, p. 24

Editoriale, *Verso il film di tipo "internazionale"*, 12, 30 giugno, pp. 1-2

Anonimo, *"I pagliacci" di R. Leoncavallo*, "Films sonori e parlati", 12, 30 giugno, p. 3

Anonimo, *Produttori americani e artisti russi*, "Films sonori e parlati", 12, 30 giugno, pp. 3-4

Anonimo, *Sinfonie musicali nei cartoni animati*, "Films sonori e parlati", 12, 30 giugno, p. 4

Anonimo, *Pudovchin al lavoro*, "Films sonori e parlati", 12, 30 giugno, p. 4

Anonimo, *Stefano Pittaluga commemorato al "Cine-Club" di Milano*, 12, 30 giugno, p. 5

Anonimo, *Visite alla "Cines"*, "Notizie della Cines-Pittaluga", 12, 30 giugno, p. 8

Anonimo, *I giudizi della stampa italiana su "Resurrectio"*, "Notizie della Cines-Pittaluga", 12, 30 giugno, p. 8

Anonimo, *"Wally" nelle sue montagne*, "Notizie della Cines-Pittaluga", 12, 30 giugno, pp. 8-9

Anonimo, *Un plauso lontano*, "Notizie della Cines-Pittaluga", 12, 30 giugno, p. 9

Anonimo, *"Resurrectio"*, "I films del giorno", 12, 30 giugno, p. 11

Anonimo, *Il primo impianto in Italia del Gaumont-Radio-Junior*, "Notiziario italiano", 12, 30 giugno, p. 20

Anonimo, *La prima Cinerivista Luce sonora*, "Notiziario italiano", 12, 30 giugno, p. 20

Anonimo, *Successo della "Canzone dell'amore" in Spagna*, "Notiziario italiano", 12, 30 giugno, p. 20

Editoriale, *Dalla pratica del "dubbing" a quella delle intese*, 13-14, 15-30 luglio, pp. 1-2

Eugenio Giovannetti, *La "Luce" sonora*, 13-14, 15-30 luglio, pp. 11-12

Anonimo, *Il Gaumont-Radio-Junior*, "Tecnica cinematografica", 13-14, 15-30 luglio, p. 13

Anonimo, *Voci registrate fotograficamente*, "Tecnica cinematografica", 13-14, 15-30 luglio, p. 13

Anonimo, *Le applicazioni dell'apparecchio "Zetton" della Klangfilm*, "Tecnica cinematografica", 13-14, 15-30 luglio, pp. 13-14

Anonimo, *Stefano Pittaluga commemorato a Roma*, "Notizie della Cines-Pittaluga", 13-14, 15-30 luglio, p. 19

Anonimo, *Un concorso nazionale di tipi e caratteri per il cinema*, "Notizie della Cines-Pittaluga", 13-14, 15-30 luglio, p. 19

Anonimo, *Il successo de "La stella del cinema"*, "Notizie della Cines-Pittaluga", 13-14, 15-30 luglio, p. 19

Anonimo, *Gli interpreti della versione italiana del film di Steinhoff*, "Notizie della Cines-Pittaluga", 13-14, 15-30 luglio, p. 19

Anonimo, *Visite alla "Cines"*, "Notizie della Cines-Pittaluga", 13-14, 15-30 luglio, p. 19

Anonimo, *"Patatrac" al suo primo giro di manovella*, "Notizie della Cines-Pittaluga", 13-14, 15-30 luglio, p. 19

Anonimo, *"Il richiamo del cuore" (Paramount)*, "I films del giorno", 13-14, 15-30 luglio, p. 23

Anonimo, *"La stella del cinema"*, "I films del giorno", 13-14, 15-30 luglio, p. 24

Anonimo, *"Trader Horn" della M.G.M.*, "Films sonori e parlati", 15-16, 15-30 agosto, p. 11

Anonimo, *"Piccolo caffè" con M. Chevalier*, "Films sonori e parlati", 15-16, 15-30 agosto, pp. 11-12

Anonimo, *"Il Congresso che danza"*, "Films sonori e parlati", 15-16, 15-30 agosto, p. 12

Anonimo, *Documentari sonori dell'"Ufa"*, "Films sonori e parlati", 15-16, 15-30 agosto, p. 12

Anonimo, *Il Conte de la Faille alla "Cines"*, "Notizie della Cines-Pittaluga", 15-16, 15-30 agosto, p. 13

Anonimo, *Gli interpreti di "Ostrega che sbrego!"*, "Notizie della Cines-Pittaluga", 15-16, 15-30 agosto, p. 13

Anonimo, *"Saltarello" in Germania*, "Notizie della Cines-Pittaluga", 15-16, 15-30 agosto, p. 13

Anonimo, *La Cines al "Palio"*, "Notizie della Cines-Pittaluga", 15-16, 15-30 agosto, p. 13

Anonimo, *"Topolino" ha perduto il sonoro*, "Notizie della Cines-Pittaluga", 15-16, 15-30 agosto, p. 13

Anonimo, *I "shorts" della Cines all'estero*, "Notizie della Cines-Pittaluga", 15-16, 15-30 agosto, p. 13

Anonimo, *La "Festa del bacio"*, "Notizie della Cines-Pittaluga", 15-16, 15-30 agosto, p. 13

Anonimo, *Il concorso "Cines" per tipi e figure*, "Notizie della Cines-Pittaluga", 15-16, 15-30 agosto, p. 14

Anonimo, *"Il barbiere di Siviglia" alla Cines*, "Notizie della Cines-Pittaluga", 15-16, 15-30 agosto, p. 14

Anonimo, *Falconi ha vinto 40.000 lire*, "Notizie della Cines-Pittaluga", 15-16, 15-30 agosto, p. 14

Anonimo, *L'on Corrado Ferretti visita la Cines*, "Notizie della Cines-Pittaluga", 15-16, 15-30 agosto, p. 14

Anonimo, *Un incendio alla "Caesar Film"*, "Notiziario italiano", 15-16, 15-30 agosto, p. 27

Anonimo, *Accordo "Cines"-"Ufa"*, "Notiziario italiano", 15-16, 15-30 agosto, p. 27

Pierre Desclaux, *È possibile realizzare dei films internazionali parlanti?*, 17, 15 settembre, pp. 3-4

Anonimo, *Alcuni consigli per la scelta dei dischi*, "Tecnica cinematografica", 17, 15 settembre, p. 7

Anonimo, *Montagne vere e montagne false*, "Notizie della Cines-Pittaluga", 17, 15 settembre, p. 15

Anonimo, *Il Comm. Giachetti minacciato da un baritono*, "Notizie della Cines-Pittaluga", 17, 15 settembre, p. 15

Anonimo, *Falconi prende moglie*, "Notizie della Cines-Pittaluga", 17, 15 settembre, p. 15

Anonimo, *Bragaglia si confessa*, "Notizie della Cines-Pittaluga", 17, 15 settembre, p. 15

Anonimo, *"Televisione" (Paramount)*, "I films del giorno", 17, 15 settembre, p. 17

Anonimo, *L'"International Acoustic" e i suoi nuovi impianti*, "Notiziario italiano", 17, 15 settembre, p. 23

Anonimo, *Impianto sonoro all'"Arena del Sole" di Bologna*, "Notiziario italiano", 17, 15 settembre, p. 23

Anonimo, *L'"International Acoustic" al campeggio inglese*, "Notiziario italiano", 17, 15 settembre, p. 23

Anonimo, *Un grave incendio negli uffici dell'E.N.A.C.*, "Notiziario italiano", 17, 15 settembre, p. 24

Anonimo, *I successi all'estero della produzione "Cines"*, "Notiziario italiano", 17, 15 settembre, p. 24

Aurelio De Marco, *Dalla diagnosi ai rimedi*, 18, 30 settembre, pp. 1-2

Anonimo, *L'"Ufa" e il mercato internazionale*, 18, 30 settembre, pp. 9-10

Anonimo, *"Sivigliana" della "M.G.M."*, "Films sonori e parlati", 18, 30 settembre, p. 11

Anonimo, *L'"Aiglon" sonoro*, "Films sonori e parlati", 18, 30 settembre, p. 11

Anonimo, *Una conversione dovuta al film parlato*, "Films sonori e parlati", 18, 30 settembre, p. 11

Anonimo, *"Journey's End" film parlante*, "Films sonori e parlati", 18, 30 settembre, p. 11

Anonimo, *L'incremento dell'Ist. Naz. L.U.C.E.*, 18, 30 settembre, p. 12

Anonimo, *Altri due films ultimati*, "Notizie della Cines-Pittaluga", 18, 30 settembre, p. 13

Anonimo, *"Il Palio di Siena"*, "Notizie della Cines-Pittaluga", 18, 30 settembre, p. 13

Anonimo, *Un poema sinfonico del mare in "Vele ammainate"*, "Notizie della Cines-Pittaluga", 18, 30 settembre, pp. 13-14

Anonimo, *Ella se ne va sentendosi laudare...*, "Notizie della Cines-Pittaluga", 18, 30 settembre, p. 14

Anonimo, *Grave incidente occorso alla troupe della "Wally"*, "Notizie della Cines-Pittaluga", 18, 30 settembre, p. 14

Anonimo, *Il Cinema Gaumont di Barnstaple impianta la 450° installazione dell'International Acoustic*, 18, 30 settembre, p. 16

Aurelio De Marco, *Avremo il film muto-sonoro?*, 19, 15 ottobre, pp. 1-2

Anonimo, *Nuovo progresso nella costruzione delle sale cinematografiche*, "Tecnica cinematografica", 19, 15 ottobre, pp. 9-10

Anonimo, *Il nuovo film di Armando Falconi*, "Notizie della Cines-Pittaluga", 19, 15 ottobre, p. 12

Anonimo, *Il successo di "Il solitario della montagna"*, "Notizie della Cines-Pittaluga",, 19, 15 ottobre, p. 12

Anonimo, *Diomira Jacobini*, "Notizie della Cines-Pittaluga", 19, 15 ottobre, pp. 12-13

Anonimo, *Il soggetto di Blasetti*, "Notizie della Cines-Pittaluga", 19, 15 ottobre, p. 13

Anonimo, *Dopo l'incidente della Jungfraujoch*, "Notizie della Cines-Pittaluga", 19, 15 ottobre, p. 13

Anonimo, *"Il solitario della montagna"*, "I films del giorno", 19, 15 ottobre, pp. 14-15

Anonimo, *I primi giornali sonori della "Luce"*, "Notiziario italiano", 19, 15 ottobre, p. 22

Anonimo, *L'interessamento di Guglielmo Marconi per il cinema sonoro*, "Notiziario italiano", 19, 15 ottobre, p. 23

Anonimo, *Un record di velocità per installazioni sonore*, "Notiziario italiano", 19, 15 ottobre, p. 24

Aurelio De Marco, *Il "momento" del film italiano*, 20, 30 ottobre, pp. 1-2

R. D. S., *"La lanterna del diavolo"*, "I films del giorno", 20, 30 ottobre, p. 10

Anonimo, *Il cartellone della "S.A.S.P." per la stagione 1931-1932*, 20, 30 ottobre, p. 17

Anonimo, *Il film "Patatrac" in prima visione*, "Notizie della Cines-Pittaluga", 20, 30 ottobre, p. 18

Anonimo, *Monty Banks visita la "Cines"*, "Notizie della Cines-Pittaluga", 20, 30 ottobre, p. 18

Anonimo, *La prima visione de "La lanterna magica"*, "Notizie della Cines-Pittaluga", 20, 30 ottobre, p. 18

Anonimo, *Due shorts natalizi*, "Notizie della Cines-Pittaluga", 20, 30 ottobre, p. 19

Anonimo, *Colui che ha affermato la nostra produzione in Argentina*, "Notizie della Cines-Pittaluga", 20, 30 ottobre, p. 19

Anonimo, *"Voci di fontane" in mare*, "Notizie della Cines-Pittaluga", 20, 30 ottobre, p. 19

Anonimo, *Falconi a Rapallo*, "Notizie della Cines-Pittaluga", 20, 30 ottobre, p. 19

Anonimo, *L'inaugurazione dei nuovi Stabilimenti della "Caesar-Film"*, "Notiziario italiano", 20, 30 ottobre, p. 23

Anonimo, *"I pagliacci" al "Politeama Chiarella" di Torino*, "Notiziario italiano", 20, 30 ottobre, p. 24

Anonimo, *Al cinema "Ambrosio" di Torino*, "Notiziario italiano", 20, 30 ottobre, p. 24

Aurelio De Marco, *Collaborazione internazionale*, 21, 15 novembre, pp. 1-2

Anonimo, *"Patatrac"* in programmazione, "Notizie della Cines-Pittaluga", 21, 15 novembre, p. 7

Anonimo, *"La lanterna del diavolo"* nei giudizi della critica, "Notizie della Cines-Pittaluga", 21, 15 novembre, p. 7

Anonimo, *Louis Lumière visita la '"Cines"*, "Notizie della Cines-Pittaluga", 21, 15 novembre, p. 7

Anonimo, *Altre visite alla "Cines"*, "Notizie della Cines-Pittaluga", 21, 15 novembre, p. 7

Anonimo, *"Il solitario della montagna"* presentato in Francia, "Notizie della Cines-Pittaluga", 21, 15 novembre, pp. 7-8

Anonimo, *Un altro film di Falconi*, "Notizie della Cines-Pittaluga", 21, 15 novembre, p. 8

Anonimo, *Fregene "for ever"*, "Notizie della Cines-Pittaluga", 21, 15 novembre, p. 8

Anonimo, *Uno stabilimento di stampa che si fa onore*, 21, 15 novembre, p. 11

Anonimo, *"Patatrac"*, "I films del giorno", 21, 15 novembre, p. 17

Aurelio De Marco, *Rinnovamento*, 22, 30 novembre, pp. 1-2

Anonimo, *I problemi fisici nel fonofilm. Prolusione del prof. Perucca alla Scuola d'Ingegneria di Torino*, 22, 30 novembre, p. 4

Anonimo, *"Le campane d'Italia"*, "Notizie della Cines-Pittaluga", 22, 30 novembre, p. 5

Anonimo, *Un caloroso riconoscimento francese per la produzione "Cines"*, "Notizie della Cines-Pittaluga", 22, 30 novembre, p. 5

Anonimo, *"Terra Madre" in Argentina*, "Notizie della Cines-Pittaluga", 22, 30 novembre, pp. 5-6

Anonimo, *Il "Palio di Siena" alla Cines*, "Notizie della Cines-Pittaluga", 22, 30 novembre, p. 6

Anonimo, *Il nuovo lavoro di Ramon Novarro*, "Films sonori e parlati", 22, 30 novembre, p. 15

Anonimo, *"Una notte in cielo"*, "Films sonori e parlati", 22, 30 novembre, p. 15

Aurelio De Marco, *Fronte unico e unicità d'intenti*, 23-24, 15-30 dicembre, pp. 1-2

Eugenio Giovannetti, *I nuovi films italiani*, 23-24, 15-30 dicembre, pp. 35-36

Anonimo, *"La moglie 66" degli Artisti Associati. i gioielli della cine-operettistica*, 23-24, 15-30 dicembre, p. 51

Anonimo, *I giudizi della stampa per "L'uomo dell'artiglio"*, "Notizie della Cines-Pittaluga", 23-24, 15-30 dicembre, p. 54

Anonimo, *"Il Natale di Bebè"*, "Notizie della Cines-Pittaluga", 23-24, 15-30 dicembre, p. 54

Anonimo, *La banda dell'Aeronautica alla "Cines"*, "Notizie della Cines-Pittaluga", 23-24, 15-30 dicembre, p. 54

Anonimo, *"Terra madre" a New York*, "Notizie della Cines-Pittaluga", 23-24, 15-30 dicembre, p. 54

Anonimo, *"Napoli che canta" in Brasile*, "Notizie della Cines-Pittaluga", 23-24, 15-30 dicembre, p. 54

Anonimo, *Il successo di "Figaro e la sua gran giornata"*, "Notizie della Cines-Pittaluga", 23-24, 15-30 dicembre, pp. 54-55

Anonimo, *Un nuovo film di Giachetti*, "Notizie della Cines-Pittaluga", 23-24, 15-30 dicembre, p. 55

Anonimo, *Falconi ritorna*, "Notizie della Cines-Pittaluga", 23-24, 15-30 dicembre, p. 55

G. S. [Giacinto Solito], *La Metro Goldwyn-Mayer italiana 1931-32*, 23-24, 15-30 dicembre, p. 61

Anonimo, *"Figaro e la sua gran giornata"*, "I films del giorno", 23-24, 15-30 dicembre, pp. 75-76

Anonimo, *"L'uomo dell'artiglio"*, "I films del giorno", 23-24, 15-30 dicembre, p. 77

Anonimo, *"Vele ammainate"* "I films del giorno", 23-24, 15-30 dicembre, p. 78

Anonimo, *L'apparecchio "Bertinophon" inaugurato a Genova*, "Notiziario italiano", 23-24, 15-30 dicembre, pp. 99-100

1932
(a. XIII, nn 1-23/24, gennaio-dicembre)
A. [Aurelio] De Marco, *Verso le intese con l'estero?*, 1, 15 gennaio, pp. 1-2

Anonimo, *Autorità sarde alla "Cines"*, "Notizie della Cines-Pittaluga", 1, 15 gennaio, p. 6

Anonimo, *Torna Marcella Albani*, "Notizie della Cines-Pittaluga", 1, 15 gennaio, p. 6

Anonimo, *Una riapertura anticipata del "Teatro dell'Opera"*, "Notizie della Cines-Pittaluga", 1, 15 gennaio, p. 6

Anonimo, *"La Wally" nel corrente mese*, "Notizie della Cines-Pittaluga", 1, 15 gennaio, p. 6

Anonimo, *"Edelweiss" a Bruxelles*, "Notizie della Cines-Pittaluga", 1, 15 gennaio, p. 6

R. D. S., *"La segretaria privata"*, "I films del giorno", 1, 15 gennaio, pp. 16-17

Anonimo, *Il convoglio Paramount in Italia*, "Notiziario italiano", 1, 15 gennaio, p. 24

Anonimo, *La nuova affermazione della "Cinemeccanica"*, "Notiziario italiano", 1, 15 gennaio, p. 24

Anonimo, *Il successo de "La segretaria privata"*, "Notizie della Cines-Pittaluga", 2, 30 gennaio, p. 21

Anonimo, *La presentazione de "La Wally"*, "Notizie della Cines-Pittaluga", 2, 30 gennaio, p. 21

Anonimo, *La questione degli apparecchi*, "Tecnica cinematografica", 3, 15 febbraio, p. 5

Anonimo, *Rumori sonori*, "Tecnica cinematografica", 3, 15 febbraio, p. 5

Anonimo, *Il microfono "Bomba"*, "Tecnica cinematografica", 3, 15 febbraio, pp. 5-6

F. T., *"La Wally"*, "I films del giorno", 3, 15 febbraio, pp. 10 e 15

A. [Aurelio] De Marco, *Per la produzione italiana*, 4, 29 febbraio, pp. 1-2

Anonimo, *Un film sensazionale alla "Cines". Di tutto un po' e per ogni dove*, 4, 29 febbraio, p. 3

Anonimo, *Al Cinema Splendor di Santhià*, "Notiziario italiano", 4, 29 febbraio, p. 19

Anonimo, *Nuovo regolatore per il microfono*, "Notiziario italiano",, 4, 29 febbraio, p. 20

Anonimo, *Registrazioni di voci sott'acqua*, "Notiziario italiano", 4, 29 febbraio, p. 20

A. [Aurelio] De Marco, *Nazionalizzazione e intese straniere*, 5, 15 marzo, pp. 1-2

Erich C. O' Daniel, *Il suono viaggia*, 5, 15 marzo, p. 3

F. T., *"L'ultima avventura"*, "I films del giorno", 5, 15 marzo, p. 5

Anonimo, *Clarence Brown e il film sonoro*, "Films sonori e parlati", 5, 15 marzo, p. 18

Anonimo, *"La brigata dell'allegria"*, "Films sonori e parlati", 5, 15 marzo, p. 18

Anonimo, *Douglas Fairbanks e il film sonoro*, "Notiziario italiano", 5, 15 marzo, p. 20

A. [Aurelio] De Marco, *Disgregamento o reintegrazione*, 6, 30 marzo, pp. 1-2

Anonimo, *"La vecchia signora"*, "I films del giorno", 6, 30 marzo, pp. 9-10

Anonimo, *L'impianto sonoro al Cinema Monteverdi di La Spezia*, "Notiziario italiano", 6, 30 marzo, p. 24

F. T., *"Palio"*, "I films del giorno", 7, 15 aprile, pp. 7-8

Anonimo, *Al Cinema Statuto di Torino*, 7, 15 aprile, p. 23

A. [Aurelio] De Marco, *Per la riconquista del pubblico*, 8, 30 aprile, pp. 1-2

Anonimo, *Gli impianti sonori "Prevost"*, "Notiziario italiano", 8, 30 aprile, p. 20

Anonimo, *S. A. Cinephone*, "Notiziario italiano", 8, 30 aprile, p. 20

Fer. T., *"La cantante dell'opera"*, "I films del giorno", 9, 15 maggio, p. 9

A. [Aurelio] De Marco, *Parole franche sul "doublage"*, 10, 30 maggio, pp. 1-3

Anonimo, *Rotaie*, "I films del giorno", 10, 30 maggio, pp. 12-13

Anonimo, *Nuovi impianti della S. A. Microtecnica*, "Notiziario italiano", 10, 30 maggio, p. 24

Anonimo, *La "Caesar Film" in piena attività di lavorazione*, "Notiziario italiano", 10, 30 maggio, p. 24

A. [Aurelio] De Marco, *La musica nei nuovi fonofilms*, 11, 15 giugno, pp. 1-2

C. Dekeukeleire, W. Rombauts, P. Werrie, *Il film sonoro. Riforma del cinematografo*, 11, 15 giugno, p. 3

Anonimo, *Attori e scrittori per il "doublage"*, "Notiziario italiano", 11, 15 giugno, p. 20

Anonimo, *I nuovi films italiani della Caesar*, "Notiziario italiano", 13, 15 luglio, p. 20

Anonimo,"*La segretaria per tutti*". *Alcuni importanti films degli "Artisti Associati" - I° Gruppo 1932-33*, 14, 30 luglio, p. 4

A. [Aurelio] De Marco, *I films italianizzati*, 15-16, 15-30 agosto, pp. 1-2

Anonimo, *L'attività della Caesar-Film*, 15-16, 15-30 agosto, pp. 10-11

Ego, "*Il segreto del dottore*", "I films del giorno", 15-16, 15-30 agosto, p. 18

Anonimo, *I films italiani. Il "Festival" cinematografico di Venezia*, 17, 15 settembre, pp. 3-4

Anonimo, *La nuova produzione dell'"Europa Film"*, 17, 15 settembre, p. 8

Anonimo, *L'accento personale nei films parlati. Particolari di un'arte nuova*, 17, 15 settembre, p. 16

Anonimo, *La ripresa della "Titanus-Film"*, "Notiziario italiano", 18, 30 settembre, p. 20

A. [Aurelio] De Marco, *Il cinema, il pubblico e la stampa*, 19, 15 ottobre, pp. 1-2

Anonimo, "*Due cuori felici*", "I films del giorno", 19, 15 ottobre, pp. 9-10

Mad., "*Pergolesi*", "I films del giorno", 19, 15 ottobre, p. 12

Anonimo, *La "Fonofilm" di Roma*, "Notiziario italiano", 19, 15 ottobre, p. 20

Anonimo, "*Gli uomini ... che mascalzoni!*", "I films del giorno", 21, 15 novembre, p. 10

Anonimo, *Al Cinema Ambrosio di Torino*, "Notiziario italiano", 21, 15 novembre, p. 20

Anonimo, "*La telefonista*", "I films del giorno", 22, 30 novembre, p. 8

A. [Aurelio] De Marco, *Dall'esperimento alla pratica*, 23-24, 15-30 dicembre, pp. 33-34

Up. [Umberto Paradisi], *Consuntivo e preventivo della produzione "Cines"*, "Nel regno del film sonoro", 23-24, 15-30 dicembre, pp. 39-40

Anonimo, *L'ampliamento del quadro animato nella proiezione dei films sonori. Innovazioni tecniche*, 23-24, 15-30 dicembre, p. 68

Fer. T., *"L'armata azzurra"*, "I films del giorno", 23-24, 15-30 dicembre, p. 76

Anonimo, *"Cinque a zero"*, "I films del giorno", 23-24, 15-30 dicembre, pp. 79-80

Rivista Italiana di Cinetecnica
Pubblicazione Mensile dell'Industria
e degli Studi Cinematografici

1928
(a. I, nn 1-2, ottobre-dicembre; inizio pubblicazioni il 15 ottobre)
Anonimo, *Presentazione*, 1, 15 ottobre, p. 1

1929
(a. II, nn 1-7, gennaio-luglio)
Anonimo, *Sistema di trasporto senza rumore della pellicola*, "Notizie", 1, gennaio, p. 49
Anonimo, *Costruzione di teatri di posa per film acustici*, "Notizie", 1, gennaio, p. 49
Anonimo, *Secondo notizie ricevute da Londra da "Der Film*, "Notizie", 3, marzo, p. 87
Anonimo, *L'insegnamento della musica cinematografica*, "Notizie", 3, marzo, p. 87
Ernesto Cauda, *Films sonori*, 4-5, aprile-maggio, p. 89
Anonimo, *La distribuzione mondiale dei vari sistemi di films sonori. Quadro sinottico dei principali sistemi di film sonoro*, 4-5, aprile-maggio, pp. 97-99
Roberto Onori, *Appunti sul film sonoro*, 4-5, aprile-maggio, pp. 100-101
Libero Solaroli, *Studi per un'estetica del fonofilm*, 4-5, aprile-maggio, pp. 107-108
R. I. C. [Rivista Italiana di Cinetecnica], *Febbre dell'oro in America – Miseria in Europa (idee ad uso dei pessimisti)*, "Il fonofilm",

6, giugno, pp. 111-112

Béla Balàzs, *Altre idee (ad uso degli ottimisti)*, "Il fonofilm", 6, giugno, pp. 112-113

Umberto Masetti, *Il film sonoro nell'industria italiana*, 6, giugno, pp. 113-114

Cd., *Il film sonoro a nastro elettromagnetico. (Blattnerphone sistema Stille)*, "La tecnica del fonofilm", 6, giugno, pp. 115-117

Ernesto Cauda, *I sistemi di fonofilms a registrazione foto-acustica*, 6, giugno, pp. 118-122

Anonimo, *La Prima Mostra Cinematografica Italiana*, suppl., giugno, pp. 1-24

R. I. C. [Rivista Italiana di Cinetecnica], *Finalmente!*, 7, luglio, p. 130

G. S. [Giacinto Solito], *De "l'infantilismo industriale" e il film sonoro*, 7, luglio, p. 131

Anonimo, *Dati tecnici sul fonofilm americano*, "La tecnica del fonofilm", 7, luglio, pp. 134-136

Ernesto Cauda, *I sistemi di fonofilms a registrazione acustica*, 7, luglio, pp. 137-139

E. [Enrico] Moratti, *Il primo stabilimento italiano di posa per films sonori*, 7, luglio, pp. 139-142

E. C. [Ernesto Cauda], *[Senza titolo]*, 7, luglio, p. 142

Cd, *L'acustica nei teatri di posa per fonofilm*, 7, luglio, pp. 143-145

Cd., *Gli esperimenti del kinofono all'Istituto L.U.C.E.*, 7, luglio, p. 145

Anonimo, *Fonofilm e diritti d'autore in Francia*, "Notizie", 7, luglio, p. 145

1930

(a. III, nn 1-12, gennaio-dicembre)

G. S. [Giacinto Solito], *Disgusto. Il fonofilm*, 1, gennaio, p. 5

Cd., *Il film sonoro e l'industria italiana*, "Il fonofilm", 1, gennaio, pp. 5-6

Anonimo, *Un nuovo apparecchio italiano per films sonori*, "Il fonofilm", 1, gennaio, pp. 6-7

Anonimo, *L'alimentazione diretta degli impianti elettrici per fo-*

nofilm, "Il fonofilm", 1, gennaio, pp. 7-8

Anonimo, *Il fonofilm per... i sordi*, "Notizie", 1, gennaio, p. 15

Anonimo, *Comando a distanza dei proiettori grammofonici*, "Notizie", 1, gennaio, p. 15

Anonimo, *Proposte di standardizzazione*, "Notizie", 1, gennaio, pp. 15-16

Anonimo, *Un nuovo proiettore sonoro "Gaumont"*, "Notizie", 1, gennaio, p. 16

Roberto Onori, *La tecnica della luce e quella del suono*, 1, gennaio, pp. 19-20

Gaet. [Gaetano] Campanile Mancini, *La sua luce*, 1, gennaio, pp. 22-24

Ernesto Cauda, *Per la cinematografia nazionale*, 2, febbraio, pp. 1-3

Mario Serandrei, *Didascalie*, 2, febbraio, p. 3, (ora in Mario Serandrei, *Giorni di gloria*, cit., 1998, pp. 235-236)

E. C. [Ernesto Cauda], *L'incisione grammofonica a velocità lineare costante*, "Il fonofilm", 2, febbraio, pp. 8-9

Anonimo, *[Senza titolo]*, "Notizie", 2, febbraio, p.14

Cd., *La ripresa acustica del film sonoro*, "Il fonofilm", 3, marzo, pp. 6-8

Constantin Mic., *La sincronizzazione dopo la ripresa*, 3, marzo, pp. 9-10

Anonimo, *[Senza titolo]*, "Notizie", 3, marzo, p. 22

F. C. [Franco Ciarrocchi], *Fasti e nefasti del fonofilm*, 4-5, aprile-maggio, p. 14

Anonimo, *L'inaugurazione degli stabilimenti Cines-Pittaluga*, 4-5, aprile-maggio, p. 14

Cd., *Il filtro esponenziale Laget nei sistemi fotoacustici*, "Il fonofilm", 4-5, aprile-maggio, pp. 15-18

Franco Ciarrocchi, *La leggenda dell'Alba. Scenario sintetico per fonofilm di Franco Ciarrocchi*, n 4-5, aprile-maggio, p. 31

Anonimo,*Visita agli Stabilimenti Cines-Pittaluga di Roma*, "Il teatro di posa", 6-7, giugno-luglio, pp. 5-7

E. C. [Ernesto Cauda], *L'equipaggiamento delle sale per proiezione sonora*, "Teatro di proiezione", 6-7, giugno-luglio, pp. 9-11

Anonimo, *Come si migliora la riproduzione grammofonica*, "Teatro di proiezione", 6-7, giugno-luglio, p. 11

Anonimo, *Fonofilm Robimarga. Apparecchi di proiezione*, 6-7, giugno-luglio, p. 22

Anonimo, *Prevost. Apparecchi di proiezione*, 6-7, giugno-luglio, pp. 23-24

Anonimo, *La conferenza dei brevetti a Parigi*, "Notizie", 6-7, giugno-luglio, p. 24

Anonimo, *Rapporto dei progressi fatta in materia cinematografica*, "Notizie", 6-7, giugno-luglio, pp. 24-25

F. Benedetti, *Lettere brasiliane*, 6-7, giugno-luglio, p. 26

Fr. Na., *La nuova produzione tedesca*, 6-7, giugno-luglio, pp. 26-27

Anonimo, *I nuovi progressi della cinematografia*, 6-7, giugno-luglio, pp. 27-28

Anonimo, *Un utile accessorio per il fonofilm: il Contafotogrammi "Roatto"*, 6-7, giugno-luglio, p. 28

Béla Balàzs, *Atto di fede all'arte del fonofilm*, 8, agosto, pp. 6-7

Cd., *Il pick-up. Diaframma grammofonico elettromagnetico*, 8, agosto, pp. 10-12

Fr. Na., *Corriere berlinese*, 8, agosto, p. 17

P. Lutet, *Lettere parigine*, 8, agosto, p. 18

Anonimo, *L'attività Cines-Pittaluga*, 8, agosto, pp. 20-21

Anonimo, *Lo sviluppo del fonofilm in Europa*, 8, agosto, pp. 22-23

Anonimo, *E. A. Dupont e il film parlato poliglotta*, "Notizie", 8, agosto, p. 24

Anonimo, *Il microfono negativo*, 8, agosto, p. 25

Anonimo, *L'installazione del primo apparecchio "Movietone" della Cinemeccanica*, "Informazioni", 8, agosto, p. 27

Anonimo, *L'attività negli "Studios Paramount"*, "Informazioni", 8, agosto, p. 27

Anonimo, *Il programma della S.A.R.F. per la stagione 1930-31*, "Informazioni", 8, agosto, p. 27

Anonimo, *Un'opinione di Erich Pommer*, "Informazioni", 8, agosto, p. 28

Anonimo, *Il primo film sonoro di Alberto Cavalcanti*, "Informazioni", 8, agosto, p. 28

R. I. C., [Rivista Italiana di Cinetecnica], *Il Cine-Club d'Italia e lo scetticismo di "Detr Film"*, 9, settembre, p. 3

Anonimo, *La cinematografia germanica in cifre*, 9, settembre, p. 3

Anonimo, *Il materiale sensibile Gevaert*, 9, settembre, p. 4

Anonimo, *I problemi dell'amplificazione*, 9, settembre, pp. 5-7

Anonimo, *Disegni animati sonori*, 9, settembre, p. 8

Cd., *Registrazione fotoacustica sistema Laget*, 9, settembre, pp. 10-13

P. L., *Lettere parigine*, 9, settembre, p. 18

Fr. Na., *Corriere berlinese*, 9, settembre, p. 18

Anonimo, *Il sistema Schufftan negli stabilimenti della Cines-Pittaluga*, 9, settembre, pp. 20-22

Anonimo, *Amplificatori Philips per cinematografi*, "Nuove tecniche", 9, settembre, p. 22

Anonimo, *Amplificatori Ram T 54 per potenti riproduzioni fonografiche*, "Nuove tecniche", 9, settembre, p. 22

Anonimo, *Le installazioni R.C.A.*, "Nuove tecniche", 9, settembre, p. 22

Anonimo, *La Western Eletric in Australia*, "Nuove tecniche", 9, settembre, p. 22

Anonimo, *Le prime telecinematografiche*, "Nuove tecniche", 9, settembre, p. 22

Anonimo, *Il fonofilm in Germania*, "Nuove tecniche", 9, settembre, p. 22

Anonimo, *Una nuova apparecchiatura per disegni animati sonori*, "Nuove tecniche", 9, settembre, pp. 22-23

Anonimo, *Inaugurazione di nuovi impianti sonori*, "Informazioni", 9, settembre, p. 27

Anonimo, *Guido Brignone scritturato alla Cines*, "Informazioni", 9, settembre, p. 27

Anonimo, *La "Canzone dell'amore" e "Nerone" terminati*, "Informazioni", 9, settembre, p. 27

Anonimo, *I films di imminente lavorazione*, "Informazioni", 9, settembre, p. 27

Anonimo, *La Paramount in Australia*, "Informazioni", 9, settembre, p. 27

Anonimo, *Accordo tedesco-americano*, "Informazioni", 9, settembre, p. 28

Anonimo, *L'attività negli "Studios Paramount" di Joinville*, "Informazioni", 9, settembre, p. 28

Anonimo, *La guerra dei brevetti continua*, "Informazioni", 9, settembre, p. 28

Anonimo, *L'importazione inglese nel 1930*, "Informazioni", 9, settembre, p. 28

R. I. C., [Rivista Italiana di Cinetecnica], *Collaborazione*, 10, ottobre, pp. 1-2

G. S. [Giacinto Solito], *La canzone dell'amore*, 10, ottobre, pp. 7-9

S. A. [Sebastiano Arturo] Luciani, *L'avvenire del cinema sonoro*, 10, ottobre, pp. 10-11

Jacopo Comin, *Sviluppo del film sonoro*, 10, ottobre, pp. 11-12

Anonimo, *La luce cantante*, 10, ottobre, p. 17

Anonimo, *La riproduzione sonora difettosa e le sue cause*, 10, ottobre, pp. 19-23

Anonimo, *Nuovi materiali fotoelettrici e ottici*, "Novità tecniche", 10, ottobre, p. 25

Anonimo, *Un nuovo sistema di fonofilm elettromagnetico*, "Novità tecniche", 10, ottobre, pp. 25-26

Anonimo, *Film sonoro pei sordi*, "Novità tecniche", 10, ottobre, p. 25

Anonimo, *Il Capo del Governo visiona "La canzone dell'amore"*, "Informazioni", 10, ottobre, pp. 27

Anonimo, *"La stella del cinema"*, "Informazioni", 10, ottobre, p. 27

Anonimo, *Installazione di impianti sonori "Pion"*, "Informazioni", 10, ottobre, p. 27

Anonimo, *Il comm. Pittaluga a Berlino*, "Informazioni", 10, ottobre, p. 27

Anonimo, *Nuovi impianti Western a Roma*, "Informazioni", 10, ottobre, p. 27

Anonimo, *Nuovo film parlato in italiano*, "Informazioni", 10, ottobre, p. 27

Anonimo, *Una cattedra universitaria di film sonoro*, "Informazioni", 10, ottobre, p. 28

Anonimo, *Ernst Lubitsch direttore della produzione "Paramount"*, "Informazioni", 10, ottobre, p. 28

Anonimo, *Installazioni sonore in Francia*, "Informazioni", 10, ottobre, p. 28

Anonimo, *Installazioni Western*, "Informazioni", 10, ottobre, p. 28

Anonimo, *La Western ribassa i prezzi*, 11, novembre, p. 4

Anonimo, *Gli impianti R.C.A. Photophone*, 11, novembre, p. 4

Anonimo, *Apparecchiature sonore sostitutive con il Western*, 11, novembre, p. 4

Anonimo, *Asterischi*, 11, novembre, p. 5

Anonimo, *Nuovo complesso ottico per l'illuminazione delle cellule fotoelettriche sistema Grilli*, 11, novembre, p. 7

Anonimo, *Gli apparecchi sonori Zeiss-Ikon*, 11, novembre, p. 18

Anonimo, *Industriali tedeschi in visita alla Cines*, "Informazioni", 11, novembre, p. 19

Anonimo, *"Rubacuori"*, "Informazioni", 11, novembre, p. 19

Anonimo, *"La canzone dell'amore" a Parigi*, "Informazioni", 11, novembre, p. 19

Anonimo, *Un nuovo film di Righelli*, "Informazioni", 11, novembre, p. 19

Anonimo, *"Terra madre"*, "Informazioni", 11, novembre, pp. 19-20

R. I. C., [Rivista Italiana di Cinetecnica], *Bilancio*, 12, dicembre, pp. 1-2

Giacinto Solito, *Asterischi*, 12, dicembre, p. 2

Fausto Neroni, *Per l'estetica del fonofilm*, 12, dicembre, pp. 3-4

Cd., *Apparecchiatura sonora "Italica Vox" (Sistema Magnifico)*, 12, dicembre, pp. 6-8

Anonimo, *Riproduzione fotoacustica senza cellula fotoelettrica*, "Novità tecniche", 12, dicembre, p. 15

Anonimo, *Nuovo tipo di dischi grammofonici sulla pellicola*, "Novità tecniche", 12, dicembre, pp. 15-16

Anonimo, *Sistemi grammofonici sulla pellicola*, "Novità tecniche", 12, dicembre, p. 16

Anonimo, *Fonofilm per dilettanti*, "Novità tecniche", 12, dicembre, p. 16

135

Anonimo, *Un altro brevetto per film sonoro*, "Novità tecniche", 12, dicembre, pp. 16-17

Anonimo, *[Senza titolo]* , "Notizie", 12, dicembre, pp. 19-20

Anonimo, *L'attività della "Cines" nel 1930*, "Informazioni", 12, dicembre, p. 22

Anonimo, *La "Cines" all'estero*, "Informazioni", 12, dicembre, p. 22

Anonimo, *L'organizzazione della S.A.R.F.I.* , "Informazioni", 12, dicembre, p. 22

Anonimo, *Un nuovo interessante lavoro di Ruttman*, "Informazioni", 12, dicembre, p. 22

Anonimo, *Forte sviluppo della Radio Keith Orpheum*, "Informazioni", 12, dicembre, p. 22

Anonimo, *"Corte d'Assise" visionata dal Capo del Governo*, "Informazioni", 12, dicembre, pp. 22-23

Anonimo, *Nuove installazioni di apparecchi sonori "Pacent"*, "Informazioni", 12, dicembre, p. 23

Anonimo, *L'opinione di Berger sul film sonoro*, "Informazioni", 12, dicembre, p. 23

Anonimo, *Western contro Kestern Radio*, "Informazioni", 12, dicembre, p. 23

Anonimo, *La Fox-Film rinuncia al progetto di una lavorazione europea*, "Informazioni", 12, dicembre, pp. 23-24

Anonimo, *Armando Falconi in "Rubacuori"*, "Informazioni", 12, dicembre, p. 24

Anonimo, *Righelli farà "La scala"*, "Informazioni", 12, dicembre, p. 24

Anonimo, *"La stella del cinema"*, "Informazioni", 12, dicembre, p. 24

1931
(a. IV, nn 1-12, gennaio-dicembre)
Anonimo, *Le installazioni sonore in Italia*, 1, gennaio, p. 11

Anonimo, *I fonofilm in Cecoslovacchia*, 1, gennaio, p. 11

Anonimo, *I perfezionamenti nello sviluppo delle colonne sonore*, "Novità tecniche", 1, gennaio, p. 21

Anonimo, *Un dispositivo per ritrovare il sincronismo coi dischi*,

"Novità tecniche", 1, gennaio, p. 21

Anonimo, *Microfoni speciali per la ripresa acustica a grandi altezze*, "Novità tecniche", 1, gennaio, p. 21

Anonimo, *Le apparecchiature sonore nella legge austriaca sul contingentamento*, "Novità tecniche", 1, gennaio, p. 22

Anonimo, *Una nuova camera silenziosa della Warner Brothers*, "Novità tecniche", 1, gennaio, pp. 22-23

Anonimo, *Le attrattive di "Rubacuori"*, "Informazioni", 1, gennaio, p. 22

Anonimo, *I primi films italiani presentati a New York*, "Informazioni", 1, gennaio, p. 23

Anonimo, *"La canzone dell'amore" in Germania*, 1, gennaio, p. 23

Anonimo, *"La canzone dell'amore" in Belgio*, 1, gennaio, p. 24

Anonimo, *Le installazioni Western Eletric*, 2-3, febbraio-marzo, p. 7

Anonimo, *Il numero delle installazioni sonore in Germania*, 2-3, febbraio-marzo, p. 7

Anonimo, *La Società Geografica Inglese prevede che il film parlato sostituirà la lavagna nelle scuole*, 2-3, febbraio-marzo, p. 7

Anonimo, *Gli impianti sonori delle officine Pio Pion*, 2-3, febbraio-marzo, p. 7

Anonimo, *Studi e progressi tecnici alla Cines-Pittaluga*, 2-3, febbraio-marzo, pp. 9-10

Augusto Gentilizi, *Il sistema di ripresa e riproduzione Blattnerphone brevetto Stille*, 2-3, febbraio-marzo, pp. 15-17

M. B. [Mario Baffico], *Gli effetti magnoscopici addizionali*, 2-3, febbraio-marzo, p. 19

Anonimo, *L'apparecchiatura sonora "Klangfilm"*, 2-3, febbraio-marzo, pp. 22-23

Anonimo, *Proiettore sonoro per film ridotte con disco verticale*, 2-3, febbraio-marzo, p. 25

Anonimo, *Che cos'è "Rubacuori"*, 2-3, febbraio-marzo, p. 26

Anonimo, *Il successo di "Terra madre"*, "Informazioni", 2-3, febbraio-marzo, p. 27

Anonimo, *"La scala" è finita*, "Informazioni", 2-3, febbraio-marzo, pp. 27-28

Anonimo, *I film "Cines" negli Stati Uniti*, "Informazioni", 2-3, febbraio-marzo, p. 28

Anonimo, *Stefano Pittaluga*, 4, aprile, p. 5

Anonimo, *Nuova riunione dei gruppi del film sonoro*, "Asterischi", 4, aprile, p. 5

Cd., *La registrazione coi raggi catodici. Nuovi sistemi di registrazione acustica*, 4, aprile, pp. 6-7

Anonimo, *La standardizzazione del code iniziale e finale dei films sonori*, 4, aprile, p. 14

Anonimo, *Un apparecchio Philips per la riproduzione sonora: il "Philisonore". I materiali*, 4, aprile, p. 15

Anonimo, *Una cellula fotoelettrica Philips per cinema e televisione*, 4, aprile, pp. 17-18

Anonimo, *Riprese acustiche a 3000 m di altitudine*, "Novità tecniche", 4, aprile, pp. 19-20

Anonimo, *Il successo di "Rubacuori"*, 4, aprile, pp. 21-22

Anonimo, *Gli impianti sonori "Eufon" all'estero*, "Informazioni", 4, aprile, p. 23

Anonimo, *Il film parlato al Trait d'Union*, "Informazioni", 4, aprile, p. 23

Anonimo, *L'Istituto di Studi e Ricerche di Fonetica pratica*, "Informazioni", 4, aprile, p. 23

Anonimo, *La nuova legge di contingentamento in Germania*, 5, maggio, p. 6

Pietro Cavazzuti, *L'acustica del film sonoro*, 5, maggio, pp. 7-9

Fr. Ca., *Una visita agli "Studios Paramount" di St. Maurice sur Seine-Joinville*, 5, maggio, pp. 11-12

Cd., *Effetti del trattamento fotografico sulla qualità del suono nei sistemi ad aria variabile*, 5, maggio, pp. 15-17

Anonimo, *L'eliminazione dei rumori di fondo nei sistemi a intensità (Noiseless Recording Western Eletric System)*, 5, maggio, pp. 19-20

Anonimo, *Il "Selephon"*, "Novità tecniche", 5, maggio, p. 20

Anonimo, *Novità della Zeiss-Iko*, "Novità tecniche", 5, maggio, p. 21

Anonimo, *Apparecchiatura Klangfilm per riproduzione sonora*, 5, maggio, pp. 22-23

Anonimo, *L'apparecchiatura sonora Pio Pion*, 5, maggio, p. 23

S. A. [Sebastiano Arturo] Luciani, *La frontiera. Scenario di film sonoro. Schema dell'azione e dell'inquadratura*, 5, maggio, pp. 25-26

Anonimo, *"La scala" al Supercinema*, "Un film italiano", 5, maggio, p. 27

Anonimo, *Un nuovo film in tre versioni*, "Informazioni", 5, maggio, p. 28

Anonimo, *Le installazioni sonore della Western Eletric*, "Informazioni", 5, maggio, p. 28

Anonimo, *Le installazioni Klangfilm-Tobis in Europa*, "Informazioni", 5, maggio, p. 28

Anonimo, *"La stella del cinema". La trama*, 6, giugno, p. 2

Giacinto Solito, *Il problema delle installazioni sonore nelle medie e nelle piccole sale di proiezione*, 6, giugno, p. 6

Anonimo, *4° Congresso Internazionale degli Esercenti. Importanti deliberazioni in merito a questioni tecniche*, 6, giugno, p. 7

Anonimo, *Il "Decibel" unità di misura del volume acustico*, 6, giugno, p. 9

Roberto Falciai, *Cinemelodramma? (A proposito di "Pagliacci" di Leoncavallo)*, 6, giugno, pp. 11-12

Anonimo, *Europa-Film*, 6, giugno, p. 12

Anonimo, *L'eliminazione dei rumori di fondo nel sistema R.C.A. Photophone*, 6, giugno, p. 13

Anonimo, *La cella al selenio e l'apparecchiatura Selenophon*, 6, giugno, pp. 20-21

Anonimo, *Il proiettore Gaumont Radio junior*, "Novità tecniche", 6, giugno, p. 21

Anonimo, *Un nuovo apparecchio Klangfilm per medie e piccole sale*, 6, giugno, p. 22

Anonimo, *L'apparecchio "Eufon"*, 6, giugno, p. 23

Anonimo, *"Resurrectio" al Supercinema*, "Un film italiano", 6, giugno, p. 24

Anonimo, *Emilio Cecchi alla Cines*, "Informazioni", 6, giugno, p. 27

Rivista Italiana di Cinetecnica, *Gli esercenti e la crisi*, 7, luglio, pp. 3-4

Anonimo, *Teatri di Elstree attrezzati al "Noiseless System". La*

Western in Inghilterra, 7, luglio, p. 4

Anonimo, *Ciclo trionfale di successi de "La canzone dell'amore"*, 7, luglio, p. 4

Giacinto Solito, *Ancora del film L.U.C.E.*, 7, luglio, pp. 7-8

Anonimo, *Un impianto da ripresa Tobis-Klangfilm*, 7, luglio, pp. 12-13

Anonimo, *Un nuovo apparecchio R.C.A.*, 7, luglio, p. 13

E. C. [Ernesto Cauda], *Altoparlanti per frequenze proprie*, 7, luglio, p. 14

Anonimo, *La Cines al "Palio"*, 7, luglio, p. 18

Anonimo, *La proiezione separata dell'immagine e del suono*, 7, luglio, pp. 19-20

Anonimo, *Tavoli di prova per pellicole ottiche ed acustiche*, "Novità tecniche", 7, luglio, p. 21

Anonimo, *Bragaglia si confessa*, "Informazioni", 7, luglio, p. 25

Anonimo, *Gli "shorts" della Cines*, "Informazioni", 7, luglio, p. 25

Anonimo, *Il film parlato come mezzo di pubblicità*, 7, luglio, p. 26

Anonimo, *Uno schermo acustico della UFA*, 7, luglio, p. 26

Anonimo, *"La canzone dell'amore" nell'America del Sud*, 7, luglio, p. 27

Anonimo, *I brevetti tedeschi sul film sonoro*, 8, agosto, pp. 10-11

Anonimo, *Ezra Pound e il film sonoro*, 8, agosto, p. 14

Anonimo, *Iven Berglund, costruttore del primo apparecchio per film sonoro*, 8, agosto, p. 17

Anonimo, *L'apparecchiatura italiana "Fon-Fonofilm"*, "Novità tecniche", 8, agosto, p. 17

Anonimo, *Applicazioni del film sonoro nell'industria*, 8, agosto, p. 17

Anonimo, *Dispositivo "Bauer" per la riproduzione fotoacustica*, 8, agosto, p. 19

Anonimo, *Il film sonoro all'Esposizione di Elettroacustica a Berlino*, 8, agosto, p. 24

Anonimo, *Un nuovo tessuto per schermi sonori*, "Informazioni", 8, agosto, p. 24

Anonimo, *"Terra madre" in Argentina*, "Informazioni", 8, agosto, p. 25

Anonimo, *I nuovi films "Cines" continuano ad affermarsi vitto-riosamente sui mercati esteri*, "Informazioni", 8, agosto, p. 25

Anonimo, *Nuovo cinematografo a Bologna*, "Informazioni", 8, agosto, p. 25

Anonimo, *Il nuovo impianto Visatone-Marconi della Cines-Pit-taluga*, 9, settembre, pp. 9-10

Anonimo, *Il primo treno col cinema sonoro a bordo*, 9, settembre, p. 10

Anonimo, *Apparecchio sonoro International Acoustic*, 9, settembre, p. 12

Anonimo, *Accordo Luce-Fox*, 9, settembre, p. 14

Ezra Pound, *Frammenti d'un credo*, 9, settembre, p. 16

Roberto Falciai, *Quello che si offende*, 9, settembre, p. 17

Cd., *Le disturbanze negli amplificatori di bassa frequenza*, 9, settembre, pp. 20-21

Anonimo, *L'apparecchiatura sonora Breusing*, "Novità tecniche", 9, settembre, p. 22

Anonimo, *Un sistema russo di registrazione fotoacustica*, "Novità tecniche", 9, settembre, p. 22

Anonimo, *Una scuola per film sonoro a Vienna*, "Novità tecniche", 9, settembre, p. 23

Anonimo, *L'apparecchio sussidiario "Primoton"*, "Novità tecniche", 9, settembre, p. 23

Anonimo, *Il cinema sonoro ambulante*, "Novità tecniche", 9, settembre, p. 23

Anonimo, *La prima visione in Italia de "Il solitario della monta-gna"*, "Informazioni", 9, settembre, p. 27

Anonimo, *Un grande film italiano "La Wally"*, "Informazioni", 9, settembre, p. 27

Anonimo, *Il "Palio di Siena"*, "Informazioni", 9, settembre, p. 27

Anonimo, *Altri due film alla Cines*, "Informazioni", 9, settembre, p. 28

Anonimo, *Il nuovo film per Armando Falconi*, 9, settembre, p. 28

Anonimo, *A proposito dei film internazionali*, "Informazioni", 9, settembre, p. 28

Anonimo, *L'inaugurazione degli Stabilimenti della Caesar-Film*,

10, ottobre, p. 5

Anonimo, *I teatri di posa d'affitto*, 10, ottobre, pp. 6-7

Anonimo, *La Western Eletric a Joinville*, 10, ottobre, p. 8

Anonimo, *Localizzazione delle disturbanze nella riproduzione sonora*, 10, ottobre, p. 12

Anonimo, *La cellula "Caesopress"*, 10, ottobre, p. 14

Anonimo, *Proiettori con torretta girevole*, 10, ottobre, p. 14

Anonimo, *Un libro classico sul film sonoro. Tonfilm Aufnahme und Wiedergabe nach dem Klang-film Verfahren (System Klangfilm-Tobis). (Ripresa e riproduzione sonora secondo il sistema Kalngfilm). Bibliografia*, 10, ottobre, p. 18

Anonimo, *"Terra madre" in Argentina*, 10, ottobre, p. 18

Anonimo, *Il microfono "Bomba"*, "Novità tecniche", 10, ottobre, p. 19

Anonimo, *"La lanterna del diavolo" nei giudizi della critica*, "Informazioni", 10, ottobre, p. 22

Anonimo, *"Il solitario della montagna" presentato in Francia*, "Informazioni", 10, ottobre, p. 23

Anonimo, *Un caloroso riconoscimento francese per la produzione "Cines"*, "Informazioni", 10, ottobre, p. 23

Anonimo, *Louis Lumière visita la "Cines"*, "Informazioni", 10, ottobre, p. 23

Anonimo, *Altre visite alla "Cines"*, "Informazioni", 10, ottobre, p. 23

Anonimo, *Film sonoro per famiglia*, "Informazioni", 10, ottobre, p. 23

Anonimo, *Un altro film di Falconi*, "Informazioni", 10, ottobre, p. 24

Anonimo, *"Napoli che canta" in Brasile*, "Informazioni", 10, ottobre, p. 24

Anonimo, *Nuove camere Akeley-Audio per film sonoro*, 10, ottobre, p. 24

Anonimo, *Vita senese alla "Cines"*, "Informazioni", 10, ottobre, p. 25

Cd., *L'eliminatore delle distorsioni. (Entzerrer)*, 11, novembre, pp. 12-13

E. [Edoardo] Capolino, *Consigli radiofonici all'operatore di cabina*, 11, novembre, pp. 13-14

L. Dunoyer, *L'ottica per l'illuminazione dei films sonori*, "Ottica",

11, novembre, pp. 16-18

Anonimo, *Apparecchiatura portatile Zeiss-Ikon-Klangfilm*, "Novità tecniche", 11, novembre, p. 22

Anonimo, *Apparecchio Semens a registrazione grammofonica e ad audizione immediata*, "Novità tecniche", 11, novembre, p. 22

Anonimo, *Apparecchio multiplo Askania per alte frequenze*, "Novità tecniche", 11, novembre, p. 23

Anonimo, *La nuova cellula fotoelettrica Pati*, "Novità tecniche", 11, novembre, p. 23

O. C. S., *La costanza della velocità negli apparecchi sonori*, 11, novembre, p. 24

Anonimo, *I giudizi della stampa per "L'uomo dell'artiglio"*, "Notiziario Cines", 11, novembre, p. 25

Anonimo, *"Il natale di Bebè"*, "Notiziario Cines", 11, novembre, p. 25

Anonimo, *Muelleneisen a Roma entusiasmato dalla produzione "Cines"*, 11, novembre, p. 25

Anonimo, *Una vibrante esaltazione francese ad un nostro "short"*, 11, novembre, p. 26

E. C. [Ernesto Cauda], *Italiano, lingua ideale per film sonoro (Appunti teorico-pratici)*, 12, dicembre, pp. 9-12

Anonimo, *Il sistema fotoacustico russo "Tagefon"*, "Notizie tecniche", 12, dicembre, p. 22

Anonimo, *Autorità sarde alla "Cines"*, "Notiziario", 12, dicembre, p. 22

Anonimo, *Una riapertura anticipata del Teatro dell'Opera?*, "Notiziario", 12, dicembre, p. 23

Anonimo, *Torna Marcella Albani*, "Notiziario", 12, dicembre, p. 23

Anonimo, *"La Wally" al prossimo anno*, "Notiziario", 12, dicembre, p. 23

1932

(a. v, nn 1-10/11/12, gennaio-ottobre/novembre/dicembre)

R. I. C. [Rivista Italiana di Cinetecnica], *1932*, 1, gennaio, p. 1

Ernesto Cauda, *La cinetecnica nel 1931*, 1, gennaio, p. 6

E. C. [Ernesto Cauda], *A proposito di licenze e brevetti*, 1, gennaio, p. 10

Anonimo, *Le licenze sui films sonori*, 1, gennaio, p. 11

Cd., *"Wally" e la sua tecnica*, 1, gennaio, p.. 12

Anonimo, *Didascalie*, 1, gennaio, p. 12

E. T., *La situazione dell'industria dei proiettori sonori in Italia*, 1, gennaio, p. 13

Anonimo, *Standardizzazione per il film sonoro*, 1, gennaio, p. 15

L. Dunoyer, *L'ottica per l'illuminazione dei films sonori*, "Ottica", 1, gennaio, pp. 16-18

Anonimo, *La S.A.I. fotoprodotti Gevaert*, "Ottica", 1, gennaio, p. 18

Anonimo, *Ultimi tipi di equipaggiamenti sonori R.C.A.-Photophone*, 1, gennaio, pp. 22-23

Anonimo, *Il Troviero Klangfilm*, 1, gennaio, pp. 24-25

G. S. [Giacinto Solito], *La Soc. A. Fono Roma*, 1, gennaio, p. 29

Anonimo, *La cellula Rectron-Standard per film sonoro*, "Notizie", 2, febbraio, p. 15

L. Dunoyer, *L'ottica per l'illuminazione dei films sonori*, "Ottica", 2, febbraio, pp. 16-18

Anonimo, *Le distorsioni acustiche*, 3, marzo, p. 4

Anonimo, *L'apparecchio di registrazione sonora Blue Seal sound Devices*, "Notiziario", 3, marzo, p. 10

Anonimo, *Un nuovo tavolo di montaggio sonoro*, "Notiziario", 3, marzo, p. 10

Anonimo, *Il successo dei films Paramount*, "Notiziario", 3, marzo, p. 11

Anonimo, *Stereoacustica e localizzazione del suono*, 3, marzo, [s. p.]

Anonimo, *Il tubo Braun e le sue applicazioni alla cinematografia sonora*, 4-5, aprile-maggio, pp. 6-7

Enrico Costa, *La brevettabilità dell'uso della cellula fotoelettrica per fonofilm*, 4-5, aprile-maggio, p. 8

Anonimo, *La nuova produzione cinematografica dell'Urss*, 4-5, aprile-maggio, p. 8

E. C. [Ernesto Cauda], *Sul problema del film sonoro a passo ridotto*, 4-5, aprile-maggio, pp. 9-10

Anonimo, *La R.C.A. abbassa il costo della Royalties per l'Euro-*

pa, 4-5, aprile-maggio, p. 10

Anonimo, *Il film sonoro sui piroscafi e sui treni*, 4-5, aprile-maggio, p. 13

Anonimo, *Alimentazione dei sistemi di amplificazione*, 4-5, aprile-maggio, p. 13

Anonimo, *Isolamento meccanico ed acustico*, 4-5, aprile-maggio, pp. 13-14

Paolo Uccello, *Corso pratico di cinematografia sonora da proiezione*, 4-5, aprile-maggio, pp. 15-16

Enrico Costa, *Lo stato attuale della proiezione sonora in Francia*, 4-5, aprile-maggio, pp. 17-18

Corrado Pavolini, *Problemi estetici del sonoro*, 6, giugno, pp. 7-9

Anonimo, *Un interessante apparecchio italiano sonoro per pellicola ridotta: Michetti*, 6, giugno, p. 18

Anonimo, *"I pini di Roma"*. Persic *Fono-Roma*, 7-8, luglio-agosto, pp. 9-10

G. Gemini, *L'opera lirica nel film sonoro*, 7-8, luglio-agosto, p. 15

Cd., *Si può rendere internazionale il film sonoro?*, 7-8, luglio-agosto, pp. 20-21

Anonimo, *Il dispositivo sincronico Fonos-Porrob per apparecchi a passo ridotto. Iniziative italiane*, 7-8, luglio-agosto, pp. 22-23

Anonimo, *Apparecchi sonori portatili da presa. Il "Klangfilm" tipo EK8*, 7-8, luglio-agosto, pp. 23-24

Anonimo, *La pellicola Pankine G. Antalione della A.G.F.A.*, 7-8, luglio-agosto, pp. 25-28

Enrico Costa, *Le condizioni meccaniche per la proiezione del fonofilm*, 7-8, luglio-agosto, pp. 34-36

Anonimo, *Nuovi tipi di fotocellule e di raddrizzatori*, 9, settembre, p. 7

Enrico Costa, *Le condizioni meccaniche per la proiezione del fonofilm*, 9, settembre, pp. 7-9

Paolo Uccello, *Corso pratico di cinematografia sonora da proiezione*, 9, settembre, pp. 9-11

Anonimo, *Prick-up e altoparlante piezoelettrico (a cristallo)*, 9, settembre, p. 12

Paolo Uccello, *Difetti materiali e difetti umani negli impianti sonori*, 10-11-12, ottobre-novembre-dicembre, pp. 9-10

Ernesto Cauda, Il "doppiaggio" e i suoi pericoli, 10-11-12, otto-bre-novembre-dicembre, pp. 10-11
Enrico Costa, Il preamplificatore negli impianti per fonofilm, 10-11-12, ottobre-novembre-dicembre, pp. 12-14
Anonimo, Registrazione acustica a tudo di Braun – Sistema Breusing V. Hartel – Rivista della stampa tecnica, 10-11-12, ottobre-novembre-dicembre, pp. 18-19
Anonimo, Il film Pathé-Rural sonoro – Rivista della stampa tecnica, 10-11-12, ottobre-novembre-dicembre, p. 19

Lo Spettacolo Italiano
Rassegna Mensile dell'Industria dello Spettacolo

1930
(a. I, nn 1-12, gennaio-dicembre)
Anonimo, Ultime notizie da Hollivood, 1, gennaio, p. 10
Nicola De Pirro, Censura e film sonoro, 2, febbraio, pp. 31-32
Anonimo, L'industria cinematografica americana durante l'anno 1929, 3, marzo, pp. 59-60
Anonimo, Alcuni cenni sull'industria cinematografica francese, 3, marzo, p. 60
Anonimo, L'inaugurazione degli stabilimenti Cines-Pittaluga, 5, maggio, pp. 107-108
Anonimo, Apparecchi italiani per la proiezione di films sonori, "Notiziario", 5, maggio, p. 109
Francesco De Tiberiis, Il Congresso di Bruxelles. Voti e decisioni, 6, giugno, pp. 131-132
Francesco De Tiberiis, Attività delle industrie dello spettacolo nel mese di giugno, "Industria cinematografica", 6, giugno, p. 134
F. S., La pace dei brevetti, 7-8, luglio-agosto, pp. 148-149
Gino Olivetti, L'industria del film, 7-8, luglio-agosto, p. 153
Anonimo, Attività delle industrie dello spettacolo nei mesi di luglio e agosto, "Industria cinematografica", 7-8, luglio-agosto, pp. 165-166
Anonimo, Attività delle industrie dello spettacolo nel mese di

settembre, "Industria cinematografica", 9, settembre, p. 195
Lo Spettacolo Italiano, *La censura cinematografica e il mercato delle pellicole in Italia*, 10, ottobre, pp. 221-223
Anonimo, *Attività delle industrie dello spettacolo nel mese di ottobre*, "Industria cinematografica", 10, ottobre, pp. 237-238
Eugenio Giovannetti, *Pregi e difetti del cinema italiano*, 12, dicembre, pp. 285-286

1931
(a. II, nn 1-12, gennaio-dicembre; fine pubblicazioni)
Anonimo, *Attività delle industrie dello spettacolo nel mese di gennaio*, "Industria cinematografica", 1, gennaio, p. 19
Luciano De Feo, *Cinematografo 1931*, 2, febbraio, pp. 46-48
Mariano Cafiero, *Charlie Chaplin*, 2, febbraio, p. 56
Raffaello Matarazzo, *I giovani e la cinematografia nazionale (a proposito di "Terra Madre")*, 2, febbraio, p. 62
Anonimo, *Attività delle industrie dello spettacolo nel mese di febbraio*, "Industria cinematografica", 2, febbraio, p. 77
Sp. It. [Lo Spettacolo Italiano], *I films parlanti e la propaganda italiana all'estero (a proposito della censura italiana)*, 3, marzo, pp. 101-102
Raffaello Matarazzo, *Evoluzione del nostro cinematografo. "Rotaie" di D'Errico e Camerini*, 3, marzo 1931, pp. 104-105
Anonimo, *Attività delle industrie dello spettacolo nel mese di marzo*, "Industria cinematografica", 3, marzo 1931, pp. 112-113
Lo Spettacolo Italiano, *Stefano Pittaluga*, 4, aprile, pp. 133-136
Anonimo, *Rapporto sulla cinematografia americana. Films parlati negli Stati Uniti*, 4, aprile, pp. 144-146
Anonimo, *Attività delle industrie dello spettacolo nel mese di aprile*, "Industria cinematografica", 4, aprile, p. 158
Anonimo, *Il IV Congresso Internazionale degli Esercenti Cinema*, 5-6, maggio-giugno, p.194
Anonimo, *Attività delle industrie dello spettacolo nei mesi di maggio e giugno*, "Industria cinematografica", 5-6, maggio-giugno, p. 225
Anonimo, *Attività delle industrie dello spettacolo nei mesi di*

luglio e agosto, "Industria cinematografica", 7-8, luglio-agosto, pp. 277-278

Ma. [Mariano] Caf. [Cafiero], *I primi giornali sonori L.U.C.E.*, 9, settembre, p. 326

Ma. [Mariano] Caf. [Cafiero], *L'inaugurazione degli Stabilimenti della "Caesar Film" con l'intervento di S. E. Bottai*, 9, settembre, 327

Anonimo, *Attività delle industrie dello spettacolo nel mese di settembre*, "Industria cinematografica", 9, settembre, pp. 344-345

Giulio Santangelo, *Tomaso Alva Edison*, 10, ottobre, pp. 373-374

Anonimo, *Attività delle industrie dello spettacolo nel mese di ottobre*, "Industria cinematografica", 10, ottobre, p. 396

Ernesto Cauda, *Industria cinetecnica e brevetti industriali*, 11, novembre 1931, pp. 423-424

Ma. [Mariano] Caf. [Cafiero], *Attività delle industrie dello spettacolo nel mese di novembre*, "Industria cinematografica", 11, novembre, pp. 440-441

b) Riviste di teatro

Comoedia

1927
(a. IX, nn 1-12, gennaio-dicembre)

1928
(a. X, nn 1-12, gennaio-dicembre)
Silvio D'Amico, *Petrolini*, 2, febbraio, pp. 11-12 e 45

1929
(a. XI, nn 1-12, gennaio-dicembre)
Leo Ferrero, *La voce del cinematografo*, 4, 15 aprile-15 maggio, p. 16
Giovanni Miracolo, *Il film sonoro*, 7, 15 luglio-15 agosto, pp. 21-22

1930
(a. XII, nn 1-12, gennaio-dicembre)
E. M. [Ettore Maria] Margadonna, *"Rotaie"*, "Films italiani", 4, 15 aprile-15 maggio, pp. 11-14
Ernesto Murolo, *"La città canora"*, 5, 15 maggio-15 giugno, pp. 11-14
Ettore M. [Maria] Margadonna, *Postilla al programma della nuova cinematografia italiana*, 7, 15 luglio-15 agosto, pp. 17-20
Enrico Roma, *Firmamento senz'astri*, "Films sonori e parlanti", 8, 15 agosto-15 settembre, pp. 25-26
Ettore Petrolini, *Io e il film sonoro*, 9, 15 settembre-15 ottobre, pp. 7-8
E. M. [Ettore Maria] Margadonna, *La comicità cinematografica*, 9, 15 settembre-15 ottobre, pp. 17-20
O. [Oresta] Biancoli, *Hollywood a Parigi*, 9, 15 settembre-15 ottobre, pp. 25-27
Gian Capo, *Opinioni sonore e parlate*, 10, 15 ottobre-15 novembre, pp. 9-10
Ettore M. [Maria] Margadonna, *Cinema 1930*, 12-13, 15 dicembre-15 gennaio, pp. 17-20

1931
(a. XIII, nn 1-12, gennaio-dicembre)
Ettore M. [Maria] Margadonna, *Del cinedramma*, 1, 15 gennaio-15 febbraio, pp. 27-29
Gastone Bosio, *Critica cinematografica*, 5, 15 maggio-15 giugno, pp. 15-17
Ettore M. [Maria] Margadonna, *Il "dubbing". Parabola del parlato*, 11, 15 novembre-15 dicembre, pp. 17-18

1932
(a. XIV, nn 1-12, gennaio-dicembre)
Enrico Roma, *Pirandello e il cinema*, 7, 15 luglio-15 agosto, pp. 19-22
Ettore M. [Maria] Margadonna, *Visita alla Cines*, "Officine di Cinelandia", 12, 15 dicembre-15 gennaio, pp. 15-19

Vittorio Tranquilli, *UFA*, "Officine di Cinelandia", 12, 15 dicembre-15 gennaio, pp. 19-22

Il Dramma
Quindicinnale di Commedie di Grande Successo

1927
(a. III, nn 14-32, gennaio-dicembre)

1928
(a. IV, nn 33-56, gennaio-dicembre)

1929
(a. V, n 57-80, gennaio-dicembre)

1930
(a. VI, n 81-104, gennaio-dicembre)
Giuseppe Faraci, *Equilibri e squilibri del cinematografo*, 84, 15 febbraio, pp. 33-35
Andrea Lang, *La voce dell'amore*, 89, 1° giugno, pp. 39-44

1931
(a. VII, nn 105-128, gennaio-dicembre)
Conrad Veidt, *Carriera dell'attore cinematografico*, 122, 15 settembre, pp. 43-44

1932
(a. VIII, nn 129-152, gennaio-dicembre)
André Rigaud, *I misteri del dubbing*, 142, 15 luglio, pp. 45-46
René Clair, *Il cinema imprigionato dal teatro*, 145, 1 setttembre, pp. 32-34
Fred Marcus, *Chaplin resta muto e Charlot diventa sordo*, 150, 15 novembre, pp. 31-32

c) I quotidiani

Il Tevere

1929

Anonimo, *[Senza titolo]*, "Dal teatro di posa allo schermo", 18 marzo, p. 6

Anonimo, *Segreti e virtù del cinema*, "Dal teatro di posa allo schermo", 25 marzo, p. 6

Fortunio, *Il film "sonoro" e l'attività dell'Ente Nazionale per la Cinematografia. Verso un'arte nuova?. Tutto nulla e qualche cosa*, 30 marzo, p. 3

Upi, *La "voce di cera" e il "nastro d'argento". La marcia dei fonofilm*, "Dal teatro di posa allo schermo", 1° aprile, p. 6

Anonimo, *Il discorso del Duce agli Alpini in film sonoro*, "Dal teatro di posa allo schermo", 15 aprile, p. 6

Luciano Doria, *"Quali gli sviluppi che il fonofilm potrà raggiungere?" Un nostro referendum tra gli artisti e i tecnici della cinematografia italiana*, "Dal teatro di posa allo schermo", 17 maggio, p. 6

A. G. [Anton Giulio] Bragaglia, *"Quali gli sviluppi che il fonofilm potrà raggiungere?" Un nostro referendum tra gli artisti e i tecnici della cinematografia italiana*, "Dal teatro di posa allo schermo", 3 giugno, p. 6

Anonimo, *Gli artisti europei ed il film sonoro*, 3 giugno, p. 6

Corrado Pavolini, Corrado D'Errico, *"Quali gli sviluppi che il fonofilm potrà raggiungere?" Un nostro referendum tra gli artisti e i tecnici della cinematografia italiana*, "Dal teatro di posa allo schermo", 10 giugno, p. 6

Giuseppe Forti, *"Quali gli sviluppi che il fonofilm potrà raggiungere?" Un nostro referendum tra gli artisti e i tecnici della cinematografia italiana*, "Dal teatro di posa allo schermo", 17 giugno, p. 6

Gaet. [Gaetano] Campanile Mancini, *"Quali gli sviluppi che il fonofilm potrà raggiungere?" Un nostro referendum tra gli artisti*

e i tecnici della cinematografia italiana, "Dal teatro di posa allo schermo", 24 giugno, p. 6
Alessandro Blasetti, *Binocolo sull'abisso. Quel che vuol nascondere lo schermo parlante*, "Dal teatro di posa allo schermo", 5 agosto, p. 6
Corrado D'Errico, *Binocolo nell'abisso.risposta ad Alessandro Blasetti. Quel che lo schermo parlante non nasconde*, "Dal teatro di posa allo schermo", 12 agosto, p. 6
Alessandro Blasetti, *Esplorare quando è possibile. Risposta a Corrado D'Errico. Ultime parole sullo schermo parlante*, "Dal teatro di posa allo schermo", 19 agosto, p. 6
Raffaello Matarazzo, *Una voce si farà ascoltare*, "Dal teatro di posa allo schermo", 9 ottobre, p. 5
Anonimo, *La tecnica nuova. Cinema sonoro*, "Dal teatro di posa allo schermo", 9 ottobre, p. 5
Giesse [Giacinto Solito], *Mentre si gira un film italiano*, "Dal teatro di posa allo schermo", 16 ottobre, p. 6

1930
Raffaello Matarazzo, *Mascagni e il sonoro*, "Dal teatro di posa allo schermo", 1° gennaio, p. 5
A. B. [Alessandro Blasetti], *Difficoltà e sorprese di un'impreveduta potenza: il microfono. Ai margini di una nuova arte*, "Dal teatro di posa allo schermo", 15 gennaio, p. 5
Anonimo, *Il film parlante a colori*, "Dal teatro di posa allo schermo", 15 gennaio, p. 5
Raffaello Matarazzo, *Cinematografia sonora*, "Dal teatro di posa allo schermo", 12 febbraio, p. 5
Anonimo, *Come si creano i cartoni animati*, "Dal teatro di posa allo schermo", 12 febbraio, p. 5
Anonimo, *La produzione multilingue in cinematografia*, "Dal teatro di posa allo schermo", 12 febbraio, p. 5
Anonimo, *Luci silenziose pel film sonoro*, "Dal teatro di posa allo schermo", 12 febbraio, p. 5
Anonimo, *Artisti italiani nel cinematografo americano. Chi sono e come lavorano nella colonia artistica di Hollywood*, "Dal teatro

di posa allo schermo", 19 febbraio, p. 5

Anonimo, *L'opera lirica e il cinema sonoro*. Cronache di Hollywood, "Dal teatro di posa allo schermo", 5 marzo, p. 5

Anonimo, *Il primo film sonoro di Greta*. Cronache di Hollywood, "Dal teatro di posa allo schermo", 5 marzo, p. 5

Anonimo, *"Il cantante di Siviglia": nuovo film di Ramon Navarro*. Cronache di Hollywood, "Dal teatro di posa allo schermo", 5 marzo, p. 5

Anonimo, *Qualità canore. Nero sul bianco*. Cronache di Hollywood, "Dal teatro di posa allo schermo", 5 marzo, p. 5

Anonimo, *Un compositore per films sonori*. Cronache di Hollywood, "Dal teatro di posa allo schermo", 12 marzo, p. 5

Giacinto Solito, *Il suono e la stereoscopia*, "Dal teatro di posa allo schermo", 26 marzo, p. 5

Ernesto Cauda, *Film sonoro e mentalità nuova*, "Dal teatro di posa allo schermo", 3 aprile, p. 5

Umberto Masetti, *Con Augusto Genina e Carmen Boni al Cineclub di Milano*, "Dal teatro di posa allo schermo", 23 aprile, p. 5

Anonimo, *La prospettiva dei suoni*, "Dal teatro di posa allo schermo", 7 maggio, p. 5

Mario Serandrei, *Il primo film parlato italiano: "Mamma Butterfly". Conversazione con Gennaro Righelli*, "Dal teatro di posa allo schermo", 14 maggio, p. 5, (ora in Mario Serandrei, *Giorni di gloria*, cit., pp. 258-260)

Anonimo, *Un film di Genina a Parigi*, "Dal teatro di posa allo schermo", 14 maggio, p. 5

Anonimo, *Un fonofilm tedesco: "Amor mio"* , "Dal teatro di posa allo schermo", 14 maggio, p. 5

Anonimo, *Un film parlato sul progresso delle scienze meccaniche*, "Dal teatro di posa allo schermo", 21 maggio, p. 5

Anonimo, *Bottai inaugura gli stabilimenti della "Cines". Fatti e misfatti dell'ultima ora*, 24 maggio, p. 6

Giacinto Solito, *Teatro e film parlato*, "Dal teatro di posa allo schermo", 26 giugno, p. 5

Anonimo, *Il cinema poliglotto*, "Dal teatro di posa allo schermo", 26 giugno, p. 5

Anonimo, *Il film sonoro in Germania*, "Dal teatro di posa allo schermo", 2 luglio, p. 5

Anonimo, *Nuovi perfezionamenti agli apparecchi di ripresa sonora*, "Dal teatro di posa allo schermo", 9 luglio, p. 5

Anonimo, *Come procede la lavorazione dei films parlati italiani all'estero*, "Dal teatro di posa allo schermo", 9 luglio, p. 5

Anonimo, *"Resurrectio"*, "Dal teatro di posa allo schermo", 9 luglio, p. 5

Mario Serandrei, *Numero! Silenzio! Si gira...*, "Dal teatro di posa allo schermo", 16 luglio, p. 5, (ora in Mario Serandrei, *Giorni di gloria*, cit., pp. 268-269)

M. [Mario] Baffico, *Un nuovo film italiano: Rotaie*, "Dal teatro di posa allo schermo", 16 luglio, p. 5

Cecil B. De Mille, *Palcoscenico e schermo*, "Dal teatro di posa allo schermo", 16 luglio, p. 5

Adriano Giovannetti, *Ma che cosa è questo fonocinema?*, "Dal teatro di posa allo schermo", 30 luglio, p. 5

Anonimo, *"Il signor Volpe": film parlato in italiano*, "Dal teatro di posa allo schermo", 30 luglio, p. 5

Anonimo, *Il XVII anniversario del film sonoro*, "Dal teatro di posa allo schermo", 30 luglio, p. 5

Anonimo, *Greta Garbo gira una scena parlata*, "Dal teatro di posa allo schermo", 30 luglio, p. 5

Mario Serandrei, *I cartoni animati e il film puro*, "Dal teatro di posa allo schermo", 6 agosto, p. 5, (ora in Mario Serandrei, *Giorni di gloria*, cit., pp. 275-276)

Raffaello Matarazzo, *Blasetti ci parla di Petrolini attore cinematografico mentre si gira il "Nerone"*, "Dal teatro di posa allo schermo", 6 agosto, p. 5

Anonimo, *Negli studi di Joinville*, "Dal teatro di posa allo schermo", 6 agosto, p. 5

Raffaello Matarazzo, *La parola allo schermo ovvero nazionalizzazione del cinema*, "Dal teatro di posa allo schermo", 13 agosto, p. 5

King Vidor, *Film muto o parlato?*, "Dal teatro di posa allo schermo", 20 agosto, p. 5

Anonimo, *Un personaggio importante del cinema sonoro*, "Dal teatro di posa allo schermo", 27 agosto, p. 5

Anonimo, *Una nuova Babele*, "Dal teatro di posa allo schermo", 27 agosto, p. 5

Anonimo, *Il film sonoro in progresso*, "Dal teatro di posa allo schermo", 3 settembre, p. 5

Gino Mazzucchi, *"Corte d'Assise" nuovo film parlato in italiano. Guido Brignone ci parla della produzione tedesca e del suo lavoro in Italia*, "Dal teatro di posa allo schermo", 17 settembre, p. 5

Anonimo, *Il film sonoro e i soggetti*, "Dal teatro di posa allo schermo", 24 settembre, p. 5

Anonimo, *"La canzone dell'amore" è finita*, "Dal teatro di posa allo schermo", 24 settembre, p. 5

Ercole Conti, *Piacerà al pubblico italiano il film parlato? Discussioni*, "Dal teatro di posa allo schermo", 1° ottobre, p. 5

Raffaello Matarazzo, *Gli errori iniziali. "Sei tu il film parlante"*, "Dal teatro di posa allo schermo", 7 ottobre, p. 5

Anonimo, *Il film sonoro e parlato dopo la prima vittoria italiana*, "Dal teatro di posa allo schermo", 13 ottobre, p. 4

L. R. T., *Impressioni di uno spettatore de "La canzone dell'amore"*, "Dal teatro di posa allo schermo", 15 ottobre, p. 5

Ercole Conti, *Films parlanti in italiano. Discussioni*, "Dal teatro di posa allo schermo", 15 ottobre, p. 5

Anonimo, *Il giudizio di Pirandello su "La canzone dell'amore" al Supercinema. Vita morte e miracoli della capitale*, 19 ottobre, p. 5

Achille Nudi, *Oltre il film sonoro*, "Dal teatro di posa allo schermo", 22 ottobre, p. 5

Tito A. Spagnol, *La morte lenta del "talkie" vista da un italiano in America. Film parlato: problema mondiale*, "Dal teatro di posa allo schermo", 29 ottobre, p. 5

Ugo Marocco-Bonghi, *Il film sonoro "Nerone" nell'interpretazione di Ettore Petrolini*, "Dal teatro di posa allo schermo", 8 novembre, p. 5

Viator, *Per l'espansione commerciale del film sonoro*, "Dal teatro di posa allo schermo", 13 novembre, p. 5

Il critico in platea, *Novità sugli schermi romani. "Nerone"*, "Dal teatro di posa allo schermo", 13 novembre, p. 5

G. [Adriano Giovannetti], *Musica e musicisti nel cinema*, "Dal teatro di posa allo schermo", 13 novembre, p. 5

Viator, *Da Nerone... ad Archimede.* , "Dal teatro di posa allo schermo", 20 novembre, p. 5

G. [Adriano Giovannetti], *Il canto nel fonofilm*, "Dal teatro di posa allo schermo", 20 novembre, p. 5

D. B., *L'Opera nel cinematografo*, "Dal teatro di posa allo schermo", 28 novembre, p. 5

Nb.: le identificazioni dei giornalisti di cui gli articoli originali riportano solo iniziali di nomi e cognomi sono suscettibili di eventuali correzioni.

Bibliografia generale

ABEL, Richard, ALTMAN, Rick (edited by), *The Sounds of Early Cinema*, Indiana University Press, Bloomington-Indianapolis, 2001

ABRUZZESE, [Alberto], BETTETINI, [Gianfranco], COLOMBO, [Fausto]... [et Al], *Cinema e industria culturale dalle origini agli anni '30*, Bulzoni, Roma, 1979

ADORNO, Theodor W., EISLER, Hanns, *La musica per film*, Newton Compton, Roma, 1975 (ed. or. *Komposition für den Film*, Rogner & Bernhard, München, 1969)

ALLODOLI, Ettore, *Cinema e lingua italiana*, «Bianco e Nero», 4, 30 aprile 1937, pp. 3-11

ALONGE, Giaime, CARLUCCIO, Giulia, VILLA, Federica (a cura di), *Dossier Cinema e Storia*, «La Valle dell'Eden», 12-13, luglio-dicembre 2004

ALOVISIO, Silvio, *Voci del silenzio. La sceneggiatura nel cinema muto italiano*, Museo Nazionale del Cinema di Torino, Fondazione Maria Adriana Prolo, Il Castoro, Milano, 2005

ALTMAN, R. [Rick], BOSCHI, A. [Alberto], JACOBSEN, W. [Wolfgang]... [et Al], *L'immagine acustica. Dal muto al sonoro: gli anni della transizione in Europa*, «Cinegrafie», 5, novembre 1992, Transeuropa, Ancona, 1992

ALTMAN, Rick, WOLFE, Charles, BARNIER, Martin... [et Al], *L'immagine acustica. II. Il passaggio dal muto al sonoro in America*, «Cinegrafie», 6, novembre 1993, Transeuropa, Ancona, 1993

ANGELINI, Franca, *Il teatro del Novecento da Pirandello a Fo*, Laterza, Bari, 1998 (III edizione)

ANTONINI, Anna (a cura di), *Il film e i suoi multipli. Film and its multiples*, IX Convegno Internazionali di Studi sul Cinema, Dipartimento di Storia e Tutela dei Beni Culturali, DAMS/Gorizia,

Università degli Studi di Udine, Foruma, Udine, 2003; ANTONINI, Sandro, *Un palco per l'OVRA. Cultura, spettacolo e polizia politica fascista*, De Ferrari, Genova, 2012

APRÀ, Adriano, (a cura di), *Materiali sul Cinema Italiano 1929/1943*, Quaderno informativo n. 63, XI Mostra Internazionale del Nuovo Cinema, Pesaro, 1975

APRÀ, Adriano, PISTAGNESI, Patrizia, *I favolosi anni Trenta: cinema italiano 1929-1944*, Electa, Milano, 1979

ARGENTIERI, Mino, *La censura nel cinema italiano*, Editori Riuniti, Roma, 1974

ARGENTIERI, Mino, *L'occhio del regime: informazione e propaganda nel cinema del fascismo*, Vallecchi, Firenze, 1979 (nuova ed. *L'occhio del regime*, Bulzoni, Roma, 2003)

ARGENTIERI, Mino, *Cinema, storia e miti*, Tullio Pironti Editore, Napoli, 1984

ARGENTIERI, Mino, *L'asse cinematografico Roma-Berlino*, Libreria Sapere, Napoli, 1986

ARGENTIERI, Mino (a cura di), *Risate di regime. La commedia italiana 1930-1944*, Marsilio, Venezia, 1991

ARISTARCO, Guido, *Storia delle teoriche del film*, Einaudi, Torino, 1960

ARISTARCO, Guido, *Il cinema fascista. Il prima e il dopo*, Dedalo, Bari, 1996

ARNHEIM, Rudolf, *Nuovo Laocoonte: le componenti artistiche e il cinema (1938)*, in Id., *Film come arte*, Il Saggiatore, Milano, 1960, pp. 217-242 (ed. or. *Film as Art*, University of California Press, Berkeley-Los Angeles, 1957; già in «Bianco e Nero», 8, 31 agosto 1938, pp. 3-33)

AUMONT, Jacques, BERGALA, Alain, MICHEL, Marie, VERNET, Marc, *Estetica del film*, Lindau, Torino, 1995 (ed. or. *Esthétique du film*, Éditions Nathan, Paris, 1994)

AURIOL, Jean-George, *La vilaine querelle du cinéma parlant. Le cinéma et les mœurs*, «La Revue du Cinéma», 4, 15 octobre 1929, pp. 42-48

BALÀZS, Béla, *Il film. Evoluzione ed essenza di un'arte nuova*, Einaudi, Torino, 1975 (ed. or. *Der Film. Werden und Wesen einer neuen Kunst,* Globus Verlag, Wien, 1949)

BALÀZS, Béla, *Estetica del film,* Editori Riuniti, Roma, 1975 (ed. or. *Der Geist des Films,* Berlino, 1931)

BALÀZS, Béla, *L'uomo visibile. Con un'appendice sulla ricezione critica e un'antologia di recensioni cinematografiche dell'autore (1923-1929),* a cura di Leonardo Quaresima, Torino, Lindau, 2008

BASSOLI, Federico S., *Dalla "lanterna magica" al cinema sonoro,* speciale de «L'Eco del Cinema», 162, 168 e 169, maggio, novembre e dicembre 1937

BAZIN, André, *Che cosa è il cinema?,* Garzanti, Milano, 1986, (ed. or. *Qu'est-ce que le cinéma?,* Éditions du Cerf, Paris, 1958)

BELARDELLI, Giovanni, *Il ventennio degli intellettuali. Cultura, politica, ideologia nell'Italia fascista,* Laterza, Roma-Bari, 2005

BELAYGUE, Christian (sous la direction de), *Le passage du muet au parlant. Panorama mondial de la production cinématographique 1925-1935,* Cinémathèque de Toulouse, Éditions Milan, Toulouse, 1988

BELSITO PRINI, Grazia, Un nuovo cinema di Marcello Piacentini, «La Casa Bella», 36, dicembre 1930

BEN-GHIAT, Ruth, *La cultura fascista,* Il Mulino, Bologna, 2000 (tr. it. di Maria Luisa Bassi)

BEN-GHIAT, Ruth, *Fascist Modernities. Italy, 1922-1945,* University of California Press, Berkeley, 2001

BERNARDI, Sandro (a cura di), *Svolte tecnologiche nel cinema italiano. Sonoro e colore. Una felice relazione fra tecnica ed estetica,* Carocci, Roma, 2006

BERNARDINI, Aldo (a cura di), *Il cinema sonoro 1930-1969,* ANICA, Roma, 1992

BERNARDINI, Aldo (a cura di), *Il cinema sonoro 1930-1990. Indici,* ANICA, Roma, 1993

BERNARDINI, Aldo (a cura di), *Cinema italiano 1930-1995. Le imprese di produzione,* ANICA, Roma, 2000

BERTELLI, Pino, *La dittatura dello schermo. Telefoni bianchi e camicie nere,* Anarchismo, Catania, 1984

BERTIERI, Claudio, *30 anni di cinema italiano,* Circolo Aziendale Cornigliano-Attività Cinematografiche, Genova, 1960

BEYON, G. W., *Musical Presentations of Motion Pictures*, Schirmer, New York, 1921

BIONDI, Marino, BORSOTTI, Alessandro (a cura di), *Cultura e fascismo. Letteratura, arti e spettacolo di un ventennio*, Ponte alle Grazie, Firenze, 1996

BLASETTI, Alessandro, *Scritti sul cinema*, a cura di Adriano Aprà, Marsilio, Venezia, 1982

BOCK, Hans-Michael, VENTURINI, Simone (edited by/sous la direction de) *Multiple and Multiple-language Versions II/Versions multiples II*, «Cinema & Cie», 6, spring 2005, Il Castoro, Milano, 2005

BOLZONI, Francesco, *Emilio Cecchi fra Buster Keaton e Visconti*, CSC-Centro Sperimentale di Cinematografia, Roma, 1995

BONITZER, Pascal, *Le regard et la voix. Essais sur le cinèma*, Union Générale d'Éditions, Paris, 1976

BONO, Francesco, BOSCHI, Alberto, REITER, Elfi (a cura di), *Filmliga. La Filmliga olandese (1927-1933). Avanguardia, critica, organizzazione del cinema*, Giornate Internazionali di Studio e Documentazione sul cinema - IV Edizione, DAMS, Bologna, 1991

BONTEMPELLI, Massimo, *L'avventura novecentista*, Vallecchi, Firenze, 1974

BORDWELL, David, THOMPSON, Kristin, *Storia del cinema e dei film. Dalle origini al 1945*, Il Castoro, Milano, 1998 (ed. or. *Film History: An Introduction*, McGraw-Hill, Inc., New York, 1994)

BORDWELL, David, THOMPSON, Kristin, *Cinema come arte. Teoria e prassi del film*, Il Castoro, Milano, 2003 (ed. or. *Film Art: An Introduction*, McGraw-Hill, Inc., New York, 2001)

BORDWELL, David, THOMPSON, Kristin, *Storia del cinema. Un'introduzione*, edizione italiana a cura di David Bruni ed Elena Mosconi, The McGraw-Hill Companies S.r.l, Milano, 2010 (ed. or. *Film History: An Introduction*, third edition)

BORTOLOTTI, Nadine, ABATE, Marco, PERTOCOLI, Domenico... [et Al] (a cura di), *Gli Annitrenta. Arte e Cultura in Italia*, Mazzotta, Milano, 1982

BOSCHI, Alberto, *L'avvento del sonoro in Europa. Teoria e prassi del cinema negli anni della transizione*, CLUEB, Bologna, 1991

BOSCHI, Alberto, *Teorie del cinema. Il periodo classico 1915-*

1945, Carocci, Roma, 1998

BOSCHI, Alberto, DALL'ASTA, Monica, *Audiofanie. Voci, rumori e musica nel cinema*, «Cinema & Cinema», 60, gennaio-aprile 1991

BOISYVON, [Lucien], GHIONE, Emilio, PISANI, Ferri (par), *L'Art cinématographique. Le Cinéma en France, en Italie, en Amerique*, Librairie Félix Alcan, Paris, 1930

BRAGAGLIA, A. [Anton] G. [Giulio], *Il film sonoro. Nuovi orizzonti della cinematografia*, Corbaccio, Milano, 1929

BRAGAGLIA, Anton Giulio, *Evoluzione del mimo*, Ceschina, Milano, 1930

BRAGAGLIA, Cristina, DI GIAMMATTEO, Fernaldo, *Italia 1900-1990. L'opera al cinema*, La Nuova Italia, Scandicci (FI), 1990

BRESSON, Robert, *Note sul cinematografo*, Marsilio, Venezia, 1986, (ed. or. *Notes sur le cinématographe*, Gallimard, Paris, 1975)

BROCKETT, Oscar G., *Storia del teatro. Dal dramma sacro dell'antico Egitto agli esperimenti degli anni ottanta*, a cura di Claudio Vicentini, Marsilio, Venezia, 1988

BRUNETTA, Gian Piero, *Intellettuali, cinema e propaganda tra le due guerre. I pionieri, Canudo, Luciani, Pirandello, Barbaro, Chiarini, il film fascista*, Pàtron, Bologna, 1972

BRUNETTA, Gian Piero, *Cinema italiano fra le due guerre. Fascismo e politica cinematografica*, Mursia, Milano, 1975

BRUNETTA, Gian Piero, *Miti, modelli e organizzazione del consenso nel cinema fascista*, supplemento di «Pubblica Lettura», 1, maggio 1976, Servizio per la Cultura Cinematografica, Consorzio Provinciale Pubblica Lettura, Bologna, 1976

BRUNETTA, Gian Piero, *Storia del cinema italiano 1895-1945*, Editori Riuniti, Roma, 1979

BRUNETTA, Gian Piero, *Nota frammentaria ai Cines graffiti di Emilio Cecchi*, «Bianco e Nero», fascicolo 4, ottobre-dicembre 1983, pp. 23-26

BRUNETTA, Gian Piero, *Cent'anni di cinema italiano*, Laterza, Roma-Bari, 1991

BRUNETTA, Gian Piero, *Il viaggio dell'icononauta. Dalla camera oscura di Leonardo alla luce dei Lumière*, Marsilio, Venezia, 1997

BRUNETTA, Gian Piero, (a cura di), *Storia del cinema mondiale.*

L'Europa. 1 Miti, luoghi, divi, Einaudi, Torino, 1999

BRUNETTA, Gian Piero, (a cura di), *Storia del cinema mondiale. Volume secondo. Gli Stati Uniti*, Einaudi, Torino, 1999

BRUNETTA, Gian Piero, (a cura di), *Storia del cinema mondiale. III. L'Europa. Le cinematografie nazionali. Tomo I*, Einaudi, Torino, 2000

BRUNETTA, Gian Piero (a cura di), *Storia del cinema mondiale. Volume quinto. Teorie, strumenti, memorie*, Einaudi, Torino, 2001

BUCCHERI, Vincenzo, *Stile Cines. Studi sul cinema italiano 1930-1934*, Quaderni dello Stars, Vita e Pensiero, Milano, 2004

CACCIA, Susanna (a cura di/edited by), *Luoghi e architettura del cinema in Italia/Cinema houses: places and architectures in Italy*, ETS, Pisa, 2010

CACCIA, Susanna, GIUSTI, Maria Adriana (a cura di/edited by), *Cinema in Italia. Sguardi sull'Architettura del Novecento*, Maschietto, Firenze, 2007

CALDIRON, Orio, *La paura del buio. Studi sulla cultura cinematografica in Italia*, Bulzoni, Roma, 1980

CALDIRON, Orio, DELLA CASA, Stefano (a cura di), *Appassionatamente. Il mélo nel cinema italiano*, Lindau, Torino, 1999

CALLARI, Francesco, *Pirandello e il cinema*, Marsilio, Venezia, 1991

CALZINI, Mario, *Storia tecnica del film e del disco. Due invenzioni in una sola avventura*, Cappelli, Bologna, 1991

CANNISTARO, Philip V., *La fabbrica del consenso. Fascismo e mass media*, Laterza, Roma-Bari, 1975

CANOSA, Michele, CARLUCCIO, Giulia, VILLA, Federica (a cura di), *Cinema muto italiano: tecnica e tecnologia. Volume secondo. Brevetti, macchine, mestieri*, Carocci, Roma, 2006

CAPPABIANCA, Alessandro, MANCINI, Michele, *Ombre urbane. Set e città dal cinema muto agli anni '80*, Kappa, Roma, 1981

CARABBA, Claudio, *Il cinema del ventennio nero*, Vallecchi, Firenze, 1974

CARDILLO, Massimo, *Il duce in moviola. Politica e divismo nei cinegiornali e documentari "Luce"*, Dedalo, Bari, 1983

CARDILLO, Massimo, *Tra le quinte del cinematografo. Cinema, cultura e società in Italia 1900-1937*, Dedalo, Bari, 1987

CARPICECI, Stefania, *Il cinema di Carlo Ludovico Bragaglia*, «Il

Nuovo Spettatore», 14, febbraio 1992, pp. 155-173
CARPICECI, Stefania, *Le impossibilità di Icaro*, in David Bruni (a cura di), *Cinema 100 - III: Il cinema nel cinema*, Università degli Studi di Roma Tre-Dipartimento della Comunicazione Letteraria e dello Spettacolo, Roma, 1996, pp. 11-16
CARPICECI, Stefania, *Il dibattito sul sonoro nelle riviste italiane*, «Bianco & Nero», 3, maggio-giugno 2001, pp. 18-29
CARPICECI, Stefania, *Blasetti, Alessandro*, in *Enciclopedia del cinema. Volume I. A-CH*, diretta da Enzo Siciliano, Achille Tartaro, Gabriella Nisticò (redattore capo), Istituto della Enciclopedia Italiana Treccani, Roma, 2003, pp. 527-529
CARPICECI, Stefania, *Cines*, in *Enciclopedia del cinema. Volume I. A-CH*, diretta da Enzo Siciliano, Achille Tartaro, Gabriella Nisticò (redattore capo), Istituto della Enciclopedia Italiana Treccani, Roma, 2003
CARPICECI, Stefania, *Palermi, Amleto*, in *Enciclopedia del cinema. Volume IV. MAR-SH*, diretta da Enzo Siciliano, Achille Tartaro, Gabriella Nisticò (redattore capo), Istituto della Enciclopedia Italiana Treccani, Roma, 2003
CARPICECI, Stefania, *Tofano, Sergio*, in *Enciclopedia del cinema. Volume V. SIC-Z*, diretta da Enzo Siciliano, Achille Tartaro, Gabriella Nisticò (redattore capo), Istituto della Enciclopedia Italiana Treccani, Roma, 2004, pp. 215-216
CASADIO, Gianfranco, *Il grigio e il nero. Spettacolo e propaganda nel cinema italiano degli anni Trenta (1931-1943)*, Longo, Ravenna, 1989
CASADIO, Gianfranco, *Opera e cinema. La musica lirica nel cinema italiano dall'avvento del sonoro ad oggi*, Longo, Ravenna, 1995
CASADIO, Gianfranco, *I mitici eroi. Il cinema "peplum" nel cinema italiano dall'avvento del sonoro a oggi (1930-1993)*, Longo, Ravenna, 2007
CASADIO, Gianfranco, *Gli ultimi avventurieri. Il film storico nel cinema italiano (1931-2001). Dal Medioevo al Risorgimento*, Longo, Ravenna, 2010
CASETTI, Francesco, *Dentro lo sguardo. Il film e il suo spettatore*, Bompiani, Milano, 1994

CASETTI, Francesco, FARASSINO, Alberto Farassino, GRASSO, Aldo... [et Al], *Il neorealismo e il cinema italiano degli anni '30*, in Lino Miccichè (a cura di), *Il neorealismo cinematografico italiano*, Marsilio, Venezia, 1975 (III ed. 1999)

CASETTI, F. [Francesco], GAUDREAULT, A. [André], TALENS, J. [Jeanro]... [et Al], *Dossier Storia e storiografia del cinema. Questioni e metodi*, «La Valle dell'Eden», 1, gennaio-aprile 1999

CASETTI, Francesco, FANCHI, Mariagrazia (a cura di), *La sensibilità meccanica. Cinema e tecnologia in Italia*, «Bianco e Nero», fascicolo 549, maggio-agosto 2004

CASETTI, Francesco, MOSCONI, Elena (a cura di), *Spettatori italiani. Riti e ambienti del consumo cinematografico (1900-1950)*, Carocci, Roma, 2006

CASTELLANO, Alberto (a cura di), *L'attore dimezzato? Doppiaggio sì/no, anzi... sì.*, 2 voll., ANCCI, Roma, 1992-1993

CASTELLANO, Alberto (a cura di), *Il doppiaggio. Profilo storia e analisi di un'arte negata*, AIDAC, Roma, 2000

CASTELLANO, Alberto (a cura di), *Il doppiaggio. Materiali*, AIDAC, Roma, 2000

CAUDA, Ernesto, *Cinematografia sonora. Elementi teorico-pratici*, Ulrico Hoepli Editore, Milano, 1930

CAUDA, Ernesto, *La cinematografia per tutti. Guida pratica per cinedilettanti*, ACIEP, Roma, 1931

CAUDA, Ernesto, *Il film italiano*, Nuova Europa, Roma, 1932

CAUDA, E. [Ernesto], UCCELLO, P. [Paolo], *Afonie e raucedini del film sonoro. Loro cause e loro eliminazione*, Arti Grafiche Pizzi & Pizio, Milano, 1933

CAVALLO, Pietro, *La storia attraverso i media. Immagini, propaganda e cultura in Italia dal Fascismo alla Repubblica*, Liguori, Napoli, 2002

CECCHI, Alberto, *Ombre bianche. Critiche cinematografiche 1929-1930*, a cura di Alessandro Tinterri, Sellerio, Palermo, 1989

CECCHI, Emilio, *Cinema 1931*, «Scenario», 1, febbraio 1932, pp. 5-10

CECCHI, Emilio, *Taccuini*, Mondadori, Milano, 1976

CECCHI, Emilio, *Gli anni della Cines. Inediti dai "Taccuini"*, «Bianco e Nero», fascicolo 4, ottobre-dicembre 1983, pp. 7-22

CECCHI, Emilio, *Saggi e viaggi*, a cura di Margherita Ghilardi, Mondadori, Milano, 1997

CELLI, Silvio (a cura di), *I tesori del LUCE*, speciale di «Bianco e Nero», fascicolo 547, inverno 2003

CESARI, Maurizio, *La censura nel periodo fascista*, Liguori, Napoli, 1978

CHABOD, Federico, *L'Italia contemporanea 1918-1948*, Einaudi, Torino, 1961

CHAVANCE, Louis, *Le "dubbing"*, «La Revue du Cinéma», 26, 1° septembre 1931, pp. 16-19

CHIARINI, Luigi, *Cinematografo*, Cremonese, Roma, 1935

CHION, Michel, *Le son au cinéma*, Éditions de l'Etoile, Paris, 1985

CHION, Michel, *La toile trouée*, Éditions de l'Etoile, Paris, 1988

CHION, Michel, *La voce nel cinema*, Pratiche, Parma, 1991 (ed. or. *La voix au cinéma*, Éditions de l'Etoile, Paris, 1982)

CHION, Michel, *L'audiovisione. Suono e immagine nel cinema*, Lindau, Torino, 1997 (ed. or. *L'audio-vision. Son et image au cinéma*, Éditions Nathan, Paris, 1990)

CHION, Michel, *I mestieri del cinema. Dai capolavori del muto ai giorni nostri, tutte le professioni che realizzano la magia del cinema*, Kinoglaz, Grafica Santhiatese, Santhià (VC), 1999 (ed. or. *Le cinéma et les métiers*)

CHITI, Roberto, LANCIA, Enrico (a cura di), *Dizionario del cinema italiano. I film dal 1930 al 1944. Volume primo*, Gremese, Roma, 2005 (I ed. 1993)

CLAIR, René, *Les auteurs de film n'ont pas besoin de vous*, «Pour Vous», 3 luglio 1930

COLASANTI, Arnaldo, NICOSIA, Ernesto (a cura di), *Mario Camerini: la nascita della modernità*, Archivi del '900, Roma, 2011

COLOMBO, Fausto, *La cultura sottile. Media e industria culturale dall'Ottocento agli anni Novanta*, Bompiani, Milano, 1998 (I ed.)

COMUZIO, Ermanno, *Colonna sonora. Dialoghi, musiche, rumori dietro lo schermo*, Il Formichiere, Milano, 1980

COMUZIO, Ermanno, *Pianoforte organo orchestra: la musica del muto*, «Immagine. Note di Storia del Cinema-Associazione Italiana per le Ricerche di Storia del Cinema», fascicolo sesto, 4, ottobre-dicembre 1983, pp. 15-18

COMUZIO, Ermanno, *La pratica del "cue-sheet" o foglio di indicazioni musicali. Musica durante il muto*, «Immagine. Note di Storia del Cinema-Associazione Italiana per le Ricerche di Storia del Cinema», fascicolo decimo, 2, aprile-giugno 1985, pp. 1-6

CONSIGLIO, Alberto, *Introduzione a un'estetica del Cinema e altri scritti*, Alfredo Guida Editore, Napoli, 1932

CORSI, Barbara, *Con qualche dollaro in meno. Storia economica del cinema italiano*, Editori Riuniti, Roma, 2001

COSTA, Enrico, *Il proiezionista di film sonori. Manuale pratico ad uso degli operatori per la completa comprensione di un impianto e per la ricerca dei guasti*, Ulrico Hoepli Editore, Milano, 1933

COSTA, Enrico, *Il Cinelibro (passo ridotto). Guida per i cineasti dilettanti e professionisti sulla ripresa e proiezione ottica e sonora*, Ulrico Hoepli Editore, Milano, 1954

CRISTALLI, Paola (a cura di), *Il Cinema Ritrovato XXVI edizione Bologna dal 23 al 30 giugno 2012*, XLI Mostra Internazionale del Cinema Libero, Fondazione Cineteca di Bologna, Bologna, 2012

DEBENEDETTI, Giacomo, *Al cinema*, a cura di Lino Miccichè, Marsilio, Venezia, 1983

DE BERTI, Raffaele, *Dallo schermo alla carta. Romanzi, fotoromanzi, rotocalchi cinematografici: il film e i suoi paratesti*, Vita e Pensiero, Milano, 2000

DE BERTI, Raffaele, MOSCONI, Elena (a cura di), *Cinepopolare. Schermi italiani degli anni Trenta*, speciale di «Comunicazioni Sociali», 4, ottobre-dicembre 1998

DE BERTI, Raffaele, LOCATELLI, Massimo (a cura di), *Figure della modernità nel cinema italiano (1900-1940)*, ETS, Pisa, 2008

DE BERTI, Raffaele, PIAZZONI, Irene (a cura di), *Forme e modelli del rotocalco italiano tra fascismo e guerra*, Cisalpino, Milano, 2009

DE GRAZIA, Victoria, *Le donne nel regime fascista*, Marsilio, Venezia, 1993 (ed. or. *How Fascism Ruled Women. Italy, 1922-1945*, University of California Press, Berkeley, 1992)

DE GRAZIA, Victoria, LUZZATTO, Sergio (a cura di), *Dizionario del fascismo. Volume primo A-K. Volume secondo L-Z*, Einaudi, Torino, 2002-2003

DEL DUCA, Davide, *L'immagine del Ventennio. Percorsi didattici tra cinema e storia*, Cinemazero, Pordenone, 1994

DE MIRO, Ester C., FARASSINO, Alberto, GOLA, Guido... [et Al] (a cura di), *Il cinema italiano dal '30 al '40*, Tilgher, Genova, 1974

DI FORTUNATO, Eleonora, PAOLINELLI, Mario, *La questione doppiaggio. Barriere linguistiche e circolazione delle opere audiovisive*, AIDAC, Roma, 1996

DI GIAMMATTEO, Fernaldo, *Storia del cinema*, Marsilio, Venezia, 1998

DI SAN SECONDO, Rosso Pier Maria, *Teatro*, a cura di Luigi Ferrante, Bulzoni, Roma, 1976

Dossier: Du muet au parlant, «Cinématographe», 47, mai 1979, pp. 2-27

Dossier: du muet au parlant, in «Cinématographe», 48, juin 1979, pp. 2-20

Due lustri di sonoro. Numero doppio dedicato al fonofilm in occasione del suo decimo anniversario: la sua storia, i suoi problemi estetici, tecnici e industriali, «Cinema», 108, 25 dicembre 1940

DURIVIČOVÁ, Nataša, BOCK, Hans-Michael (edited by/sous la direction de), *Multiple and Multiple-language Versions/Versions multiples*, «Cinema & Cie », 4, spring 2004, Il Castoro, Milano, 2004

EHRENBOURG, Ilya, *Usine de Rêves. Hollywood pour Européens*, «La Revue du Cinéma», 26, 1° septembre 1931, pp. 3-15

EJZENŠTEJN, Sergej M., *Teoria generale del montaggio*, a cura di Pietro Montani, Marsilio, Venezia, 1985 (ed. or. *Izbrannye proizvedenija v šesti tomach*, Iskusstvo, Mosca, 1963-1970 e *Montaz*, vol. II)

EJZENŠTEJN, Sergej M., PUDOVKIN, Vsevolod, ALEKSANDROV, Grigorij, *Il futuro del film sonoro. Dichiarazione*, in Sergej Ejzenštejn, *La forma cinematografica*, Einaudi, Torino, 1986, pp. 269-270 (ed. or. *Film Form*, Harcourt, Brace and Company, Inc., New York, 1949)

Enciclopedia di Cinema-Teatro-Balletto-Circo-Tv-Rivista, Garzanti, Milano, 1976

EPSTEIN, Jean, *Écrits sur le cinéma 1921-1953*, Éditions Seghers, Paris, 1975

FABRI, [Ira], SIMONIGH, [Chiara], TERMINE, [Liborio] *Il cinema* e la vergogna negli scritti di Verga Bontempelli Pirandello, Testo & Immagine, Cascine Vica-Rivoli (TO), 199

FACCIOLI, Alessandro, PITASSIO, Francesco (a cura di), Sergio Tofano. Il cinema a merenda, «Bianco e Nero», fascicolo 552, febbraio 2005

FALASCA-ZAMPONI, Simonetta, Lo spettacolo del fascismo, Rubbettino, Palermo, 2003 (ed. or. Fascist Spectacle: The Aesthetics of Power in Mussolini's Italy, University of California Press, Los Angeles-Berkeley, 1997)

FANCHI, Mariagrazia, MOSCONI, Elena (a cura di), Spettatori. Forme di consumo e pubblici del cinema in Italia 1930-1960, Edizioni di Bianco & Nero, Marsilio, Roma-Venezia, 2002

FARASSINO, Alberto (sous la direction de), Mario Camerini, Éditions du Festival International du Film de Locarno, Éditions Yellow Now,Crisnée (Belgique), 1992

FARNESE, Antonio, Riflessi locali di una situazione internazionale. L'arrivo del sonoro, «Cinema Sessanta», 274, novembre-dicembre 2003, pp. 33-60

FERRANTE, Luigi, Rosso di San Secondo, Cappelli, Bologna, 1959

FERRERO, Adelio (a cura di), Storia del cinema. Dalle origini all'avvento del sonoro, Marsilio, Venezia, 1978

FOLIN, Alberto (a cura di), Il ritratto dell'italiano. Cultura, arte, istituzioni in Italia negli anni Trenta e Quaranta, Marsilio, Venezia, 1983

FONDANE, Benjamin, Du muet au parlant: grandeur et décadence du cinéma, «Bifur», 1930

FORGACS, David, L'industrializzazione della cultura italiana (1880-2000), Il Mulino, Bologna, 2000 (ed. or. Italian Culture in the Industrial Era 1880-1980. Cultural Industries, Politics and the Public, Manchester University Press, Manchester and New York, 1990)

FRANCESCHETTI, Anja, QUARESIMA, Leonardo (a cura di), Prima dell'autore. Spettacolo cinematografico, testo, autorialità dalle origini agli anni Trenta, III Convegno Internazionale di Studi sul Cinema, Dipartimento di Storia e Tutela dei Beni Culturali, Università degli Studi di Udine, Forum, Udine, 1997

FREDDI, Luigi, Il cinema, 2 voll., L'Arnia, Roma, 1949 (ried. parziale *Il cinema*. *Il governo dell'immagine*, Centro Sperimentale di Cinematografia, Gremese, Roma, 1994)

FRIEDEMANN, Alberto, *Non solo telefoni bianchi*, Associazione FERT, Torino, 1999

FRIEDEMANN, Alberto, CARANTI, Chiara (a cura di), *Dizionario dei brevetti di cinema e fotografia rilasciati in Italia 1894-1945*, Associazione FERT, Torino, 2006

FRYE, Northrop, *Anatomia della critica. Quattro saggi*, Einaudi, Torino, 1969 (ed. or. *Anatomy of Criticism. Four Essays*, Princenton University Press, Princenton, 1957)

GANDINI, Leonardo (a cura di), *La meccanica dell'umano. La rappresentazione della tecnologia nel cinema italiano dagli anni Trenta agli anni Sessanta*, Carocci, Roma, 2005

GARRONI, Emilio, *Per una teoria del film sonoro*, «Filmcritica», 185, gennaio 1968, pp. 29-68

GENTILE, Emilio, *Il culto del littorio. La sacralizzazione della politica nell'Italia fascista*, Laterza, Roma-Bari, 1993

GIGLI MARCHETTI, Ada, FINOCCHI, Luisa (a cura di), *Stampa e piccola editoria tra le due guerre*, Franco Angeli Libri, Milano, 1997

GILI, Jean A., *Stato fascista e cinematografia. Repressione e promozione*, Bulzoni, Roma, 1981 (tr. it. di Antonio Capalbi e dell'autore)

GILI, Jean A., *L'Italie de Mussolini et son cinéma*, Éditions Henri Veyrier, Paris, 1985

GILI, Jean A., *Le Cinéma italien à l'ombre des faisceaux (1922-1945)*, Institut Jean Vigo, Perpignan, 1990

GILI, Jean A., *Le Cinéma italien. Classiques, chefs d'œuvre et découvertes*, Éditions de la Martinière, Paris, 1996

GIOVANNETTI, Eugenio, *Il cinema e le arti meccaniche*, Sandron, Palermo, 1930

GIRALDI, Massimo, LANCIA, Enrico, MELELLI, Fabio, *Il doppiaggio nel cinema italiano*, Bulzoni, Roma, 2010

GIUSSANI, C. E. [Edoardo C.], *Apparecchi per la registrazione dei suoni su film*, «Cinema», 67, 10 aprile 1939, pp. 38-39

GOBETTI, Paolo, *Metamorfosi. Il cinema tra il fascino del muto e la tentazione del parlato 1928-1930. Vol 1: I film*, ANCR, Torino, 1992

GOBETTI, Paolo, *Metamorfosi. Il cinema tra il fascino del muto e la tentazione del parlato 1928-1930.* Vol 2: *Muto o sonoro*, ANCR, Torino, 1993

GORI, Gianfranco [Miro], *Alessandro Blasetti*, Il Castoro, La Nuova Italia, Firenze, 1984

GRANDE, Maurizio, *Il cinema di Saturno. Commedia e malinconia*, Bulzoni, Roma, 1992 (ora anche in Id., *La commedia all'italiana*, a cura di Orio Caldiron, Bulzoni, Roma, 2003)

GRIGNAFFINI, Giovanna, *«Signore e signori: il cinematografo».* La *nascita del cinema e il suo mito*, Marsilio, Venezia, 1995

GRAZIANI, Gianfranco, *Pratiche basse e telefoni bianchi. Cinema italiano 1923-1943*, Tracce, Pescara, 1987

GRMEK GERMANI, Sergio, *Mario Camerini*, La Nuova Italia, Firenze, 1980

GROMO, Mario, *Cinema italiano (1903-1953)*, Mondadori, Milano, 1954

GRYZIK, Antoni, *Le rôle du son dans le récit cinématographique*, «Études Cinématographiques», 139-141, Lettres Modernes, Minard, Paris, 1984

Guida pratica per l'uso del Fonografo Edison (tanto per la riproduzione dei cilindri quanto per la loro incisione), del Grammofono e del Kinetoscopio Edison, Elettricità, Milano, 1895

GUIDORIZZI, Mario (a cura di), *Voci d'autore. Storia e protagonisti del doppiaggio italiano*, Cierre, Sommacampagna (VE), 1999

HAY, James, *Popular Film Culture in Fascist Italy. The Passing of the Rex*, Indiana University Press, Bloomington-Indianapolis, 1987

HIGSON, Andrew, MALTBY, Richard (a cura di), *"Film Europe" and "Film America". Cinema, commerce and cultural exchange 1920-1939*, University of Exter Press, Exter, 1999

HOBSBAWN, Eric J., *Il secolo breve. 1914-1991: l'era dei grandi cataclismi*, Rizzoli, Milano, 1994 (ed. or. *Age of Extremens – The Shorts Twentieth Century 1914-1911*, Pantheon Books, Random House, New York, 1994)

ICART, Roger, *La Revolution du parlant, vue par la presse française*, Institut Jean Vigo, Perpignan, 1988

Il cinematografo e il teatro nella legislazione fascista. Raccolta delle leggi e dei regolamenti amministrativi, tributari e corporativi, coordinati e illustrati con brevi richiami legislativi e con note, Ditta Carlo Colombo, Roma, 1936

INNOCENTI, Veronica (a cura di) *MLVs Cinema and Other Media/ Versioni multiple. Cinema e altri media*, Campanotto, Pasian di Prato (UD), 2006

ISNENGHI, Mario (a cura di), *L'educazione degli italiani. Il fascismo e l'organizzazione della cultura*, Cappelli, Bologna, 1979

JARRATT, Vernon, *The Italian Cinema*, The Falcon Press, London, 1951

JACOBS, Lewis, *L'avventurosa storia del cinema americano*, Il Saggiatore, Torino, 1966, (ed. or. *The Rise of American Film. A Critical History*, Harcourt, Brace & Co., New York)

JEANNE, René, FORD, Charles, *Storia illustrata del cinema. Il cinema sonoro 1927-1945*, vol. 2, Dall'Oglio, Milano, 1967 (tr. it. del volume Éditions Robert Laffont, Paris, 1947)

KRACAUER, Siegfried, *Teoria del film*, Il Saggiatore, Milano, 1995 (ed. or. *Theory of Film*, Oxford University Press, New York, 1960)

KRAISKI, Giorgio (a cura di), *I formalisti russi nel cinema*, Garzanti, Milano, 1987

LANDY, Marcia, *Fascism in Film. The Italian Commercial Cinema, 1931-1943*, Princeton University Press, Princeton-New Jersey, 1986

LANDY, Marcia, *Italian Film*, Cambridge University Press, Cambridge, 2000

LANDY, Marcia, *Stardom Italian Style. Screen Performance and Personality in Italian Cinema*, Indiana University Press, Bloomington-Indianapolis, 2008

LAURA, Ernesto G. [Guido], SINISCALCHI, Claudio, *La Rivista del Cinematografo. Settanta anni al servizio del cinema di qualità 1928-1998*, Ente dello Spettacolo, Roma, 1999

LAURA, Ernesto G. [Guido], *Le stagioni dell'Aquila. Storia dell'Istituto Luce*, Ente dello Spettacolo, Roma, 2000 (I ed. 1999)

LEGA, Giuseppe, *Il fonofilm. L'arte e la tecnica della cinematografia parlata e sonora*, Novissima Enciclopedia Monografica Illustrata, C. Cherubini Editore, Firenze, 1932

LIZZANI, Carlo, *Il cinema italiano. Dalle origini agli anni ottanta*, Editori Riuniti, Roma, 1980

LONDON, K., *Film Music: A summary of the Characteristic Fea-*

le ombre cantano e parlano vol. II apparati

turess of Its History, Aesthetics, Techniques, and Possible Developments, Faber & Faber, London, 1936

LUCIANI, Sebastiano A. [Arturo], *L'antiteatro*. *Il cinematografo come arte*, La Voce Editrice, Roma, 1928

LUGHI, Paolo (a cura di), *Paprika*. *La commedia fra Italia e Ungheria nel cinema degli anni Trenta*, Società Editoriale Libraria, Trieste, 1990

LUGHI, Paolo, *Uno schermo tra due mondi*. *I film in doppia versione nel cinema italiano degli anni Trenta*, «Il Nuovo Spettatore», 14, febbraio 1992, pp. 187-192

LUSERI, Francesco, *Il volto e la voce*, Edizioni AGA-Agenzie Giornalistiche Associate, Roma, 1966

LUZZATTO, Sergio, *L'immagine del duce*. *Mussolini nelle fotografie dell'Istituto Luce*, Editori Riuniti, Istituto Luce, Roma, 2001

MALVANO, Laura, *Fascismo e politica dell'immagine*, Bollati Boringhieri, Torino, 1988

MANACORDA, Giuliano, *Storia della letteratura italiana contemporanea 1900-1940*, Editori Riuniti, Roma, 1999

MANGONI, Luisa, *L'interventismo della cultura*. *Intellettuali e riviste del fascismo*, Laterza, Roma-Bari, 1974 (ed. aggiornata Aragno, Torino, 2002)

MANNINO-PATANÉ, Gaetano, *Il cine sonoro (Passo normale)*. *Proiezione-acustica*, Ulrico Hoepli Editore, Milano, 1943

MARASCHIO, Nicoletta, *L'italiano del doppiaggio*, in Centro Studi di Grammatica Italiana (a cura di), *La lingua italiana in movimento*, Accademia della Crusca, Firenze, 1982

MARGADONNA, Ettore Maria, *Cinema ieri e oggi*, Editoriale Domus, Milano, 1932

MARTINELLI, Vittorio (a cura di), *Il cinema muto italiano. I film degli anni venti / 1923-1931*, «Bianco e Nero», fascicolo 4/6, luglio-dicembre 1981

MARTINELLI, Vittorio, *Primi approcci tra cinema e fascismo*, «Immagine. Note di Storia del Cinema-Associazione Italiana per le Ricerche di Storia del Cinema», fascicolo decimo, aprile-giugno 1985, pp. 7-12

MARTINELLI, Vittorio (a cura di), *Cinema italiano in Europa*

1907-1929, AIRSC-Associazione Italiana per le Ricerche di Storia del Cinema, Roma, 1992

MARTINELLI, Vittorio, *Il cinema muto italiano. I film degli anni venti, 1924-1931*, Biblioteca di Bianco e Nero, Nuova ERI-Edizioni RAI Radiotelevisione Italiana, CSC-Centro Sperimentale di Cinematografia, Torino-Roma, 1996

MASI, Stefano, LANCIA, Enrico, *Stelle d'Italia. Piccole e grandi dive del cinema italiano dal 1930 al 1945*, Gremese, Roma, 1994

MASSON, Alain (réuni par), *Du muet au parlant*, dossier di «Positif», 520, juin 2004

MAZZEI, Luca, *Un et Trin: les versions multiples à la Cines selon Pittaluga*, «Cinema & Cie», 7, fall 2005, pp. 79-94

MEANDRI, Ilario, VALLE, Andrea (a cura di), *Dossier Suono/Immagine*, «La Valle dell'Eden», 25-26, luglio 2010-giugno 2011

MENARINI, Alberto, *Il cinema nella lingua. La lingua nel cinema. Saggi di filmologia linguistica*, Fratelli Bocca, Milano-Roma, 1955

MESSINA, Nunzia Messina, *Le donne del fascismo. Massaie rurali e dive del cinema nel ventennio*, Ellemme, Roma, 1987

MICCICHÈ, Lino, *Dal film "afono" al "fonofilm". (Il cinema sonoro come spettacolo di massa)*, Convegno AGIS "Il grande schermo: ieri, oggi, domani", Roma, 1995

MICCICHÈ, Lino, *1895: l'anno del cinema e di molto altro*, Convegno "1895 e dintorni: non solo cinema", Roma, 1996

MICELI, Sergio, *Musica e cinema nella cultura del Novecento*, Sansoni, Milano, 2000 (edizione ampliata e aggiornata, Bulzoni, Roma, 2010)

MICHELI, Paola, *Il cinema di Blasetti, parlò così. Un'analisi linguistica dei film (1929-1942)*, Bulzoni, Roma, 1990

MIDA, Massimo, QUAGLIETTI, Lorenzo, *Dai telefoni bianchi al neorealismo*, Laterza, Roma-Bari, 1980

MITRY, Jean, *Histoire du cinéma. Art et industrie. IV. Les années 30*, Éditions Universitaires Jean-Pierre Delange, Paris, 1980

MOEN, Lars C., ARNAUD, Michel J., *Le metteur en scène et le film parlant*, «La Revue du Cinéma», 4, 15 octobre 1929, pp. 50-54

MORRICONE, Ennio, MICELI, Sergio, *Comporre per il cinema.*

Teoria e prassi della musica nel film, a cura di Laura Gallenga, Biblioteca di Bianco e Nero, Fondazione Scuola Nazionale di Cinema, Roma, 2001

MOSCONI, Elena, *L'impressione del film. Contributi per una storia culturale del cinema italiano 1895-1945*, Vita e Pensiero, Milano, 2006

MOSCONI, Elena (a cura di), *Nero su bianco. Le politiche per il cinema negli ottant'anni della «Rivista del Cinematografo»*, Fondazione Ente dello Spettacolo, Roma, 2008

MÜNSTERBERG, Hugo, *Film. Il cinema muto nel 1916*, Pratiche, Parma, 1980 (tr. it. di Cecilia Rosso)

MURIALDI, Paolo, *La stampa del regime fascista*, Laterza, Roma-Bari, 2008 (I ed. 1986)

MUSCIO, Giuliana, *Piccole Italie, grandi schermi. Scambi cinematografici tra Italia e Stati Uniti 1895-1945*, Bulzoni, Roma, 2004

NACCI, Michela, *Tecnica e cultura della crisi (1914-1939)*, Loescher, Torino, 1982

NANNI, A. [Aldo], *Tecnica e Arte del Film. Fra le quinte della cinematografia*, Antonio Vallardi Editore, Milano, 1931

NAPOLITANO, G. G., *Doppiare un film*, «Scenario», 8, agosto 1933, pp. 419-422

Nozze d'oro della Cines 1906-1956. Mezzo secolo di cinema italiano, a cura dell' Ufficio Stampa Cines, Stabilimento Tipografico Sicca, Roma, 1956

Nuovi materiali sul Cinema Italiano 1929-1943. Vol. I-II, a cura dell'Ufficio Documentazione della Mostra Quaderni informativi nn. 71-72, XII Mostra Internazionale del Nuovo Cinema, Ancona, 1976

Origine, organizzazione e attività dell'Istituto Nazionale "LUCE", Istituto Poligrafico dello Stato, Roma, 1934

PAGNOL, Marcel, *Le film parlant offre à l'ecrivain des ressources nouvelles*, «Le Journal», [s. n.], 17 maggio 1930

PAGNOL, Marcel, *Cinématurgie de Paris*, «Cahiers du Film», 1, 15 dicembre 1933, pp. 5-7

PAOLELLA, Roberto, *Storia del cinema sonoro (1926-1939)*, Giannini, Napoli, 1966

PARIGI, Stefania (a cura di), *Risate di regime. La commedia ita-*

liana 1930-1944, Quaderno informativo V Evento Speciale, Ente Mostra Internazionale del Nuovo Cinema, Pesaro, 1991

PAVOLINI, Corrado, *Tradurre un film*, «Cinema», 5, 10 settembre 1936, pp. 180-181

PELLIZZARI, Lorenzo, *Critica alla critica. Contributi a una storia della critica cinematografica italiana*, Bulzoni, Roma, 1999

PERRETTI, Fabrizio, NEGRO, Giacomo, *Economia del cinema. Principi economici e variabili strategie del settore cinematografico*, ETAS, Milano, 2003

PESENTI COMPAGNONI, Donata, *Verso il cinema. Macchine spettacoli e mirabili visioni*, UTET, Torino, 1995

PESCATORE, Guglielmo, *La voce e il corpo. L'opera lirica al cinema*, Campanotto, Pasian di Prato (UD), 2001

PETROLINI, Ettore, *Io e il film sonoro*, in Id., *Facezie, autobiografie e memorie*, a cura di Giovanni Antonucci, Newton Compton, Roma, 1993, pp. 143-148, (già in «Comoedia», 9, 15 settembre-15 ottobre 1930, pp. 7-8)

PEZZOTTA, Alberto (a cura di), *Forme del melodramma*, Bulzoni, Roma, 1992

PICKERING IAZZI, Robin (a cura di), *Mothers of Invention. Women, Italian Fascism and Culture*, University of Minnesota Press, Minneapolis-London, 1995

PITASSIO, Francesco, QUARESIMA, Leonardo (a cura di), *Scrittura e immagine. La didascalia nel cinema muto*, IV Convegno Internazionale di Studi sul Cinema, Dipartimento di Storia e Tutela dei Beni Culturali, Università degli Studi di Udine, Forum, Udine, 1998

PITASSIO, Francesco, QUARESIMA, Leonardo (edited by/sous la direction de), *Multiple and Multiple-language Versions III/Versions multiples III*, «Cinema & Cie», 7, fall 2005, Il Castoro, Milano, 2005

PIVIDORI, Bianca (a cura di), *Critica italiana primo tempo: 1926-1934*, «Bianco e Nero», fascicolo 3/4, marzo-aprile 1973

PIZZO, Marco, D'AUTILIA, Gabriele, *Fonti d'archivio per la storia del LUCE 1925-1945*, Istituto Luce S.p.A., Roma, 2004

Politica e cultura del dopoguerra (con una cronologia 1929/1964 e una antologia), a cura dell' Ufficio Documentazione della Mostra, Quaderno informativo n. 56, X Mostra Internazionale del

Nuovo Cinema, Pesaro, 1974

PRÉDAL, René, *Cinema: cent'anni di storia*, Baldini & Castoldi, Milano, 1996 (ed. or. *Histoire du cinéma. Abregé pédagogique*, Cinémaction, Corlet, 1994)

PUDOVKIN, Vsevolod, *Film e fonofilm*, Le Edizioni d'Italia, Roma, 1935 (tr. it. di Umberto Barbaro; ed. aggiornata Vsevolod Pudovchin, *Film e fonofilm. Il soggetto. La direzione artistica. L'attore. Il film sonoro*, a cura di Umberto Barbaro, Bianco e Nero Editore, Roma, 1950)

QUAGLIETTI, Lorenzo, *Ecco i nostri: l'invasione del cinema americano in Italia*, Centro Sperimentale di Cinematografia, Nuova ERI-Edizioni RAI Radiotelevisione Italiana, Torino, 1991

QUARESIMA, Leonardo (a cura di), *Il cinema e le altre arti*, La Biennale di Venezia, Marsilio, Venezia, 1996

QUARESIMA, Leonardo (a cura di), *Storia del cinema italiano. Volume IV-1924/1933*, Marsilio, Edizioni di Bianco e Nero, Venezia-Roma, 2013 (uscita prevista)

QUARESIMA, Leonardo, RAENGO, Alessandra, VICHI, Laura (a cura di), *La nascita dei generi cinematografici*, V Convegno Internazionale di Studi sul Cinema, Dipartimento di Storia e Tutela dei Beni Culturali, Università degli Studi di Udine, Forum, Udine, 1999

QUARESIMA, Leonardo, RAENGO, Alessandra, VICHI, Laura (a cura di), *I limiti della rappresentazione: censura, visibile, modi di rappresentazione nel cinema*, VI Convegno Internazionale di Studi sul Cinema, Dipartimento di Storia e Tutela dei Beni Culturali, Università degli Studi di Udine, Forum, Udine, 2000

QUARESIMA, Leonardo, VICHI, Laura (a cura di), *La decima musa/The Tenth Muse. Il cinema e le altre arti/Cinema and Others Arts*, VI Convegno DOMITOR, VII Convegno Internazionale di Studi sul Cinema, Dipartimento di Storia e Tutela dei Beni Culturali, Università degli Studi di Udine, Forum, Udine, 2001

QUARGNOLO, Mario, *Pionieri e esperienze del doppiato in Italia*, «Bianco e Nero», 5, maggio 1967, pp. 66-79

QUARGNOLO, Mario, *La parola ripudiata. L'incredibile storia dei film stranieri in Italia nei primi anni del sonoro*, La Cineteca del Friuli, Gemona (UD), 1986

RAFFAELLI, Sergio, *La lingua filmata. Didascalie e dialoghi nel cinema italiano*, Le Lettere, Firenze, 1992

REDI, Riccardo, (a cura di), *Cinema italiano sotto il fascismo*, Marsilio, Venezia, 1979

REDI, Riccardo, *Ti parlerò... d'amor. Cinema italiano fra muto e sonoro*, ERI-Edizioni Rai Radiotelevisione Italiana, Torino, 1986

REDI, Riccardo, *La Cines. Storia di una casa di produzione italiana*, CNC, Roma, 1991

REDI, Riccardo (a cura di), *Cinema scritto. Il catalogo delle riviste italiane di cinema 1907-1944*, AIRSC-Associazione Italiana per le Ricerche di Storia del Cinema, Roma, 1992

REDI, Riccardo, *La fascistizzazione del cinema italiano* e *La fascistizzazione del cinema italiano: 2*, «Immagine. Note di Storia del Cinema-Associazione Italiana per le Ricerche di Storia del Cinema», nuova serie, 26, primavera 1994, pp. 1-9

REDI, Riccardo, *La fascistizzazione del cinema italiano: 3. Il "memoriale Pierantoni"*, «Immagine. Note di Storia del Cinema-Associazione Italiana per le Ricerche di Storia del Cinema», nuova serie, 31, estate 1995, pp. 19-25

REDI, Riccardo, *Cinema muto italiano (1896-1930)*, Biblioteca di Bianco & Nero, Fondazione Scuola Nazionale di Cinema, Roma, 1999

REDI, Riccardo, CAMERINI, Claudio (a cura di), *Cinecittà 1: industria e mercato nel cinema italiano tra le due guerre*, Marsilio, Venezia, 1985

REICH, Jacqueline, GAROFALO, Piero (edited by), *Re-viewing Fascism. Italian Cinema, 1922-1943*, Indiana University Press, Bloomington-Indianapolis, 2002

RENZI, Renzo (a cura di), *Sperduto nel buio. Il cinema muto italiano e il suo tempo (1905-1930)*, Cappelli, Bologna, 1991

RENZI, Renzo (a cura di), *Il cinema dei dittatori. Mussolini, Stalin, Hitler*, Grafis, Bologna, 1992

RIGANTI, Alberto, MARENGO, Silvio Riolfo (a cura di), *Enciclopedia Universale Garzanti*, Garzanti, Milano, 1994

Ritorno a Blasetti, speciale di «Bianco & Nero», 6, novembre-dicembre 2000

ROGNONI, Luigi, *Cinema muto dalle origini al 1930*, Edizioni di Bianco e Nero, Roma, 1952

RONDOLINO, Gianni, *Storia del cinema*, UTET, Torino, 1977
RONDOLINO, Gianni, *Cinema e musica. Breve storia della musica cinematografica*, UTET, Torino, 1991
RONDOLINO, Gianni, TOMASI, Dario, *Manuale del film. Linguaggio, racconto, analisi*, UTET, Torino, 1995
RUFFIN, Valentina, D'AGOSTINO, Patrizia, *Dialoghi di regime. La lingua del cinema degli anni trenta*, Bulzoni, Roma, 1997
RUSSOLO, Luigi, *L'Arte dei rumori*, Edizioni Futuriste di "Poesia", Milano, 1916
SABBATUCCI, Giovanni, VIDOTTO, Vittorio (a cura di), *Storia d'Italia. 4. Guerre e fascismo. 1914-1943*, Laterza, Roma-Bari,1998
SADOUL, George, *Storia del cinema mondiale. Vol. I. Dalle origini alla fine della II guerra mondiale*, Feltrinelli, Milano, 1964 (ed. or. *Histoire du cinéma mondial des origines à nos jours*, Flammarion, Paris, 1964)
SALAMINO, Saverio, *Architetti e Cinematografi. Tipologie, architetture, decorazioni della sala cinematografica delle origini 1896-1932*, Prospettive, Roma, 2009
SANGUINETI, Tatti, *L'Anonimo Pittaluga. Tracce carte miti*, «Cinegrafie», 11, Transeuropa, Ancona, 1998
SARDI, Alessandro, *L'Istituto Nazionale Luce*, Luce, Roma, 1932
SAVIO, Francesco, *Cinecittà anni trenta. Parlano 116 protagonisti del secondo cinema italiano (1930-1943). Volume I (AB-DEF). Volume II (DEG-MOR). Volume III (NAZ-ZAV)*, Bulzoni, Roma, 1979
SAVIO, Francesco, *Ma l'amore no. Realismo, formalismo, propaganda e telefoni bianchi nel cinema italiano di regime (1930-1943)*, Sonzogno, Milano, 1983
SCAROCCHIA, Sandro, *Albert Speer e Marcello Piacentini. L'architettura del totalitarismo negli anni trenta*, Skira, Milano, 1999
SERANDREI, Mario, *Giorni di gloria. Un film. Gli scritti*, a cura di Laura Gaiardoni, I quaderni di Bianco & Nero, Scuola Nazionale di Cinema, Il Castoro, Roma, 1998
SOLDATI, Mario, *24 ore in uno studio cinematografico*, Sellerio, Palermo, 1985
SORLIN, Pierre, *Italian National Cinema 1896-1996*, Routledge, London-New York, 1996

TAILLIBERT, Christel, *L'Institut international du cinématographe éducatif. Regards sur le rôle du cinéma éducatif dans la politique internationale du fascisme italien*, L'Harmattan, Paris, 1999

TARQUINI, Alessandra, *Storia della cultura fascista*, Il Mulino, Bologna, 2011

The State of Sound Studies/Le son au cinéma, état de la recherche, «Iris», 27, spring 1999

THOMPSON, Kristin, *Exporting Entertainment. America in the World Film Market 1907-1934*, BFI, London, 1985

THOMPSON, Kristin, *National or International Film? The European Debate during the 1920s*, «Film History», 3, 1996

TINAZZI, Giorgio (a cura di), *Il cinema italiano dal fascismo all'antifascismo*, Marsilio, Padova, 1966

TOSI, Virgilio, *Breve storia tecnologica del cinema*, Bulzoni, Roma, 2001

TRANFAGLIA, Nicola, MURIALDI, Paolo, LEGNANI, Massimo, *La stampa italiana nell'età fascista*, Laterza, Bari, 1980

TURCONI, Davide (a cura di), *La critica cinematografica in Italia e negli Stati Uniti dalle origini al 1930*, Amministrazione Provinciale di Pavia, Pavia, 1977

TURCONI, Davide, BASSOTTO, Camillo (a cura di), *Il cinema nelle riviste italiane dalle origini a oggi*, Mostracinema, Venezia, 1972

UCCELLO, Paolo, *La tecnica e l'arte del doppiato*, «Bianco e Nero», 5, 31 maggio 1937, pp. 40-55

UCCELLO, Paolo, *Difetti e rimedi. La cabina di proiezione*, «Cinema», 62, 10 gennaio 1939, p. 44

UCCELLO, Paolo, *Cinema. Tecnica e linguaggio*, Edizioni Paoline, Roma, 1982

UCCELLO, Paolo, INNAMORATI, Libero, *La registrazione del suono*, Edizioni di Bianco e Nero, Roma, 1939

USIGLI, Arrigo, *Difetti e rimedi. Replica sul "sonoro"*, «Cinema», 63, 25 gennaio 1939, p. 88

VALENTINI, Paola, *La scena rubata. Il cinema italiano e lo spettacolo popolare (1924-1954)*, Vita e Pensiero, Milano, 2002

VALENTINI, Paola, *Il suono nel cinema. Storia, teoria e tecniche*, Marsilio, Venezia, 2006

VALENTINI, Paola, *Presenze sonore. Il passaggio al sonoro in Italia tra cinema e radio*, Le Lettere, Firenze, 2007

VALLAURI, Carlo, GRASSICCIA, Giuseppina (a cura di), *Modelli culturali e stato sociale negli anni Trenta*, Atti del Seminario Internazionale Interdisciplinare svoltosi a Siena nei giorni 13, 14 e 15 marzo 1987, Le Monnier, Firenze, 1988

VANOYE, Francis, *La sceneggiatura. Forma, dispositivi e modelli*, Lindau, Torino, 1998 (ed. or. *Scénarios modèles, modèles de scénarios*, Éditions Nathan, Paris, 1991)

VAUDAGNA, Maurizio (a cura di), *L'estetica della politica. Europa e America negli anni Trenta*, Laterza, Roma-Bari, 1989

VERDONE, Mario, S. A. *Luciani e il problema estetico della musica nel film. Capitolo settimo*, in Id., *Sommario di dottrine del film*, Maccari, Parma, 1971, pp. 111-117

VERDONE, Mario, *Alessandro Blasetti*, Edilazio, Roma, 2006

VILLANI, Maria Grazia (a cura di), *Alessandro Blasetti: il mestiere del cinema*, Gangemi, Roma, 2002

VIVIANI-CORTINI, M., *I segreti del doppiaggio*, «Cinema», 6, 25 settembre 1936, pp. 232-233

ZAGARRIO, Vito, *Cinema e fascismo. Film, modelli, immaginari*, Marsilio, Venezia, 2004

ZAVATTINI, Cesare, *Cronache da Hollywood*, a cura di Giovanni Negri, Lucarini, Roma, 1991

ZOTTI MINICI, Carlo Alberto, *Dispositivi ottici alle origini del cinema. Immaginario scientifico e spettacolo nel XVII e XVIII secolo*, CLUEB, Bologna, 1998

ZUNINO, Pier Giorgio, *L'ideologia del fascismo. Miti, credenze e valori nella stabilizzazione del regime*, Il Mulino, Bologna, 1985Testo finto *testo corsivo* testo finto

Filmografia (1930-1932)*

ROTAIE

regia: Mario Camerini - soggetto e sceneggiatura: Corrado D'Errico, M. Camerini (riduzione) - fotografia: Ubaldo Arata - scenografia: Daniele Crespi, con la collaborazione non accreditata di Vittorio Cafiero, Angelo Canevari e Otha Sforza - musica: Marcello Lattès (partitura musicale per il film in versione muta di Nuccio Fiorda) - canzoni: Costantino Ferri - interpreti e personaggi: Käthe von Nagy (la ragazza), Maurizio D'Ancora (Giorgio, il suo fidanzato), Daniele Crespi (Jacques Mercier), Aldo Moschino [poi Giacomo Moschino] (un amico di Jacques, giocatore al casinò), Carola Pia Lotti (la ragazza bionda, sua compagna), M. Camerini (un giocatore alla roulette) - montaggio: M. Camerini - direttore di produzione: Constantin J. David - produzione: Giovanni Agnesi per la SACIA (1929) e versione sonorizzata (1930) - distribuzione: SACIA - durata: 88' - visto di censura: n. 25823 del 30-06-1930.

NAPOLI CHE CANTA

regia: Mario Almirante - soggetto e sceneggiatura: M. Almirante - fotografia: Massimo Terzano, Ubaldo Arata - scenografia: Giulio Boetti - musica: Ernesto Tagliaferri, diretta da Pietro Sassoli - interpreti e personaggi: Malcom Todd (Jinny/GennyD'Ambrosio), Anna Mari (Alice Baldwyn), Lillian Lyl (Carmela), Giorgio Curti (Taniello), Carlo Tedeschi, Nino Altieri, Camillo De Rossi, Elvira Marchionni, Giovanni Marcial, Felice Minotti, Ellen Meis, Adriana Facchetti - montaggio: M. Almirante - direttore di produzione: Luigi

le ombre cantano e parlano vol. II apparati

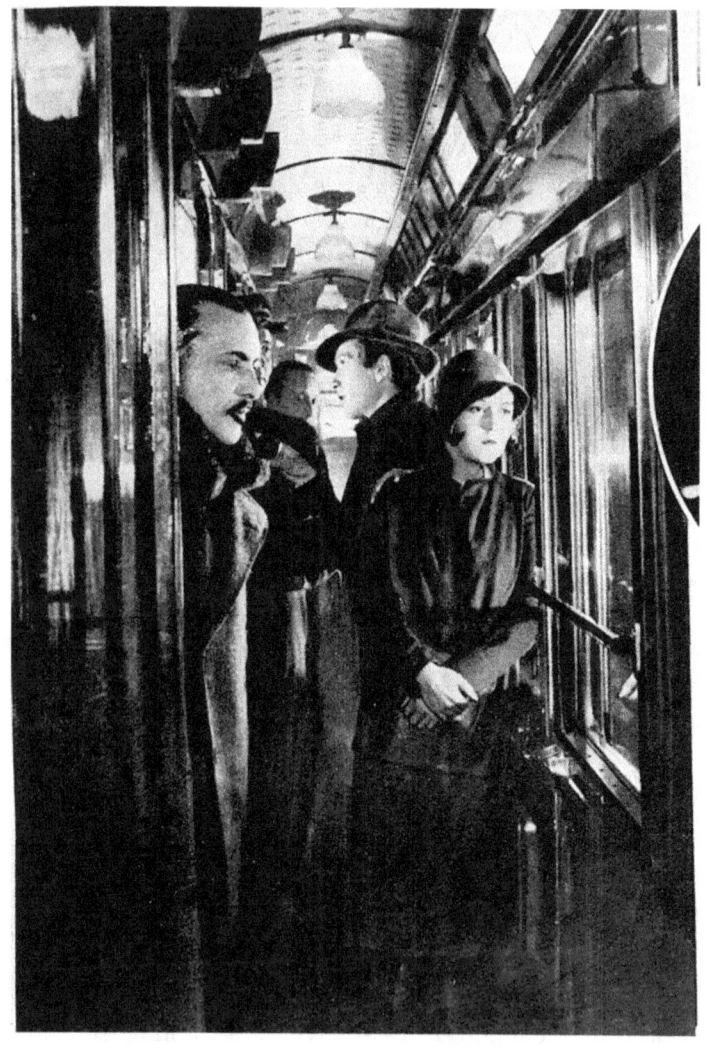

Eliseo Martini - *produzione*: Fert Film (Torino)/Cines-Pittaluga (Roma, 1930) - *distribuzione*: Anonima Pittaluga - *durata*: 72' - *visto di censura*: n. 26019 del 30-09-1930.

LA CANZONE DELL'AMORE

regia: Gennaro Righelli - *soggetto*: liberamente tratto dalla novella *In silenzio* di Luigi Pirandello - *sceneggiatura e adattamento*: G. Righelli, Giorgio C. Simonelli - *fotografia*: Ubaldo Arata, Massimo Terzano - *scenografia*: Gastone Medin, Alfredo Montori - *musica*: Cesare A. [Andrea] Bixio, Armando Fragna, diretta da Pietro Sassoli, con la canzone *Solo per te Lucia* di C. A. [Andrea] Bixio - *assistente alla regia*: Ferdinando M. [Maria] Poggioli - *interpreti e personaggi*: Dria Paola (*Lucia*), Isa Pola (*Anna*), Elio Steiner (*Enrico*), Mercedes Brignone (*la governante*), Camillo Pilotto (*Alberto Giordani, il padre*), Olga Capri (*la padrona di casa*), Fulvio Testi (*Giocondo*), Nello Rocchi (*Marietto, detto Nini, il bambino di 14 mesi*), Umberto Sacripante (*l'amico di Enrico*), Emilia Vidali, Franz Sala, Amerigo Di Giorgio, Renato Malavasi, Ermete Tamberlani, Nino Altieri, Gino Mercuriali, Geni Sadero e il piccolo Franco Cagnoni e la signora Annovazzi - *montaggio*: G. Righelli - *direttore di produzione*: Giuseppe Mari, Romolo Laurenti - *produzione*: Cines (1930) - *distribuzione*: Società Anonima Stefano Pittaluga - *durata*: 94' - *visto di censura*: n. 26027 del 30-09-1930.

NERONE

regia: Alessandro Blasetti - *soggetto*: da un'idea di Ettore Petrolini - *sceneggiatura*: E. Petrolini [con la collaborazione di A. Blasetti] - *fotografia*: Carlo Montuori - *scenografia*: Mario Pompei - *musica*: da alcuni temi, utilizzati per gli spettacoli di Petrolini, adattati e diretti da Pietro Sassoli - *interpreti e personaggi*: Ettore Petrolini (*Gastone/Fortunello/Nerone*), Elma Krimer (*Poppea*), Grazia Del Rio (*la giovane ammiratrice*), Mercedes Brignone (*Atte*), Mario Mazza

(*Mucrone*), Alfredo Martinelli (*Petronio*) Augusto Contardi, Mara Cardin, Lilla Frignone e con la partecipazione di A. Blasetti e degli altri attori della Compagnia Teatrale di Petrolini - *montaggio:* A. Blasetti - *direttore di produzione:* Angelo Besozzi - *produzione:* Cines-Pittaluga (1930) - *distribuzione:* Anonima Pittaluga - *durata:* 78' - *visto di censura:* n. 26089 del 31-10-1930.

CORTE D'ASSISE

regia: Guido Brignone - *soggetto:* Giuseppe Romualdi - *sceneggiatura*: G. Brignone, Mario Serandrei - *fotografia:* Ubaldo Arata, Massimo Terzano - *scenografia:* Gastone Medin - *musica:* Pietro Sassoli – *aiuto regia:* M. Serandrei – *assistente alla regia:* Libero Solaroli - *interpreti e personaggi:* Marcella Albani (*Leda Astorri*), Lya Franca (*Dora Bardi*), Carlo Ninchi (*Marcello Barra, il guardacaccia*), Renzo Ricci (*Aroldo Carmoli*), Elio Steiner (*Giulio Alberti*), Elvira Marchionni (*la cognata del guardacaccia*), Giovanni Cimara (*Alberto Astorri*), Camillo De Rossi (*Adolfo Calandri*), Vasco Creti (*Giovanni, il cameriere di casa Astorri*), Franco Coop (*il portiere di casa Calandri*), Giorgio Bianchi (*lo sconosciuto*), Luigi Carini (*il presidente del tribunale*), Raimondo Van Riel (*il procuratore generale*), Oreste Fares (*l'avvocato difensore*), Mercedes Brignone, Gino Sabbatini, Franz Sala, Umberto Sacripante, Giuseppe Pierozzi, Augusto Bandini, Alfredo Martinelli, Clara di Martignano, Alberto Castelli, Tullio Galvani, Bruno Castellani - *montaggio:* G. Brignone - *direttore di produzione:* Luigi Eliseo Martini - *produzione:* Cines-Pittaluga (1930) - *distribuzione:* Anonima Pittaluga - *durata:* 70' - *visto di censura:* n. 26214 del 31-12-1930.

IL MEDICO PER FORZA

regia: Carlo Campogalliani - *soggetto:* liberamente tratto dalla commedia di Molière *Le médicin malgré lui* - *sceneggiatura*: C. Campogalliani, Ettore Petrolini - *fotografia:* Ubaldo

Arata, Massimo Terzano, Carlo Montuori - *scenografia:* Daniele Crespi - *musica:* Pietro Sassoli - *interpreti e personaggi:* Ettore Petrolini (*Sganarello*), Tilde Mercandalli (*Lucinda*), Letizia Quaranta (*Martina*), Augusto Contardi (*Geronte*), Sergio Rovida (*Leandro*), Elda Krimer (*la balia*), Dria Paola, Checco Durante, Enzo De Felice - *montaggio:* C. Campogalliani - *produzione:* Cines-Pittaluga (1931) - *distribuzione:* Anonima Pittaluga - *durata:* 55' - *visto di censura:* n. 26237 del 31-01-1931.

CORTILE
regia: Carlo Campogalliani - *soggetto:* dal bozzetto poetico omonimo di Fausto Maria Martini - *adattamento e sceneggiatura*: Ettore Petrolini - *fotografia:* Ubaldo Arata, Massimo Terzano - *scenografia:* Daniele Crespi - *musica:* Pietro Sassoli - *interpreti e personaggi:* Ettore Petrolini (*il cantante girovago e cieco*), Dria Paola (*Maria*), Augusto Contardi - *montaggio:* Mario Almirante - *produzione:* Cines-Pittaluga (1931) - *distribuzione:* Anonima Pittaluga - *visto di censura*: non pervenuto - *durata:* 25'.

ANTONIO DI PADOVA, IL SANTO DEI MIRACOLI
regia: Giulio Antamoro - *soggetto:* liberamente tratto dal romanzo di padre Vittorio Facchinetti - *sceneggiatura*: G. Antamoro [con la collaborazione di Aldo Quinti] - *fotografia:* Emilio Guattari - *scenografia:* Alfredo Montori, Arnaldo Foresti - *musica:* Francesco Catalani d'Abruzzo - *aiuto regia:* A. Quinti - *interpreti e personaggi:* Carlo Pinzauti (*Antonio*), Elio Cosci (*Fernando, poi Antonio giovane*), Ruggero Barni, Armando Casini, Iris D'Alba, A. Quinti - *montaggio:* G. Antamoro, A. Quinti - *direttore di produzione:* Giovanni Pettine - *produzione:* Eugenio Musso per la Sacras (Società Anonima Cinematografie Religiose Artistiche Sonore) (1931) - *distribuzione:* Sacras - *durata:* 90' - *visto di censura:* n. 26277 del 31-01-1931.

TERRA MADRE

regia: Alessandro Blasetti - *soggetto:* da un'idea di Camillo Apolloni - *sceneggiatura:* Gian Bistolfi, A. Blasetti - *fotografia:* Carlo Montuori - *scenografia:* Domenico M. Sanzone, Vinicio Paladini - *musica:* Pietro Sassoli [diretta dal Maestro Montanari, con canti ispirati al folklore romagnolo e riadattati da Francesco Balilla Pradella, eseguiti dalla Camerata di Lugo] – *aiuto regia:* Goffredo Alessandrini, Ferdinando M. [Maria] Poggioli - *interpreti e personaggi:* Sandro Salvini (*il duca Marco*), Leda Gloria (*Emilia*), Isa Pola (*Daisy*), Vasco Creti (*il massaro, padre di Emilia*), Carlo Ninchi (*l'acquirente delle terre*), Olga Capri (*una massaia*), Ugo Gracci (*l'aiutante del massaro*), Franco Coop (*un contadino*), Giorgio Bianchi (*lo spasimante di Daisy*), Uberto Cocchi, Umberto Sacripante, Mario Revera, Nino Altieri, Arcangelo Aversa, Augusto Bandini, Guido Celano, Franz Sala, Raimondo Van Riel, il piccolo Lamberto e la Camerata Lughese dei Cantieri Romagnoli - *montaggio:* A. Blasetti [con la collaborazione di Carlo José Bassoli] - *direttore di produzione:* Angelo Besozzi - *produzione:* Cines-Pittaluga (1931) - *distribuzione:* Anonima Pittaluga - *durata:* 87' - *visto di censura:* n. 26330 del 28-02-1931.

RUBACUORI

regia: Guido Brignone - *soggetto:* Gino Rocca, Dino Falconi - *sceneggiatura:* Gino Mazzucchi - *fotografia:* Ubaldo Arata, Massimo Terzano - *scenografia:* Gastone Medin - *musica:* Felice Montagnini - *interpreti e personaggi:* Armando Falconi (*il banchiere Giovanni Marchi*), Tina Lattanzi (*sua moglie*), Ada Dondini (*la madre di Giovanni*), Mary Kid (*Ilka Bender*), Grazia Del Rio (*Dolly*), Vasco Creti (*l'allenatore sportivo*), Mercedes Brignone (*Giulietta Dupré*), Alfredo Martinelli (*il complice di Dolly*), Egon Stief (*Joe Battling*), Giorgio Bianchi (*il commissario*), Guido Celano, Maria Della Lunga Maldarelli, Giacomo Moschini, Roberto Pasetti, Mario

Revera, Vittorio Bianchi, il pugile Brunelli, il balletto Schwarz
e con Edoardo Bianco e la sua orchestra - *montaggio:* Libero
Solaroli, Carlo José Bassoli - *direttore di produzione:* C. J.
[Carlo José] Bassoli - *produzione:* Cines-Pittaluga (1931) -
distribuzione: Anonima Pittaluga - *durata:* 67' - *visto di
censura:* n. 26396 del 31-03-1931.

LA SCALA
regia: Gennaro Righelli - *soggetto:* tratto dal dramma
omonimo di Pier Maria Rosso di San Secondo - *sceneggiatura:*
Aldo Vergano - *fotografia:* Carlo Montuori - *scenografia:*
Vittorio Cafiero, Angelo Canevari, Daniele Crespi - *musica:*
Felice Montagnini [diretta da Pietro Sassoli] - *interpreti e
personaggi:* Maria Jacobini (*Clotilde Printemps, poi Terpi*),
Carlo Ninchi (*l'avvocato Giulio Terpi, suo marito*), Giorgio
Bianchi (*Barritos, l'amante*), Franco Coop (*il collega attore
di varietà*) Guido Celano (*il pianista*), Letizia Quaranta, Olga
Capri e il piccolo Lamberto - *montaggio:* G. Righelli [con la
collaborazione non accreditata di Giorgio C. Simonelli] -
direttore di produzione: Giuseppe Mari - *produzione:* Cines-
Pittaluga (1931) - *distribuzione:* Anonima Pittaluga - *durata:*
80' - *visto di censura:* n. 26468 del 30-04-1931.

RESURRECTIO
regia: Alessandro Blasetti - *soggetto e sceneggiatura*: A. Blasetti
- *dialoghi:* Guglielmo Zorzi - *fotografia:* Carlo Montuori -
scenografia: Gastone Medin - *musica:* Amedeo Escobar [adattata
e diretta da Pietro Sassoli] - *interpreti e personaggi:* Lya Franca (*la
ragazza*), Daniele Crespi (*Pietro Gadda*), Venera Alexandrescu (*la
vamp*), Olga Capri (*la signora grassa sull'autobus*), Mario Mazza
(*un operaio sull'autobus*), Aldo Moschino [poi Giacomo Moschini]
(*un gentiluomo al tabarin "Astoria"*), Alfredo Martinelli, Aristide
Baghetti e Giorgio Bianchi (*altri tre gentiluomini all'"Astoria"*),
Giuseppe Pierozzi (*il barista*), Idolo Tancredi (*un operaio alla
fermata dell'autobus*), Renato Malavasi e Umberto Sacripante

(*i due spettatori al concerto*) - *montaggio:* A. Blasetti - *direttore di produzione:* Angelo Besozzi - *produzione:* Cines-Pittaluga (1931) - *distribuzione:* Anonima Pittaluga - *durata:* 65' - *visto di censura:* n. 26529 del 31-05-1931.

LA STELLA DEL CINEMA

regia: Mario Almirante - *soggetto e sceneggiatura:* Gian Bistolfi, F. Ciarrocchi - *fotografia:* Anchise Brizzi – *scenografia e costumi:* Gastone Medin, Carlo Ludovico Bragaglia - *musica:* Pietro Sassoli, G. Franco [diretta dal Maestro Licciardello] – *aiuto regia:* Mario Serandrei – *assistente alla regia:* C. L. Bragaglia - *interpreti e personaggi:* Grazia Del Rio (*Rosa Bianchi, in arte Fiorella Aprile*), Elio Steiner (*Nerio Fumi, il suo fidanzato*), Sandra Ravel (*Vera Albador, la diva*), Giuseppe Masi (*il regista*), Fulvio Testi (*il suo segretario*), Nino Marchesini (*il direttore di produzione*), Giovanni Onorato (*l'impiegato dell'agenzia viaggi*), Olga Capri, Turi Pandolfini, Franco Coop, Augusto Bandini, Giuseppe Pierozzi, Giuseppe Gambardella, Daniele Crespi e con la partecipazione di Armando Falconi, Lya Franca, Leda Gloria, Maria Jacobini, Dria Paola, Isa Pola, Mercedes Brignone, Umberto Sacripante, Carlo Ninchi, Marcella Albani, Alfredo Martinelli e dei registi M. Almirante, Guido Brignone, Carlo Campogalliani e Gennaro Righelli - *montaggio:* M. Almirante, M. Serandrei - - *produzione:* Cines-Pittaluga (1931) - *distribuzione:* Anonima Pittaluga - *durata:* 69' - *visto di censura:* n. 26535 del 31-05-1931.

LA LANTERNA DEL DIAVOLO

regia: Carlo Campogalliani - *soggetto:* Leo Menardi - *sceneggiatura*: Gian Bistolfi - *fotografia:* Anchise Brizzi - *scenografia:* Domenico M. Sanzone - *musica:* Ettore Montanari [diretta da Pietro Sassoli] - *interpreti:* Nella Maria Bonora, Donatella Neri, Carlo Gualandri, Letizia Quaranta, Carlo Tamberlani, Raimondo Van Riel, Alfredo Martinelli,

Guido Celano, il piccolo Lamberto e la Baiocchi - *montaggio:* Giuseppe Faticati, C. Campogalliani - *produzione:* Cines-Pittaluga (1931) - *distribuzione:* Anonima Pittaluga - *durata:* 70' - *visto di censura:* n. 26592 del 31-07-1931.

IL SOLITARIO DELLA MONTAGNA
regia: Vladimiro De Liguoro - *soggetto:* Olga Battaggi, Eugenio De Liguoro - *sceneggiatura:* O. Battaggi - *fotografia:* Ubaldo Arata - *scenografia:* Gastone Medin - *musica:* Pietro Sassoli [con la canzone *Piccola Edelweis* di P. Sassoli e Ennio Neri] - *interpreti:* Carlo Ninchi, Letizia Bonini, Laura De Montel, Gustavo Serena, Franz Sala, Giorgio Bianchi, Vera Sari [Laura Versari], Amedeo Trilli - *montaggio:* Guy Simon - *produzione:* Cines-Pittaluga (1931) - *distribuzione:* Anonima Pittaluga - *durata:* 60' - *visto di censura:* n. 26760 del 30-09-1931.

L'UOMO DALL'ARTIGLIO
regia: Nunzio Malasomma - *soggetto:* tratto dal romanzo di Egon Eis, Otto Eis e Rudolf Katscher - *sceneggiatura*: N. Malasomma, Aldo Vergano - *fotografia:* Carlo Montuori - *scenografia:* Daniele Crespi, Vittorio Cafiero, Angelo Canevari - *musica:* Felice Montagnini - *interpreti e personaggi:* Dria Paola (*la dottoressa Vigo*), Carlo Fontana (*Pietro Krüger*), Elio Steiner (*Gastel*), Vasco Creti (*il commissario*), Carola Lotti (*Gina Rappis*), Carlo Lombardi (*Carlo Lopez*), Carlo Gualandri (*Rappis*), Gino Viotti (*Alberti*), Augusto Bandini, Giuseppe N. Bellini, Fedele Gentile, Luca Parisi - *montaggio:* Guy Simon- *direttore di produzione:* Giuseppe Mari - *produzione:* Cines-Pittaluga (1931) - *distribuzione:* Anonima Pittaluga - *durata:* 80' - *visto di censura:* n. 26761 del 30-09-1931.

PATATRAC
regia: Gennaro Righelli - *soggetto:* Gino Rocca, Dino

Falconi - *sceneggiatura*: Aldo Vergano - *fotografia*: Carlo
Montuori - *scenografia*: Enrico Paulucci, Carlo Levi -
musica: Ezio Carabella, Felice Lattuada [diretta da Ugo
Giacomozzi] - *interpreti e personaggi*: Armando Falconi (*il
conte Armando d'Aragosta*), Arturo Falconi (*il suo amico
Paolino*), Maria Jacobini (*Marta di Faggio*), Giorgio Bianchi
(*Roberto Montefiori*), Cesare Zoppetti (*Domenico*), Greta [o
Gret] Berndt (*Emma*), Giuseppe Pierozzi (*il creditore basso
di statura*), Raimondo Van Riel (*il creditore alto di statura*),
Andreina Pagnani, Ninì Dinelli, Ermete Tamberlani, Daniele
Crespi e con la partecipazione del fantino Kriejelstein -
montaggio: G. Righelli, Giorgio C. Simonelli - *direttore di
produzione*: Giuseppe Mari - *produzione*: Cines-Pittaluga
(1931) - *distribuzione*: Anonima Pittaluga - *durata*: 69' -
visto di censura: n. 26836 del 31-10-1931.

VELE AMMAINATE
regia: Anton Giulio Bragaglia - *soggetto*: Aldo Vergano
- *sceneggiatura*: A. Vergano, Carlo Ludovico Bragaglia -
fotografia: Massimo Terzano, Domenico Scala - *scenografia*:
Gastone Medin, Ivo Perilli - *musica*: Ezio Carabella [diretta
da Pietro Sassoli] – *aiuto regia*: C. L. Bragaglia – *assistente
alla regia*: Ferdinando M. [Maria] Poggioli - *interpreti
e personaggi*: Dria Paola (*la ragazza della taverna*), Carlo
Fontana (*il capitano di marina*), Umberto Guarracino (*il
padrone della taverna*), Enrico Fantis, Umberto Sacripante,
Tullio Galvani, Uberto Cocchi, Amerigo Bomprezzi, Renato
Chiantoni, Renato Malavasi, Otty Noceti, Giuseppe Pierozzi,
Riccardo Rivaroli - *montaggio*: C. L. Bragaglia - *direttore
di produzione*: Luigi Eliseo Martini - *produzione*: Cines-
Pittaluga (1931) - *distribuzione*: Anonima Pittaluga - *durata*:
62' - *visto di censura*: n. 26863 del 31-10-1931.

FIGARO E LA SUA GRAN GIORNATA
regia: Mario Camerini - *soggetto*: tratto dalla commedia

190

Ostrega che sbrego! di Arnaldo Fraccaroli - *sceneggiatura:* Tomaso Smith - *fotografia:* Massimo Terzano, Domenico Scala - *scenografia:* Gastone Medin, Ivo Perilli - *musica:* Felice Lattuada [diretta da Ugo Giacomozzi, su temi musicali tratti da *Il Barbiere di Siviglia* di Gioacchino Rossini] - *assistenti alla regia:* Giuseppe Faticati, Raffaello Matarazzo, Mario Soldati - *interpreti e personaggi:* Gianfranco Giachetti (*il cavalier Basoto*), Leda Gloria (*Nina, sua figlia*), Maurizio D'Ancora (*Amilcare Chiodini*), Ugo Ceseri (*Rantoloni, l'impresario*), Gemma Schirato (*Costanza Basoto*), Olga Capri (*Caterina, la fantesca*), Gino Viotti (*il sindaco*), Gildo Bocci (*un cantante*), Umberto Sacripante (*il portaceste*), Alfredo Martinelli, Augusto Bandini, Uberto Cocchi, Giovanni Dolfini, Giovanni Ferrari, Giuseppe Gambardella, Achille Majeroni, Angelo Parigi, Roberto Pasetti, Raimondo Van Reil - *montaggio:* G. Fatigati [con la collaborazione non accreditata di M. Camerini] - *produzione:* Cines-Pittaluga (1931) - *distribuzione:* Anonima Pittaluga - *durata:* 85' - *visto di censura:* n. 26885 del 30-11-1931.

LA SEGRETARIA PRIVATA

regia: Goffredo Alessandrini - *soggetto:* liberamente tratto dal romanzo *Die Privatsekretärin* di Stefan von Szomahazy e dall'operetta di Stefan Bekaffi jr. - *riduzione, dialoghi e sceneggiatura:* G. Alessandrini [dalla sceneggiatura tedesca di Franz Schulz] - *fotografia:* MassimoTerzano - *scenografia:* Vinicio Paladini - *musica:* Ludwig Lajtai [diretta e orchestrata da Ugo Giacomozzi, con arrangiamenti musicali di Paul Abrahams] - *interpreti e personaggi:* Elsa Merlini (*Elsa Lorenzi*), Nino Besozzi (*il banchiere Roberto Berri*), Sergio Tofano (*Otello, l'usciere*), Cesare Zoppetti (*il signor Rossi, capo del personale*), Umberto Sacripante (*il direttore del locale "Pergolato"*), Ermanno Roveri (*il gagà alla stazione*), Marisa Botti (*la segretaria di Berri*), Renato Malavasi e Alfredo Martinelli (*due clienti del "Pergolato"*),

Noemi Orsini (*la proprietaria della "Pensione Primavera"*), Augusto Bandini, Remo Brignardelli, Cesare Lancia, Roberto Pasetti - *montaggio:* Guy Simon, G. Alessandrini - *direttore di produzione:* Carlo José Bassoli - *produzione:* Cines-Pittaluga (1931) - *distribuzione:* Anonima Pittaluga - *durata:* 78' - *visto di censura:* n. 26918 del 30-11-1931.

LA WALLY

regia: Guido Brignone - *soggetto:* tratto dal romanzo *Die Geierwally* di Wilhelmine von Hillern e adattato da Luigi Illica come libretto per l'opera lirica *Wally* di Alfredo Catalani - *sceneggiatura:* Gian Bistolfi - *fotografia:* Ubaldo Arata - *scenografia:* Gastone Medin, Ivo Perilli - *musica:* A. Catalani [diretta da Pietro Sassoli] – *assistente alla regia:* Giorgio C. Simonelli - *interpreti e personaggi:* Germana Paolieri (*Wally*), Carlo Ninchi (*Hagenbach*), Isa Pola (*Afra*), Achille Majeroni (*Strominger*), Renzo Ricci (*Vincenzo Gellner*), Gino Sabbatini (*Walter*), Giuseppe Pierozzi (*un contadino*), Nino Altieri, Amedeo Trilli e con la partecipazione della cantante Giannina Arangi Lombardi - *montaggio:* G. C. Simonelli - *direttore di produzione:* Luigi Eliseo Martini - *produzione:* Cines-Pittaluga (1931) - *distribuzione:* Anonima Pittaluga - *durata:* 84' - *visto di censura:* n. 26990 del 23-12-1931.

L'ULTIMA AVVENTURA

regia: Mario Camerini - *soggetto:* Oreste Biancoli, Dino Falconi - *sceneggiatura:* M. Camerini, Tommaso Smith - *fotografia:* Ubaldo Arata - *scenografia:* Gastone Medin - *musica:* Ezio Carabella [diretta da Ugo Giacomozzi] – *aiuto regia* – Ivo Perilli - *interpreti e personaggi:* Armando Falconi (*Armando*), Diomira Jacobini (*Lilly*), Carlo Fontana (*Paolo*), Cesare Zoppetti (*Battista*), Nella Maria Bonora, Giovanni Dolfini, Elisa Masi, Rossana Masi, Gemma Schirato, Elena Zoar, Guglielmo Barnabò, Ciro Galvani, Maria Della Lunga Maldarelli e con il piccolo Pino Locchi - *montaggio:*

Giuseppe Fatigati, M. Camerini - *direttore di produzione:*
Carlo José Bassoli - *produzione:* Cines-Pittaluga (1932) -
distribuzione: Anonima Pittaluga - *durata:* 74' - *visto di
censura:* n. 27060 del 29-02-1932.

PALIO

regia: Alessandro Blasetti - *soggetto:* liberamente tratto da
una commedia di Luigi Bonelli e dall'operetta *Rompicollo*
(1928) di Giuseppe Pietri, su libretto di L. Bonelli e
Ferdinando Paolieri - *sceneggiatura:* Gian Bistolfi, A.
Blasetti, L. Bonelli - *fotografia:* Anchise Brizzi - *scenografia
e arredamento:* Andrea Busiri-Vici, Tullio Rossi, Roberto
Rustichelli - *musica:* Felice Lattuada [diretta da Ugo
Giacomozzi] - *aiuto regia:* Ferdinando M. [Maria] Poggioli,
Giacinto *Solito* - *interpreti e personaggi:* Guido Celano
(*Zarre*), Leda Gloria (*Fiora*), Mario Ferrari (*Bachicche*),
Laura Nucci (*Liliana*), Ugo Ceseri (*Rancanino*), Mara Dussia
(*la contessina Vittoria dei Fortarrighi*), Olga Capri (*la
ostes*sa), Umberto Sacripante (*Saragiolo*), Mario Brizzolari
(*il dottor Mario Turamini*), Vasco Creti (*Brandano*), Gino
Viotti (*Gano*), Ugo Gracci (*Taraballe*), Eugenio De Liguoro
(*don Vincenzo Maria, l'ospite*), Noemi Orsini (*un'amica
di Fiora*), Alfredo Martinelli (*un ospite del Fortarrighi*),
Idolo Tancredi (*un contradoiolo della Lupa*), Arcangelo
Aversa, Augusto Bandini, Roberto Pasetti, Raimondo Van
Reil - *montaggio:* A. Blasetti - *direttore di produzione:*
Baldassare Negroni - *produzione:* Cines-Pittaluga (1932)
- *distribuzione:* Anonima Pittaluga - *durata:* 88' - *visto di
censura:* n. 27119 del 31-03-1932.

LA CANTANTE DELL'OPERA

regia: Nunzio Malasomma - *soggetto:* tratto dalla novella
Nel caffeuccio di San Stae di Gino Rocca - *sceneggiatura:*
N. Malasomma, Mario Soldati [con Aldo Vergano, non
accreditato] - *fotografia:* Massimo Terzano, Domenico Scala

- *scenografia:* Daniele Crespi, Angelo Canevari [con Vittorio Cafiero, non accreditato] - *musica:* Enrico Giachetti, Pietro Sassoli - *aiuto regia:* Ivo Perilli - *interpreti e personaggi:* Germana Paolieri (*Lina*), Gianfranco Giachetti (*Papussa*), Isa Pola *(Lisetta)*, Alfredo Moretti (*George*), Ugo Ceseri, Gino Viotti, Alfredo Martinelli, Emilio Baldanello, Cesira Vianello, Giovanni Casati, Giselda Gasparini, Carmen Baird, Gastone Ror, Remo Bignardelli e con il soprano Laura Pasini e il tenore Alessio De Paolis - *montaggio:* N. Malasomma - *direttore di produzione:* Luigi Eliseo Martini - *produzione:* Cines-Pittaluga (1932) - *distribuzione:* Anonima Pittaluga - *durata:* 90' - *visto di censura:* n. 27148 del 31-03-1932.

LA TELEFONISTA
regia: Nunzio Malasomma - *soggetto:* tratto da una novella di Herbert Rosenfeld - *sceneggiatura:* Ernst Wolff - *riduzione italiana:* Aldo Vergano, Raffaello Matarazzo - *fotografia:* Anchise Brizzi - *scenografia:* Gastone Medin - *musica:* Otto Stransky [diretta da Pietro Sassoli, con l'orchestra della Cines; canzoni, *Bacio d'amore* e *Da quell'istante* di O. Stransky] - *interpreti e personaggi:* Isa Pola (*Clara Betti*), Mimì Aylmer (*Anna, la mannequin*), Luigi Cimara (*il direttore dei telefoni*), Sergio Tofano (*il tenore Alfredo Battigo*), Marcella Rovena (*sua moglie*), Loli Pilotto (*la cameriera*), Giovanni Grasso jr. (*Gedeone*), Renato Navarrini (*il dicitore*), Pia De Doses (*Irma*), Giuseppe Porelli (*Carlo*), Gino Viotti, Vittorio Spina e con Baldoni, Rogani, De Grandi e l'orchestra di Sesto Carlino e il trio Rosati-Hughes-Fleming - *montaggio:* N. Malasomma, Guy Simon - *direttore di produzione:* Marco Elter - *produzione:* Cines-Pittaluga (1932) - *distribuzione:* Anonima Pittaluga - *durata:* 80' - *visto di censura:* n. 27317 del 31-07-1932.

DUE CUORI FELICI
regia: Baldassare Negroni - soggetto: tratto dalla commedia
Geschäft mit Amerika di Paul Franck e Ludwig Hirschfeld
- sceneggiatura: Hans H. Zerlett, Max Neufeld - riduzione
italiana: Aldo Vergano, Raffaello Matarazzo - fotografia:
Anchise Brizzi - scenografia: Gastone Medin - musica
e canzoni: Paul Abraham - aiuto regia: Ferdinando M.
Poggioli - interpreti e personaggi: Rina Franchetti (Anna
Rosi), Mimì Aylmer (Clara Fabbri), Vittorio De Sica (Mr.
Brown), Umberto Melnati (l'ingegnere Carlo Fabbri), Loli
Pilotto (la cameriera), Giorgio Bianchi (un amico di Fabbri al
night), Uberto Cocchi, Gino Viotti, Tina Zucchi - montaggio:
B. Negroni, Fernando Maria Poggioli - produzione: Cines-
Pittaluga (1932) - distribuzione: Anonima Pittaluga -
durata: 78' - visto di censura: n. 27328 del 31-08-1932.

GLI UOMINI, CHE MASCALZONI...
regia: Mario Camerini - soggetto: Aldo De Benedetti, M.
Camerini - sceneggiatura: A. De Benedetti, M. Camerini,
Mario Soldati - fotografia: Massimo Terzano, Domenico
Scala - scenografia: Gastone Medin - musica: Cesare A.
Bixio [diretta da Pietro Sassoli, con la canzone Parlami
d'amore Mariù di C. A. Bixio e Ennio Neri] - aiuto regia:
Ivo Perilli - interpreti e personaggi: Vittorio De Sica (Bruno),
Lya Franca (Mariuccia), Cesare Zoppetti (Tadino, suo padre),
Aldo Moschino [poi Giacomo Moschini] (il conte Piazzi),
Pia [Carola] Lotti (Gina), Gemma Schirato (la vedova),
Anna D'Adria (Letizia), Tino Erler (Mario Castelli), Maria
Montesano (la donna delle caramelle), Didaco Chellini
(l'ingegnere) - montaggio: M. Camerini, Fernando Tropea
- direttore di produzione: Luigi Eliseo Martini - produzione:
Cines-Pittaluga (1932) - distribuzione: Anonima Pittaluga -
durata: 63' - visto di censura: n. 27356 del 31-08-1932.

LA SEGRETARIA PER TUTTI

regia: Amleto Palermi - *soggetto:* tratto dalle riviste teatrali: *Le lucciole della città, Le nuove lucciole, Tredes Corn* e *Soldati 900* di Dino Falconi e Oreste Biancoli - *sceneggiatura:* Mario Mattoli, A. Palermi - *fotografia:* Arturo Gallea- *scenografia:* Giulio Frati - *musica:* Vittorio Mascheroni [con canzoni di Nicola Moleti e V. Mascheroni] - *interpreti e personaggi:* Vittorio De Sica (*un gagà*), Umberto Melnati, Giuditta Rissone, Arturo Falconi, Camillo Pilotto, Rina Franchetti, Franco Coop, Rocco D'Assunta, Amelia Chelini, Paola Giorgi, Pina Renzi, Ermanno Roveri, Adele Carlucci, Tino Erler, Checco Rissone - *montaggio:* A. Palermi - *produzione:* Za-Bum (1932) - *distribuzione:* Artisti Associati - *durata:* 85' - *visto di censura:* n. 27372 del 30-09-1932.

PERGOLESI

regia: Guido Brignone - *soggetto e sceneggiatura:* Gian Bistolfi - *fotografia:* Ubaldo Arata, Anchise Brizzi - *scenografia:* Giovanni Spellani – *costumi:* Gino Sensani - *musica:* Giovan Battista Pergolesi [insieme ad altri brani dell'epoca scelti, elaborati e coordinati da Vittorio Guy; diretta da Francesco Previtali, con Corradina Mola al clavicembalo] - *interpreti e personaggi:* Elio Steiner (*Giovan Battista Pergolesi*), Dria Paola (*Maria di Tor Delfina*), Tina Lattanzi (*Erminia*), Livio Pavanelli (*Nicola d'Arcangeli*), Carlo Lombardi (*Raniero di Tor Delfina*), Mina D'Albore (*la cantante*), Lidia Simoneschi (*la cameriera Nicoletta*), Gemma Schirato (*Didone*), Romolo Costa (*Ilario di Nerestra*), Giacomo Almirante (*il maestro Lambrughi*), Roberto Pasetti (*il notaio Verlupi*), Cecyl Tryan (*la modista*), Vasco Creti, Olinto Cristina, Carlo Simoneschi, Franco Schirato, Amedeo Trilli e con la partecipazione dei cantanti Vincenzo Bettoni e Laura Pasini (interpreti della *Serva padrona*) - *montaggio:* Guy Simon - *direttore di produzione:* Baldassare Negroni - *produzione:* Cines-Pittaluga (1932) - *distribuzione:* Anonima Pittaluga - *durata:* 80' - *visto di censura:* n. 27373 del 30-09-1932.

CINQUE A ZERO

regia: Mario Bonnard - *soggetto:* Michele Galdieri - *sceneggiatura:* M. Bonnard, M. Galdieri - *fotografia:* Ferdinando Martini - *scenografia:* Nino Maccarones - *musica:* Dan Caslar, Giulio Bonnard [con le canzoni di M. Caldieri e D. Caslar: *Sarà la luna? No!, Buona notte Billie!, Giovinezza senza amore, Ma l'amore è un'altra cosa*] - *interpreti e personaggi:* Angelo Musco (*il presidente della società calcistica*), Milly (*la canzonettista Billie Grac*), Osvaldo Valenti (*il capitano della squadra*), Franco Coop (*il maestro di musica*), Mario Siletti (*il professore di matematica*), Luciano Molinari (*il direttore del teatro*), Tina Lattanzi (*la moglie del presidente*), Maurizio D'Ancora, Oreste Bilancia, Maria Donati, Giorgio Bianchi, Aristide Garbini, Armando Fineschi, Mario Delli Colli, Augusto Bandini, Camillo Pilotto, Umberto Sacripante, Ninì Gordini Cervi, Ugo Fasano, Toto Mignone e con i giocatori della squadra calcistica della Roma: Ferraris IV, Volk, Bernardini, Chini, Dugoni, Eusebio, Fasanelli, Leonardi, Masetti, Mattei, Pasolini - *montaggio:* M. Bonnard - *produzione:* G.A.I. (1932) - *distribuzione:* Caesar-Amato - *durata:* 70' - *visto di censura:* n. 27385 del 30-09-1932.

CERCASI MODELLA

regia: Emerich Wojtek Emo – *regia della versione italiana:* Ferruccio Biancini - *soggetto:* da un racconto di Charlie Roellinghoff e G. Jacobi, tratto dalla commedia *Diane au bain* di Romain Colus e Maurice Hennequin - *sceneggiatura:* Kurt Siodmak - *adattamento e riduzione:* Oreste Biancoli - *fotografia:* Hugo von Kaweczynsky - *musica:* Otto Stransky - *interpreti e personaggi:* Elsa Merlini (*Elsa Sartorio*), Nino Besozzi (*Alberto Bacci*), Gianfranco Giachetti (*Michele Sardi*), Ugo Ceseri (*Pacifico Sartorio*), Olly Gebauer, Angelo Ferrari, Ernesto Benda - *direttore di produzione:* Ferruccio Biancini - *produzione:* Itala-S.A.P.F./Italia-Germania (1932)

- *distribuzione:* Anonima Pittaluga - *durata:* 80' - *visto di censura:* n. 27444 del 26-10-1932.

PARADISO

regia: Guido Brignone - *soggetto:* Luigi Bonelli - *sceneggiatura:* Alessandro De Stefani, L. Bonelli - *fotografia:* Ubaldo Arata - *scenografia:* Vittorio Cafiero, Angelo Canevari - *musica:* Luigi Colacicchi - *interpreti e personaggi:* Nino Besozzi (*Max*), Sandra Ravel (*Eva*), Lamberto Picasso (*il prestigiatore*), Olga Capri (*una congressista*), Calisto Bertramo (*il presidente della Società Zoofila*), Pio Campa, Giuseppe Pierozzi, Giacomo Almirante, Oreste Bilancia, Alfredo Martinelli, Aldo Moschino [poi Giacomo Moschini], Turi Pandolfini, Roberto Pasetti, Alfredo Robert, Carlo Simoneschi, Gino Viotti - *montaggio:* G. Brignone, Giorgio C. Simonelli - *direttore di produzione:* Eugenio De Liguoro - *produzione:* Cines-Pittaluga (1932) - *distribuzione:* Anonima Pittaluga - *durata:* 64' - *visto di censura:* n. 27445 del 31-10-1932.

IL DONO DEL MATTINO

regia: Enrico Guazzoni - *soggetto:* tratto dalla commedia omonima di Giovacchino Forzano - *sceneggiatura:* G. Forzano - *fotografia:* Giovanni Vitrotti - *scenografia:* E. Guazzoni, Redo Romagnoli - *musica:* Umberto Mancini [con canzoni di Mancini-Galdieri: *Quando due cuori* (valzer) e *Gioventù* (marcia)] - *interpreti e personaggi:* Germana Paolieri (*Lucia Bianchi*), Carlo Lombardi (*il conte Carlo De Flavis*), Arturo Falconi (*il maestro*), Olga Capri (*la signora Ersilia*), Vasco Creti (*l'ufficiale postale*), Oreste Bilancia (*Annibale*), Claudio Ermelli (*il cavalier Castelli*), Carlo Simoneschi (*il pievano*), Giuseppe Pierozzi (*il vedovo*), Gina Moneta Cinquini (*la domestica*), Cesare Zoppetti, Cesarina Gherardi, Carlo Chertier, Giovanni Ferrari, Umberto Sacripante - *montaggio:* E. Guazzoni - *produzione:* Caesar Film (1932) - *distribuzione:* Caesar Film - *durata:* 76' - *visto di censura:* n. 27446 del 31-10-1932.

LA TAVOLA DEI POVERI

regia: Alessandro Blasetti - *soggetto:* tratto dall'omonimo atto unico di Raffaele Viviani - *sceneggiatura:* R. Viviani, Mario Soldati [con la collaborazione non accreditata di A. Blasetti, Emilio Cecchi, Alessandro De Stefani] - *fotografia:* Carlo Montuori - *scenografia:* Gastone Medin - *musica:* Roberto Caggiano [su motivi di R. Viviani; diretta da Pietro Sassoli] - *aiuto regia:* Giacinto Solito - *interpreti e personaggi:* Raffaele Viviani (*il marchese Isidoro Fusaro*), Leda Gloria (*Giorgina Fusaro*), Salvatore Costa (*Biase*), Marcello Spada (*Nello Valmadonna*), Mario Ferrari (*l'avvocato Volterra*), Vincenzo Fiocco (*Mezzapalla*), Armida Cozzolino (*donna Lida Valmadonna*), Lina Bacci (*la segretaria del Comitato*), Cesare Zoppetti (*il professore*), Vasco Creti (*il cameriere del marchese Fusaro*), Giovanni Ferrari, Renato Navarrini, Carlo Pisacane, Gennaro Pisano - *montaggio:* G. Solito - *direttore di produzione:* Carlo José Bassoli - *produzione:* Cines-Pittaluga (1932) - *distribuzione:* Anonima Pittaluga - *durata:* 70' - *visto di censura:* n. 27449 del 31-10-1932.

LA VECCHIA SIGNORA

regia: Amleto Palermi - *soggetto:* A. Palermi - *sceneggiatura:* A. Palermi, Orsino Orsini - *fotografia:* Giovanna Vitrotti - *scenografia:* Redo Romagnoli - *musica:* Umberto Mancini - *interpreti e personaggi:* Emma Gramatica (*la signora Maria*), Arturo Falconi (*il fiaccheraio Zaganella*), Anna Maria Dossena (*Bianca, la nipotina*), Memo Benassi (*Joe*), Nella Maria Bonora (*la sua amante*), Camillo Pilotto (*il commissario*), Vittorio De Sica (*il fine dicitore*), Maurizio D'Ancora (*Fausto*), Umberto Sacripante (*un cliente dell'osteria del Cordaro*), Ugo Ceseri (*il padre di Fausto*), Giorgio Bianchi, Vasco Creti, Lydia Simoneschi, Turi Pandolfini, Maria Della Lunga Mardarelli - *montaggio:* A. Palermi - *produzione:* Caesar Film (1932) - *distribuzione:* Caesar Film - *durata:* 90' - *visto di censura:* n. 27474 del 30-11-1932.

L'ARMATA AZZURRA

regia: Gennaro Righelli - *soggetto e sceneggiatura:* Aldo
Vergano, Tomaso Smith - *fotografia:* Carlo Montuori [anche
per le riprese aeree] - *scenografia:* Gastone Medin - *musica:*
Felice Montagnini – *aiuto regia:* F. M. [Ferdinando Maria]
Poggioli - *interpreti e personaggi:* Alfredo Moretti (*il
comandante Mario Spada*), Germana Paolieri (*Elena Spada,
sua sorella*), Ennio Cerlesi (*il fidanzato di Elena*), Leda Gloria
(*Olga Rosati*), Guido Celano (*il tenente Castelli*), Giacomo
Moschini (*un attendente*), Giulia Costa, Rosetta Calavetta,
Cesare Zoppetti, Giorgio Bianchi, Piero Cocco, Rossana
D'Alba, Umberto Sacripante, Gino Cervi, Paolo Stoppa,
Ernesto Gentili - *montaggio:* Ferdinando Maria Poggioli,
Giuseppe Fatigati [con la collaborazione di G. Righelli]-
direttore di produzione: Giulio Lombardozzi - *produzione:*
Cines-Pittaluga (1932) - *distribuzione:* Anonima Pittaluga -
durata: 84' - *visto di censura:* n. 27498 del 30-11-1932.

UNA NOTTE CON TE

regia: Ferruccio Biancini - *soggetto:* Hans Julius Wille -
sceneggiatura: Oreste Biancoli, Leo Menardi - *dialoghi:*
O. Biancoli, Dino Falconi - *fotografia:* Willy Goldberger
- *musica:* Fred Raymond - *interpreti e personaggi:* Elsa
Merlini (*la falsa ladra*), Nino Besozzi (*il giovane scapolo*),
Ugo Ceseri (*il commissario*), Martha Ziegler (*la cameriera
straniera*), Gianna Cellini (*la fidanzata dello scapolo*),
Angelo Ferrari, Evelina Paoli - *direttore di produzione:*
Angelo Besozzi - *produzione:* SA.PF.S.A. Produzione Film
(1932) - *distribuzione:* Anonima Pittaluga - *durata:* 66' -
visto di censura: n. 27538 del 07-12-1932 - *note:* la versione
originaria tedesca è *Fräulein-falsch verbunden* di Emerich
W. Emo.

SETTE GIORNI CENTO LIRE

regia: Nunzio Malasomma - *soggetto:* Dino Falconi, Oreste

Biancoli - *sceneggiatura:* Aldo Vergano - *fotografia:* Anchise Brizzi - *scenografia:* Gastone Medin - *musica:* Roberto Caggiano - *interpreti e personaggi:* Armando Falconi (*il gaudente*), Mimì Aylmer, Sandra Ravel, Mario Brizzolati, Cesare Zoppetti, Totò Majorana, Mario Siletti, Oreste Bilancia, Giovanni Ferrari, Luciano Molinari, Gemma Schirato e il piccolo Pino Locchi - *montaggio:* Fernando Troppa, Guy Simon - *produzione:* Cines-Pittaluga (1933) - *distribuzione:* Anonima Pittaluga - *durata:* 67' - *visto di censura:* n.27586 del 31-12-1932.

TRE UOMINI IN FRACK
regia: Mario Bonnard - *soggetto:* Michele Galdieri - *sceneggiatura:* M. Bonnard, M. Galdieri - *fotografia:* Giovanni Vitrotti, Ferdinando Martini - *scenografia:* Redo Romaglioni - *musica:* Dan Caslar, Giulio Bonnard, Umberto Mancini - *interpreti e personaggi:* Tito Schipa (*il tenore Marcello Palma*), Eduardo De Filippo (*Gilberto, l'impresario*), Peppino De Filippo (*Andrea*), Assia Noris (*la giovane americana*), Maria Wronska (*la signora Laura, la padrona del tabarin*), Milly (*Lucia*), Camillo Pilotto (*il giornalista*), Luciano Molinari (*il direttore del teatro*), Oreste Bilancia, Marga Cella, Claudio Ermelli, Ugo Fasano, Giovanni Ferrari, Cecyl Tryan - *montaggio:* M. Bonnard - *direttore di produzione:* Giuseppe Amato - *produzione:* Caesar Film (1932) - *distribuzione:* Caesar Film - *durata:* 70' - *visto di censura:* n. 27588 del 31-12-1932.

O LA BORSA O LA VITA
regia: Carlo Ludovico Bragaglia - *soggetto:* tratto dalla commedia radiofonica *La dinamo dell'eroismo* di Alessandro De Stefani - *sceneggiatura:* C. L. Bragaglia, Gino Mazzucchi - *adattamento:* A. De Stefani - *fotografia:* Carlo Montuori - *scenografia:* Gastone Medin - *musica:* Vittorio Rieti – *aiuto regia:* Giacomo Gentiluomo, Vincenzo Sorelli - *interpreti*

e personaggi: Sergio Tofano (*Daniele*), Rosetta Tofano (*Renata*), Luigi Almirante (*Giovanni Bensi*), Cesare Zappetti (*Tommaso*), Lamberto Ricasso (*l'anarchico*), Maria Dussia (*la signora con il cane*), Mario Ferrari (*un agente di cambio*), Mario Siletti (*il meccanico-pilota*), Eugenio Duse, Giovanni Ferrari, Giovanni Lombardi - *montaggio:* Fernando Tropea - *direttore di produzione:* Carlo José Bassoli - *produzione:* Cines-Pittaluga (1933) - *distribuzione:* Anonima Pittaluga - *durata:* 68' - *visto di censura:* n. 27597 del 31-12-1932.

*Premesso che rientrano in questa Filmografia solo le pellicole che hanno ottenuto il visto di censura a partire dal 1° gennaio 1930 al 31 dicembre 1932, tutti i dati qui inseriti sono stati ricavati da Roberto Chiti, Enrico Lancia (a cura di), *Dizionario del cinema italiano. I film dal 1930 al 1944. Volume primo*, Gremese, Roma, 2005 (I ed. 1993). Mentre in merito ai visti di censura la fonte è: Aldo Bernardini (a cura di), Il cinema sonoro 1930-1969, ANICA, Roma, 1992.

Film italiani a Joinville-le-Pont*

PERCHÉ NO?
regia: Amleto Palermi - *soggetto:* tratto dal dramma *The Lady Lies* di John Meehan - *sceneggiatura:* Camillo Antona Traversi - *fotografia:* Fernando Risi - *scenografia:* Paolo Reni - *interpreti e personaggi:* Maria Jacobini (*Annette*), Livio Pavanelli (*Roberto*), Oreste Bilancia (*Carlo*), Sara Zardo (*Miriam*), Antonio Nicodemi, Rita Pagani, Ernesto Paulucci, Vanna Vanni [con il nome di Pegna], Mario Bozzano, Maura Versari e con i piccoli Sergio Fonsilli (*Giovannino*) e Marcella Sabbatini (*Jacqueline*) - *luoghi di ripresa:* Studios Paramount, Joinville-le-Pont, Val-de-Marne, Francia - *montaggio:* Helene Turner - *produzione:* Paramount - *distribuzione:* Paramount - *data di uscita:* novembre 1930 - *note:* del film esiste una versione americana precedente (*The Lady Lies* di Hobart Henley, 1929) e altre versioni: francese (*Une femme a menti* di Charles de Rochefort, 1930), spagnola (*Doña mentiras* di Adelqui Migliar [con il nome di Millar], 1930), svedese (*Vi två* di John W. Brunius) e tedesca (*Seine Freundin Annette* di Felix Basch, 1931)

IL RICHIAMO DEL CUORE
regia: Jack Salvatori - *soggetto:* tratto dal romanzo *Sarah and Son* di Timothy Shea - *sceneggiatura e dialoghi:* Oreste Biancoli - *fotografia:* Fernando Risi - *scenografia:* Paolo Reni - *interpreti e personaggi:* Carmen Boni (*Sarah*), Carlo Lombardi (*Howard*), Sandro [Alessandro] Salvini (*Jim Gray*),

Cesare Zoppetti (*il signor Ashmore*), Ada Cristina Almirante (*la signora Ashmore*), Anna Fontana (*la governante*), Dino Di Luca (*Cirillo*), Alfredo Robert, (*Cyril Belloc*), Raoul Donadoni e con il piccolo Elio Cosci (*Robertino*) - *luoghi di ripresa*: Studios Paramount, Joinville-le-Pont, Val-de-Marne, Francia - *montaggio:* Verna Willis - *produzione:* Paramount - *distribuzione:* Paramount - *data di uscita*: dicembre 1930 - *note:* il film è la versione italiana dell'americano *Sarah and Son* di Dorothy Arzner (1930) e ha avuto altre versioni europee: francese (*Tout sa vie/ L'appel du coeur* di Alberto Cavalcanti, 1930), polacca (*Glos serca* di Ryszard Ordynski, 1931), portoghese (*A Canção de Berço* di Alberto Cavalcanti, 1930), spagnola (*Toda una vida* di Adelqui Migliar [con il nome di Millar], 1930) e svedese (*Hjärtats röst* di Rune Carlsten, 1930).

IL SEGRETO DEL DOTTORE

regia: Jack Salvatori - *soggetto:* tratto dalla commedia *Half an Hour* di James M. [Matthew] Barrie - *sceneggiatura e dialoghi:* Camillo Antona Traversi - *fotografia:* Fernando Risi - *scenografia:* Paolo Reni - *interpreti e personaggi:* Soava Gallone (*Liliana Garner*), Lamberto Picasso (*Giovanni*), Alfredo Robert (*il dottor Brady*), Oreste Bilancia (*Redding*), Lina Modiglioni (*la signora Redding*), Vanna Vanni [con il nome di Pegna] (*Susanna, la cameriera*), Antonio Nicodemi (*Riccardo, il marito di Liliana*) - *luoghi di ripresa*: Studios Paramount, Joinville-le-Pont, Val-de-Marne, Francia - *montaggio:* Merril G. White - *produzione:* Paramount (1930) - *distribuzione:* Paramount - *durata:* 67' - *data di uscita*: febbraio 1931 - *note:* il film è la versione italiana dell'americano *The Doctor's Secret* di William C. de Mille (1929), ma ha avuto anche altre versioni: cecoslovacca (*Tajemství lékarovo* di Julius Lébl, 1930), francese (*Le secret du docteur* di Charles de Rochefort, 1930), polacca (*Tajemnica lezarka* di Ryszard Ordynski,

1930), spagnola (*El secreto del doctor* di Adelqui Migliar [con il nome di Millar], 1930), svedese (*Doktorns hemlighet* di John W. Brunius, 1930) e ungherese (*Az orvos titka* di Tibor Hagedüs, 1930).

LA DONNA BIANCA

regia: Jack Salvatori - *soggetto:* tratto dal lavoro teatrale *The Letter* di W. [William] Somerset Maugham - *sceneggiatura e dialoghi:* Camillo Antona Traversi - *fotografia:* Fernando Risi - *scenografia:* Paolo Reni - *interpreti e personaggi:* Matilde Casagrande *(Leslie)*, Lamberto Picasso *(Geoffrey)*, Carlo Lombardi *(Robert)*, Sandro Salvini *(il signor Joyce)*, la principessa Hoang Thi-The *(Li-Ti)*, Ky Duyen *(On-Chi-Seng)* - *montaggio:* Jean de Limur - *luoghi di ripresa:* *Studios Paramount*, Joinville-le-Pont, Val-de-Marne, Francia - *produzione:* Paramount (1930) - *distribuzione:* Paramount - *data di uscita:* febbraio 1931 - *note:* il film ha avuto altre versioni: americana (*The letter* di Jean de Limur, 1929), francese (*La lettre* di Louis Mercanton, 1930), tedesca (*Weib im Dschungel* di Dimitri Buchowetzki, 1931) e spagnola (*La carta* di Adelqui Migliar [con il nome di Millar], 1930).

LA RIVA DEI BRUTI

regia: Mario Camerini - *soggetto:* tratto dal romanzo *Victory* [*Vittoria*, 1915] di Joseph Conrad - *sceneggiatura e dialoghi:* Pier Luigi Melani - *fotografia:* Fernando Risi - *scenografia:* Paolo Reni - *interpreti e personaggi:* Carmen Boni *(Alma)*, Camillo Pilotto *(Schomberg)*, Carlo Lombardi *(Jones)*, Sandro Salvini *(Davis)*, Ada Cristina Almirante (*la signora Schomberg)*, Dino Di Luca *(Riccardo)*, Cesare Zoppetti *(Zangiacomo)*, Raoul Donadoni *(Pedro)*, Hghia *(Wang)* - *luoghi di ripresa:* *Studios Paramount*, Joinville-le-Pont, Val-de-Marne, Francia - *montaggio:* Alyson [con il nome di Allison] Shaffer - *produzione:* Paramount - *distribuzione:* Paramount - *data di uscita:* luglio 1931 - *note:* il film ha avuto varie versioni: americana (*Dangerous Paradise* di William A. Wellman, 1930), polacca (*Niebezpieczny raj* di Ryszard Ordynski, 1931), svedese (*Farornas paradis* di Rune Carlsten, 1931) e tedesca (*Tropennächte* di Leo Mittler, 1931).

LA VACANZA DEL DIAVOLO

regia: Jack Salvatori - *soggetto:* Edmund Goulding - *sceneggiatura e dialoghi:* Dino Falconi - *fotografia:* Enzo Riccioni, Fernando Risi - *scenografia:* Paolo Reni - *interpreti e personaggi:* Carmen Boni (*Lina Hobart, la manicure*), Camillo Pilotto (*Marco Stone*), Maurizio D'Ancora (*Roberto Stone*), Cesare Zoppetti (*Carlo Stone*), Alfredo Robert (*l'anziano signor Stone*), Marcello Spada (*il dottor Reynolds*), Ada Cristina Almirante (*zia Betty*), Sandro Salvini, Oreste Bilancia, Maya Moreno, Armando Anselmo [con il nome di Anzelmi], Enzo Bozzano, Adolfo Paladini - *luoghi di ripresa:* Studios Paramount, Joinville-le-Pont, Val-de-Marne, Francia - *montaggio:* George Nichols jr. [con il nome di Nicholls] - *produzione:* Paramount (1931) - *distribuzione:* Paramount - *data di uscita:* agosto 1931 - *note:* il film ha avuto altre versioni: americana (*The Devil's Holiday* di Edmund Goulding, 1930), francese (*Les vacances du diable* di Alberto Cavalcanti, 1931), tedesca (*Sonntag des Lebens* di Leo Mittler, 1931), spagnola (*La fiesta del diablo* Migliar [con il nome di Millar], 1931) e svedese (*En kvinnas morgondag* di Gustaf Bergman, 1931).

LA TELEVISIONE

regia: Charles de Rochefort - *soggetto:* tratto da una commedia di Howard Irving Young - *sceneggiatura:* Michel Duran – *dialoghi:* Dino Falconi – *fotografia:* Fernando Risi – *scenografia:* Paolo Reni – *interpreti e personaggi:* Anna Maria Dossena (*Jeanne*), Silvio Orsini (*André Leroy, l'inventore*), Amina Pirani Maggi (*la signora Ridon, la portinaia*), Cesare

Zoppetti (*Stefani, il finanziere*), Nino Eller (*Sinclair*), Enrico Signorini (*Jean*) - *luoghi di ripresa*: Studios Paramount, Joinville-le-Pont, Val-de-Marne, Francia - *produzione:* Paramount - *distribuzione:* Paramount - *durata:* 66' - *data di uscita*: settembre 1931 - *note:* il film ha avuto una versione americana (*The Paramount Story* di John Douglas Eames) e alcune versioni europee: cecoslovacca (*Svet bez hranic* di Julius Lébl, 1931), francese (*Magie moderne* di Dimitri Buchowetzki, 1931), olandese (*De sensatie der toekomst* di Dimitri Buchowetzki, 1931), polacca (*Swiat bez granic* di Ryszard Ordynski, 1931), rumena (*Televiziune* di Phil D'Esco e Jack Salvatori, 1931) e svedese (*Trådlöst och kärleksfullt* di Frederick Lindh, 1931).

*Dati filmografici ricavati e confrontati tra loro da: Roberto Chiti, Enrico Lancia, Dizionario del cinema italiano. I film dal 1930 al 1944. Volume primo, Gremese, Roma, 2005, (I ed. 1993); Internet Movie Database (www.imdb.it).

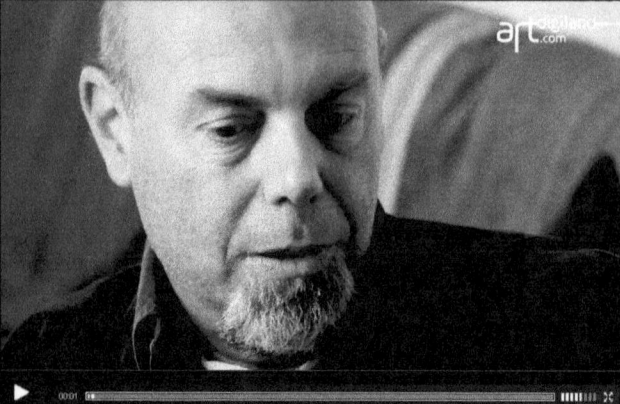
intervista video a Luca Bigazzi

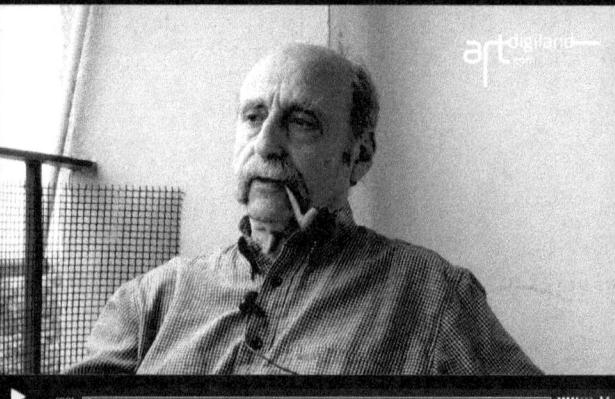
intervista video a Marc Scialom

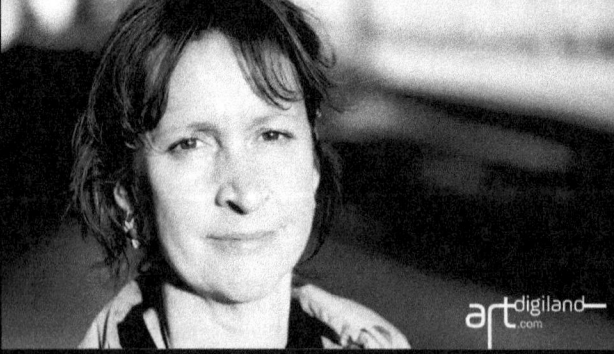

Artdigiland è un progetto editoriale multimediale che ha come obiettivo la diffusione della parola degli artisti di ogni provenienza e ambito. L'attività editoriale offre – attraverso l'editoria digitale e il broadcasting – interviste esclusive ad artisti, oltre saggi, monografie, documenti.

Sul sito Artdigiland sono disponibili, nelle loro versioni originali HD e in solo audio, videointerviste ad artisti, videoconferenze, testimonianze, letture.

Per iscriversi alla nostra newsletter e ricevere aggiornamenti sulle attività, gli eventi e le prossime produzioni: www.artdigiland.com

Per informazioni e per collaborare: info@artdigiland.com

I nostri libri sono in distribuzione in formato cartaceo ed ebook, su Amazon.it, Amazon.com e tutti i siti amazon europei.

Artdigiland ha pubblicato:

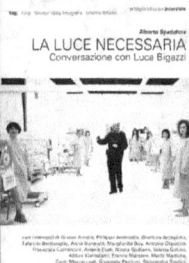

LA LUCE NECESSARIA.
Conversazione con Luca Bigazzi
a cura di Alberto Spadafora, 2012

Un libro intervista che "illumina" aspetti non noti delle migliori opere cinematografiche italiane degli ultimi trent'anni. La narrazione di Luca Bigazzi – direttore della fotografia e insieme operatore di macchina – raccoglie con coerenza caratteri tecnici, artistici ed etici del lavoro sul set. Bigazzi racconta la genesi del suo modo di lavorare libero da regole codificate, i motivi delle sue scelte professionali, la luce che ama, le ragioni della sua passione per lo stare in macchina. Come "controcampo", le testimonianze di 21 protagonisti del cinema italiano, tra registi, attori, produttori, fotografi di scena e collaboratori.

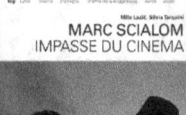

MARC SCIALOM. IMPASSE DU CINEMA.
Esilio, memoria, utopia / Exil, mémoire, utopie
a cura di Mila Lazić e Silvia Tarquini, 2012

Marc Scialom, ebreo di origini italiane, toscane, poi naturalizzato francese, nasce a Tunisi nel 1934. Dopo le persecuzioni naziste nel '43 in Tunisia, le ripercussioni sugli Italiani, meccanicamente associati al fascismo nel periodo dell'"epurazione", e la strage di Biserta (1961) – che Scialom denuncia nel corto *La parole perdue* (1969) –, si trasferisce in Francia. La sua vita si intreccia, "mancandola", con la storia del cinema: a Parigi il lungometraggio *Lettre à la prison* (1969-70), realizzato senza un produttore, non è sostenuto dai suoi amici cineasti, tra cui Chris Marker. Si tratta di un'opera poetica sulla perdita di identità culturale e personale di un esule arabo, che mette indirettamente il dito nelle piaghe di (post)colonialismo e razzismo. Abbandonato il cinema, Scialom torna alle sue origini, allo studio della lingua e della letteratura italiane. Traduce la *Divina Commedia*. Nel 2012 realizza il suo secondo lungometraggio: *Nuit sur la mer*.

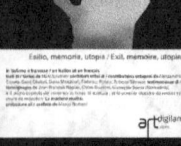

IL MIO ZAVATTINI. Incontri percorsi sopralluoghi
di Lorenzo Pellizzari, 2012

Il libro raccoglie quanto Pellizzari ha scritto e pensato su Zavattini da quando era ragazzo ad oggi, insieme ad una storica intervista, in cui Zavattini si concede forse come mai; documenta un lungo rapporto intellettuale e personale, fatto di infinite riflessioni, desideri, slanci, critiche, pentimenti, ripensamenti; e rivela l'ininterrotto impegno del critico a capire, da una parte, e a "stimolare", quasi, dall'altra, il suo personaggio. Un impegno appassionato e civile, e insieme sedotto dalla qualità giocosa della scrittura zavattiniana.

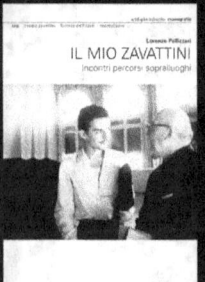

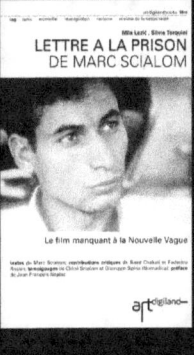

LETTRE A LA PRISON, DE MARC SCIALOM
Le film manquant à la Nouvelle Vague
sous la direction de Mila Lazic et Silvia Tarquini, 2013

La vie de Marc Scialom s'entremêle, en la "manquant", à l'histoire du cinéma: à Paris son long-métrage *Lettre à la prison* (1969-70), réalisé sans producteur et presque clandestinement, n'est pas soutenu par ses amis cinéastes, parmi lesquels Chris Marker. Il s'agit d'une oeuvre poétique sur la perte d'identité culturelle et personnelle d'un exilé arabe en France, qui met indirectement l'accent sur les plaies du (post-)colonialisme et du racisme; le tournage se déroule à Marseille, Tunis et Paris. Déçu, Scialom range son film dans un tiroir. Il retourne vers origines, se remet à l'étude de la langue et de la littérature italiennes, traduit la *Divine Comédie*. Après la redécouverte de *Lettre à la prison*, la restauration de ce film et sa présentation en 2008 au Festival International du Documentaire de Marseille, où il obtient une Mention spéciale du Groupement National des Cinémas de Recherche.

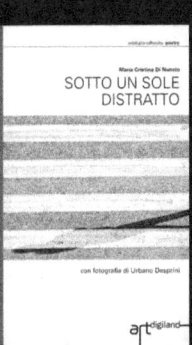

SOTTO UN SOLE DISTRATTO.
di Maria Cristina Di Nunzio, 2013

In un forum americano per persone fibromialgiche, al topic *Cosa riuscite a fare nel vostro tempo libero*, tra le varie risposte che citavano bricolage, dipingere e fare brevi passeggiate, mi ha fatto sorridere quella dell'avatar di una donna grassoccia che diceva: *Scrivo poesie*. Premettendo che cammino molto e non sono grassoccia, la penna può rappresentare uno dei tanti fili da tendere per ancorarsi al reale quando si è costretti a vivere in un mondo parallelo, un po' come il training autogeno sta alla riscoperta del proprio corpo. In un'epoca in cui tutti scrivono e pochi leggono, queste parole sono state necessarie prima di tutto a me. Rappresentano un diario minimo, l'attraversamento di alcuni momenti di vita spesi nella città in cui sono nata e cresciuta: Roma.

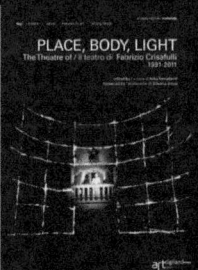

PLACE, BODY, LIGHT.
The Theatre of / Il teatro di Fabrizio Crisafulli. Twenty Years of Research / Venti anni di ricerca 1991-2011
edited by / a cura di Nika Tomašević, foreword by / prefazione di Silvana Sinisi, 2013

Fabrizio Crisafulli's theatre research centres on Place, Body and Light, and challenges performance practices at their very foundations, in an attempt to reclaim the original potency of theatre and its relevance and effectiveness in contemporary times. This is where dance meets architecture, drama meets territory, and the performance of the body meets poetic light. Crisafulli's works - poetic and visionary, hypnotic and deeply emotional, full of life and irony - are revealed through interviews, personal accounts, critiques, information and photos related to performances and installations created between 1991 and 2011.

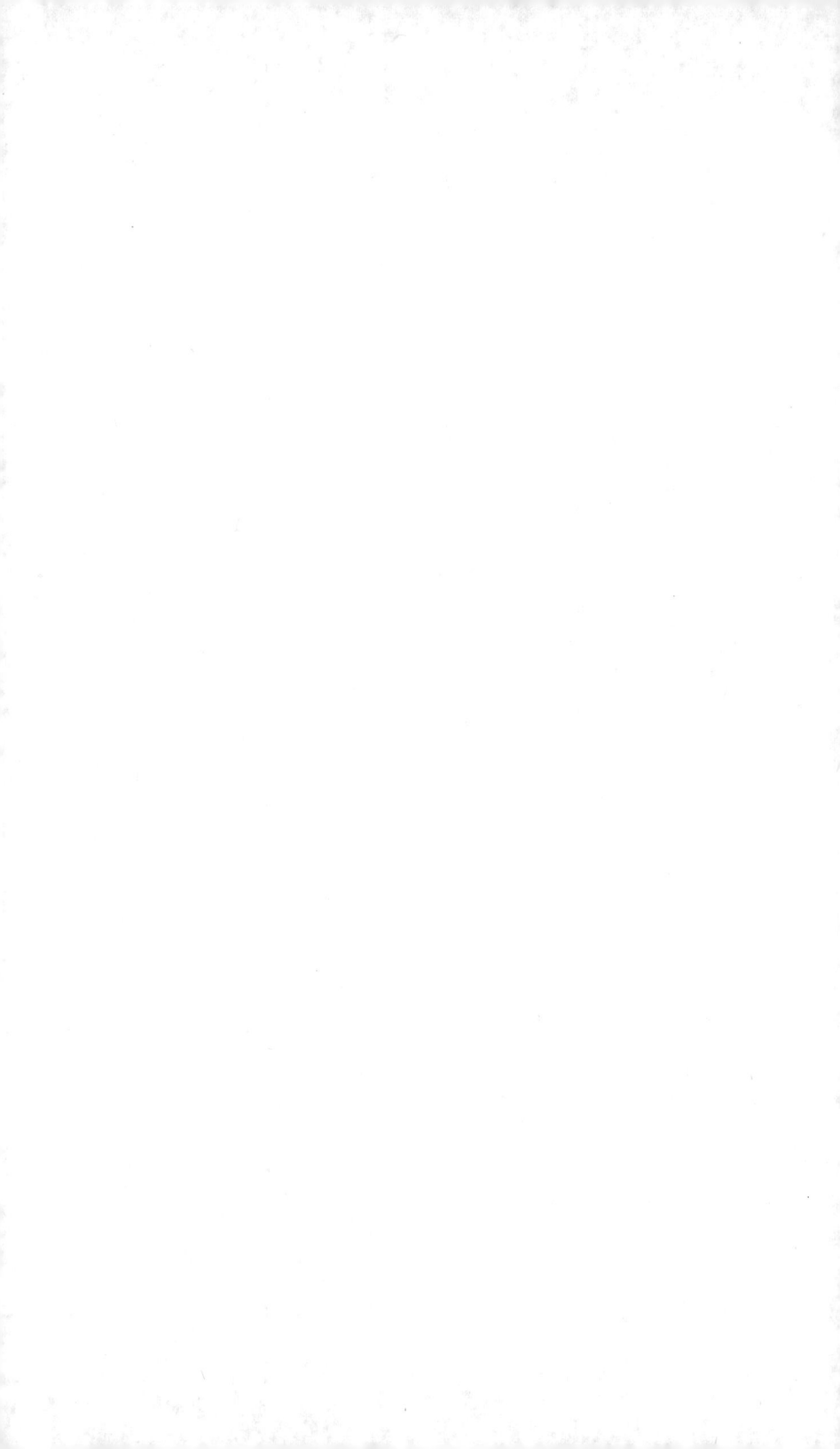

www.ingramcontent.com/pod-product-compliance
Lightning Source LLC
Chambersburg PA
CBHW071258220526
45468CB00001B/185